启 研

——河北容城中学文集

肖志彬　李永发　编著

吉林大学出版社

·长　春·

图书在版编目（CIP）数据

启研：河北容城中学文集 / 肖志彬，李永发编著．--长春：吉林大学出版社，2023.10
ISBN 978-7-5768-2362-2

Ⅰ．①启… Ⅱ．①肖… ②李… Ⅲ．①中学教育－文集 Ⅳ．① G63-53

中国国家版本馆 CIP 数据核字（2023）第 212198 号

书　　名	启研——河北容城中学文集
	QIYAN——HEBEI RONGCHENG ZHONGXUE WENJI
作　　者	肖志彬　李永发
策划编辑	赵黎黎
责任编辑	王西迪
责任校对	赵黎黎
装帧设计	袁思文
出版发行	吉林大学出版社
社　　址	长春市人民大街 4059 号
邮政编码	130021
发行电话	0431-89580036/58
网　　址	http://www.jlup.com.cn
电子邮箱	jldxcbs@sina.com
印　　刷	武汉鑫佳捷印务有限公司
开　　本	787mm×1092mm　1/16
印　　张	19.75
字　　数	330 千字
版　　次	2023 年 10 月　第 1 版
印　　次	2024 年 7 月　第 1 次
书　　号	ISBN 978-7-5768-2362-2
定　　价	158.00 元

版权所有　翻印必究

编委会

主 编
肖志彬　李永发

编 委
蒋含丹　郭继军　李　涛　陈文明　张金涛
庄彦利　郝路锋　王　静　孙海峰　辛腊娟
刘立新　李明月　任　敏　郑海燕　杨铁军
王艳洁　孙　影

序

燕南赵北，京畿要冲，这里物华天宝，冀中平原沃野千里，华北明珠白洋淀镶嵌怀中；这里人杰地灵，袭承老庄孔孟文化。兴学七十多年的河北容城中学就诞生在这个崇学尚武之地。

随着新时代中国特色社会主义的稳步推进，党中央擘画出宏伟蓝图，一所生态之城、创新之城、使命之城、智慧之城——雄安横空出世，成为世界瞩目的未来之城。

中央民族大学附属中学以党的号召为己任，致力于民族团结、文化融合、共同发展。中央民族大学附属中学与河北容城中学碰撞在一起，凝结成了中央民族大学附属中学雄安校区。"各美其美"，尽展风采；"美美与共"，优势互补。责任和使命推动了学校"质量立校、教研强校、名师兴校、特色扬校"振兴之路。

教学质量是学校办学的生命，是立德树人之根本。质量从何而来？当然是通过高效课堂得到，而高效课堂首先离不开设计，这就是教研的作用，将各人的小技巧凝结成大家的大智慧，众人拾柴火焰高，达到美美与共的效果。教研实、质量高、学校兴，就会产生一批名家大师，引领团队专业发展。教研的产品是课程，丰富的课程体系有利于滋养学生的心田，形成学校的特色。

民附雄安校区在肖志彬校长的带领下，以教学研究为切入口，打造学习型团队，建构高品质的砺德、砺志、砺学、砺体、砺行的"五砺"课程体系，大兴"和"文化，狠抓"实"作风，铆足一股劲儿，奋发作为，奋发有为。

打开这本文集，你会感受到我们教师的那份工作：默默无闻地教书，潜移默化地育人，静下心来撰文，将自己在教育教学中的探索与思考、成败与得失拾取下来，连缀成文，这是收获，也是成长。

打开这本文集，你会感受到我们教师的那种聪慧。典型的课例，这是我们老师工作的再现；生动的描述，这是我们老师才智的体现；独到的见解，这是我们老师丰富经验的沉淀。

打开这本文集，你会感受到我们教师的那种质朴。普通的一堂课，也有精彩；普通的一件小事，也能带来震撼；正如郑海燕老师的文章《于无声处润万物》。

这本文集就是为了记录教师们的成长，就是为了分享教师们的经验。文集主要由我校教师在省、市、县、校级获奖的科研论文和曾在市级以上刊物上发表的论文编辑而成，内容涉及学校管理、课堂教学艺术、课堂改革、教学课例、教学心得、AI技术多媒体在教学中的应用等方方面面。它虽然算不上鸿篇巨制，甚至在某种程度上还显得不够成熟，但它确实凝聚了各位老师认真思考、潜心研究的点点心血，映现出他们求真务实、追求上进的精神。当我们阅读了这本文集后，一种明显的感觉便会油然而生——我们教师的教学理念已在悄然地发生着变化，以"以生为本"的、体现发展学生核心素养的教学思想和"五环生本""三图六构思维导图"等课改模式已具体体现为教师的教学行为。

每一篇文章都经历了教师实践、反思、再实践、再反思的思维火花反复撞击的过程。

"教研强教，科研兴校"的理念已成为共识，全员自觉参与科研的氛围也在路上。我们出版这本文集就是希望教师们能够在学习中研究，在研究中实践，在实践后反思，从而促进我们的教师专业化发展，成为专家型教师。

我们相信，教学研究一小步，学校发展一大步。

目 录

第一章　学校管理 …………………………………… 1
家校村镇"四位一体"育人途径研究——以中央民族大学附属中学
　　丰台实验学校为例 ………………………………………… 1
构建体系强管理　专业引领提质量——中央民族大学附属中学雄安
　　校区教学思考与实践初探 ………………………………… 13
浅谈学校办公室工作中的几点思考 ………………………… 19

第二章　教学论文 …………………………………… 22
小议如何提高高中生物课课堂教学效率 …………………… 22
浅谈如何进行有效的普通高中生涯规划教育 ……………… 27
引入优质教育资源对基础教育发展的影响 ………………… 31
浅谈高中物理线上、线下教学的融合 ……………………… 37
核心素养下高中语文思辨性阅读教学策略研究 …………… 41
浅谈基于核心素养导向的课堂教学——从一道习题的教学实践说起 … 45
如何利用语篇分析理论进行高中英语篇章教学 …………… 52
走近青春诗歌　感受生命张力——以统编高中语文教材第一单元诗歌
　　阅读与写作教学为例 ……………………………………… 56
新课改视野下高中数学学科素养的思考 …………………… 63
基于核心素养背景下高中区域地理问题情境创设的研究 … 67
浅谈多媒体在高中历史教学中的应用 ……………………… 71
自制教具的物理实验教学 …………………………………… 75
语篇分析在高中英语完形教学中的应用 …………………… 79
巧设问题链，推进语篇深入理解，发展学生思维品质 …… 82
高中物理网络学习空间的教学方式研究 …………………… 87
人工智能辅助高中数学教学的有效性 ……………………… 91
浅谈高中语文课堂中的"拓展探究" ……………………… 95

基于单元整体教学的高中英语作业设计 …………………………… 99
素养导向的高中英语深度阅读语言聚焦之小词大用 …………………… 102
浅谈物理教学中核心素养的落实 ………………………………… 107
思辨性阅读教学策略在高中语文课堂中的有效性研究 ………………… 115
高中教师文本解读能力与读后续写教学的关系 ………………………… 119
探析体验式教学在高中数学课堂教学中的应用 ………………………… 123
在历史教学中渗透职业生涯规划教育 ……………………………… 127
浅谈如何让学生融入高中历史课堂 ………………………………… 131
东风化雨，春泥护花，静待花开——浅析新时代班主任核心素养
　　提升的路径 …………………………………………………… 135
核心素养导向的高中数学教学情境创设策略 ……………………… 139
"生活化教学"练就"情境解题"思维 …………………………… 143
高中物理教学中学生兴趣的培养 ………………………………… 147
体育游戏在教学实践中的应用 …………………………………… 151

第三章　课例研究 …………………………………………………… 155

《旅游资源开发条件的评价》课例 ………………………………… 155
空间向量与立体几何总复习 ……………………………………… 168
《世界的物质性》课例 …………………………………………… 179
《我与地坛》课例 ………………………………………………… 189
《专制时代晚期的政治形态》教学案例 …………………………… 202
《师说》复习课课例 ……………………………………………… 212
"Wildlife Protection 野生动物保护"教学案例 …………………… 225
阅读语篇教学设计 ………………………………………………… 241
UNIT4 NATURAL DISASTERS ……………………………………… 241
THE NIGHT THE EARTH DIDN'T SLEEP ………………………… 241

第四章　教改探究 …………………………………………………… 248

破解困境，课堂待重生 …………………………………………… 248
新课程下如何创设课堂设问情景 ………………………………… 252

利用时事地理元素　创设情境提高素养——核心素养下的地理教学
　　例谈 ··· 256
鱼·渔·渔场 ··· 258
教出语文的优美——浅议如何提高语文课堂教学的有效性 ············· 264
新课改后的数学课堂的教学形式改革 ······································· 268
浅谈影响高中数学成绩的原因及解决方法 ································· 272
大数据精准教学在高中思想政治教学中的实践初探 ······················ 275

第五章　教学随笔 ·· 279
对概念教学的心得体会 ·· 279
师德——教师的灵魂 ··· 282
于无声处润万物——浅谈语文教学中的情感教育 ························ 285
教育叙事——挖掘"闪光点"，坚持正面教育 ······························ 289
高中化学教学案例叙事 ·· 291
美丽的错误 ·· 293
导师制下的案例分析 ··· 296
以爱育爱，一切都是最好的安排 ·· 299
陈默不再沉默——一个后进生的转化实例 ································· 304

第一章　学校管理

家校村镇"四位一体"育人途径研究
——以中央民族大学附属中学丰台实验学校为例

肖志彬

我校是一所融幼儿园、小学、初中于一体的九年制义务教育农村学校。从2016年开始，学校开展了对家校村镇"四位一体"育人的实践探索，围绕学校"五育"并举的"四美"学子培养目标，家校村镇大计共谋、责任共担、氛围共创、学子共育，对家校村镇"四位一体"育人的途径进行了深入的探索。

一、家校村镇"四位一体"育人的研究背景
（一）学校教育教学质量滞后

1998年，3所村级中学合并为王佐中学；2003年，7所村级小学并入王佐中学，学校更名为王佐学校；2011年，按照丰台区教委要求，学校学前班改为王佐第二幼儿园。合并后的王佐学校实现了办学资源的重组，但没有达成办学效益的提升，教育教学质量仍处于落后水平，老百姓不满意学校教育。在7所村级小学并入王佐中学以前，王佐中学的生源几乎全部是西片多校潜能生；并入王佐学校后，本校小学也只能留住50%的学业成绩中等偏下的学生，稍有条件的学生都不在本校就读，教师的子女90%以上也都选择在外校就读；部分教师也要求调离学校。学校教育资源薄弱，教育基础落后，学校留不住优秀教师，保不住优质生源，不能为高一级学校输送优质新生，学校办学十分艰难。2015年，中央民族大学附属中学响应北京市教育均衡发展战略，与丰台区教育委员会、王佐镇政府签订"合作办学协议书"，以"协议管理、整体委托、自主办学"方式接管王佐学校，

学校更名为中央民族大学附属中学丰台实验学校，为九年一贯制农村学校。挂牌时的这所九年一贯制农村学校，有教学班 48 个，呈"一校三部"办学格局。其中幼儿园部 8 个、小学部 24 个、中学部 16 个，学生共 1617 人，95% 是农民子弟；在岗教职工 168 人。

（二）家长家庭教育严重缺位

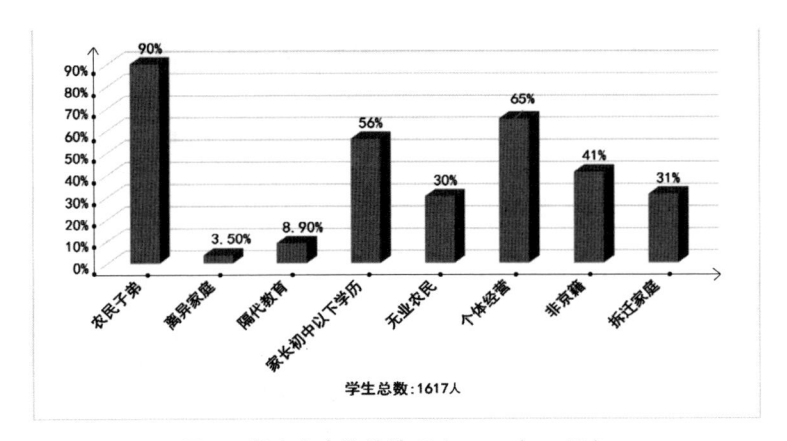

图 1　学生家庭结构情况（2015 年 4 月）

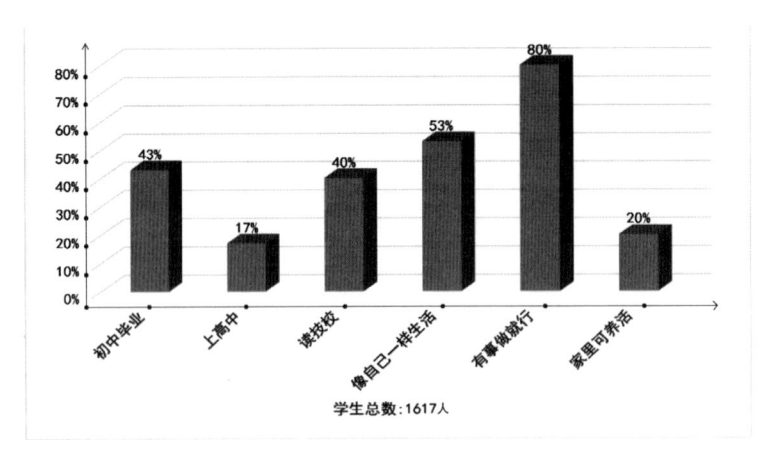

图 2　家长对孩子生涯规划情况（2015 年 4 月）

据丰台区政府教育督导室 2015 年学校教育工作满意度调查：（1）本校的学生家长受教育程度普遍偏低，在 1617 名学生的家长中，农民子弟占 90%，初中以下学历占 56%，他们基本上没有能力对孩子进行正确的家庭教育。

（2）学生家庭结构十分复杂，在1617名学生的家庭中，有600多个非京籍家庭，占41%；110多个离异家庭，占3.5%；140多个隔代教育家庭，占8.9%；480多个无业农民家庭，占30%；500多个拆迁户家庭，占31%；1000多个个体经营家庭，占65%；还有几个近亲生育家庭和缺少监管的家庭。这种复杂的家庭结构导致孩子家庭教育不确定的因素很多，更不用说运用科学的家庭教育方法了。（3）不少学生家长对孩子成人成才缺乏生涯规划，在1617名学生的家长中，只要求孩子初中毕业的占43%，要求孩子上高中的只占17%，要求孩子读技工学校的占40%，还有53%的家长认为孩子长大后能像自己一样生活就行，80%的家长认为孩子长大后只要有事做就行，另有20%的家长认为他们可以养活孩子，初中毕业后孩子出去打工是多数家长的想法。（4）困难家庭不少，这些家庭大多满足于生活现状，认为孩子只要能活下来就行，在这种环境下，孩子基本上没有什么精神追求。（5）在城镇化推进的大浪潮中，土地出让和房屋搬迁使部分学生家庭"富"了起来，贪图享受的现象日渐严重，"读书无用"意识滋长，家长言传身教负面影响了子女价值观的形成，导致学生不思进取，不求学业进步。

（三）镇域教育文化薄弱

学校所在地王佐镇地处丰台河西地区，经济文化比较落后，这么多年从王佐镇走出去的人很少。原来义务教育由镇政府主管，从20世纪90年代起，义务教育收归县级人民政府和同级教委主管，镇政府不再管教育，村委会更是不过问教育。这样就使镇、村两级行政组织逐渐淡出教育视野，置身教育"事"外。镇、村由于没有管理教育的职能，因此，村委会不能过问学校教育，更无心过问家庭教育。学生家长没有掌握正确的家庭教育方法，不能正确地履行家庭教育职责；家长与学校只是简单的家校关系，基本上不关心学校教育。学生家庭缺少文化书籍，不能开展家庭及村民读书活动。镇、村没有家长培训机构，不能把家长组织起来开展家庭教育培训活动；镇、村受到教育管理体制的局限，不能有效地指导家长开展家庭教育；村委会不能组织村属学生利用节假日开展社会公益活动，更无从关注学校教育和学校的发展，镇域教育文化十分薄弱。

二、家校村镇"四位一体"育人研究的目的和意义

针对上述三个问题，从 2016 年开始，学校开展了家校村镇"四位一体"育人研究的实践探索。

（一）研究的目的

打造镇域教育文化，提高家庭教育水平，为孩子的健康成长提供更好的环境和更加完整的教育。

（二）研究的意义

1. 有利于学生的健康成长

家校村镇"四位一体"育人，就是让学校教育、家庭教育与社会教育形成合力，互相配合，针对每个孩子的实际情况去进行引导，给予他们更多的关心，让孩子充分享受到来自学校、家庭和社会的关爱，享受到教育带给他们的快乐。

2. 有利于家长家庭教育水平的提高

家校村镇"四位一体"育人，就是要让家长懂得，家庭教育贯穿人生的始终，在每个人的成长发展过程中发挥着不可替代的作用。家庭是孩子的第一所"学校"，父母是孩子的第一任"老师"。实施家校村镇"四位一体"育人，有利于提高家长的家庭教育水平。

3. 有利于学校教育环境的优化

家校村镇"四位一体"育人，能够更好地发挥家校村镇各自的优势，让学校教育引导家庭教育，又能够让家庭教育支持和强化学校教育；镇、村通过家长学校对家长进行家庭教育培训，镇政府又为学校教育提供了更好的环境和条件。家、校、村、镇围绕一个共同的育人目标"抱团育人"，形成了一个优化的育人环境。

4. 有利于和谐家庭的创建

家校村镇"四位一体"育人，使家长有机会参与到学校教育中来，参与到孩子每天的学习生活中来。既让父母体会到孩子学习的不易，又让孩子感受到父母对自己的关心，进而能体谅父母、理解父母，从而增进父母与子女之间的感情，有利于亲子交流，是和谐家庭的黏合剂。

三、家校村镇"四位一体"育人研究的目标和内容

（一）研究的目标

为全面贯彻党的教育方针，坚持社会主义办学方向，全面落实立德树人的根本任务，培养社会主义建设者和接班人，围绕学校的办学理念，学校提出了"五育"并举的"四美"学子育人目标。从德美、智美、体美、行美四个方面对学生进行行为习惯养成教育。家校村镇都围绕"五育"并举的"四美"学子育人目标，心往一处想、劲往一处使。

表1 "五育"并举的"四美"学子育人标准

四美学子	基本内涵	核心素养 学部	核心素养 内容	具体指标
德美	爱国友善诚信自强	小学部	爱国持家团结互助诚实守信遵纪守法	1. 升降国旗时脱帽肃立，尊重国旗、国徽、国歌等国家标志，了解国家安全知识，了解中华民族传统节日 2. 积极参加班级活动，懂得团结协作；懂得替他人着想，学会分享；同学之间友好相处，互相关心，互相帮助 3. 说话、做事实事求是，待人诚恳，不说谎话；不随意拿别人的东西，借东西及时归还，答应别人的事努力做到 4. 遵守校规、班规、家规和交通法规，公共场合自觉遵守公共秩序，购物、乘车自觉排队，健康使用互联网
德美	爱国友善诚信自强	中学部	国家认同社会责任责任担当国际理解	1. 具有爱党爱国的意识和行动，理解并践行社会主义核心价值观，具有为实现中华民族伟大复兴的中国梦的信念和行动 2. 积极参加学校、班级和社区组织的集体活动，有强烈的集体荣誉感和社会责任感，对同学宽容、友善 3. 能自主完成相关工作，积极参加志愿者活动；有是非观念，能正视自己的不足，知错就改；自立、自强、自尊、自信 4. 能关注人类面临的挑战，尊重世界文化的多元性和差异性
	勤奋好学合作探究	小学部	博学多闻自主学习质疑问难琢磨切磋	1. 阅读、观看健康有益的图书、报刊、音像和网上信息，收听、收看内容健康的广播电视节目，养成读书习惯 2. 学习目标明确，态度端正，计划性强；课前准备好学习用品，上课专心听讲，大胆发言；掌握有效的学习方法，按时、按要求完成作业 3. 乐于探索求知，课堂上积极思考，大胆提问；敢于向老师提出不懂的问题，能够独立思考；主动质疑，善于提问，遇到问题虚心请教 4. 爱好广泛，乐于科学探索，积极发表见解；学会自主学习，积极参与小组合作学习，大胆发表自己的意见，注意发挥自己的作用

续表

四美学子	基本内涵	核心素养 学部	核心素养 内容	具体指标
智美	勤奋好学 合作探究	中学部	乐学善学 勇于探究 批判质疑 勤于反思	1. 有积极的学习态度和学习兴趣,养成良好的学习习惯,按时完成作业,及时订正;有自主学习的意识和能力 2. 在课内外学习活动中,乐于与他人合作,有大胆尝试和解决问题的探索精神,主动参加各种实践活动,具有实践行动的能力 3. 有问题意识,善于发现问题,能独立思考,独立判断,思维缜密,能多角度辩证地分析问题,并有解决问题的兴趣和热情 4. 能根据不同的情境和自身实际,反思自己的学习状态,选择或调整学习策略和方法
体美	阳光快乐 身心健康	小学部	乐观向上 百折不挠 劳动参与 心康体健	1. 拥有一颗积极、乐观的心;保持纯真的快乐,追求高尚的快乐;保持积极向上的人生态度,用乐观的心态做事,尽力做好每一件事 2. 了解生命的历程和宝贵,懂得珍惜生命;有生活安全常识,具有初步的安全自护能力;遇到挫折和失败不灰心、不气馁,遇到困难努力克服 3. 热爱劳动,自己的事自己做;积极参加学农劳动、班级劳动、家务劳动、社区劳动,养成劳动习惯,增添劳动本领 4. 正确地面对负面情绪,学会恰当地表达情绪;积极参加课外活动和有益的文体活动,坚持锻炼身体,养成锻炼习惯,培养运动兴趣
体美	阳光快乐 身心健康	中学部	健康生活 珍爱生命 劳动意识 健全人格	1. 掌握适合自身的运动方法和技能,积极参加体育锻炼,体质健康达标;具有积极的心理品质,身体与心理健康同步发展 2. 能理解生命的意义和人生价值,具有安全意识与自身保护能力,养成健康文明的行为习惯和生活方式 3. 具有积极的劳动态度和良好的劳动习惯,掌握一定的劳动技能,具有动手操作能力,培养通过劳动创造美好生活的意识 4. 具有积极的心理品质,自信自爱,坚韧乐观,有自制力,能调节和管理自己的情绪,具有抗挫折能力
行美	善思笃行 知行合一	小学部	举止大方 文明礼仪 身体力行 言行一致	1. 着装整洁、朴素、得体,符合学生身份;仪表端庄,站姿规范,坐姿优雅,步姿正确;说话音量适中,语调柔和,语速正常,吐字清晰 2. 见到师长、同学,主动敬礼、问好;外出与回家主动与家人打招呼;与老师、父母交谈,礼貌回答问话;对待客人热情、友好、大方 3. 自立自强,自己能做的事一定要自己做;严己宽人,要求别人做到的事自己先要做到;学会合作,积极参加各种社会实践活动 4. 说话、做事要保持一致,说到就一定要做到;不随意拿别人的东西,借东西及时归还;答应别人的事努力做到,做不到时表示歉意

续表

四美学子	基本内涵	核心素养		具体指标
		学部	内容	
行美	善思笃行知行合一	中学部	理性思维 人文情怀 审美情趣 实践创新	1.能运用科学的思维方式认识事物，解决问题，指导行为 2.具有以人为本的意识，尊重、维护人的尊严和价值，能关注人的生存、发展和幸福 3.认识美、爱好美和创造美，对艺术感兴趣，做到心灵美和行为美 4.有学习和掌握技术的兴趣和意愿，能将创意和方案转化为有形物品的尝试，具有创新劳动方式、提高劳动效率的意识

（二）研究的内容

（1）没有教育管理职能的镇、村两级行政组织与学校、家庭"四位一体"，共谋育人大计，共担育人责任，共创育人氛围，共育"四美"学子。

（2）农村学校如何发挥当地镇政府和村委会在育人中的作用，为学生的健康成长创设更好的环境，提供更好的条件和更加完整的教育。

（3）利用学校师资的智力优势，为镇、村家长学校提供智力支持，更新学生家长的家庭教育观念，提高学生家长的素质和家庭教育的水平与能力。

（4）确立家校村镇"四位一体"育人的评价体系，把家庭教育考核目标纳入各中心村季度、年终目标考核，形成育人合力，带动学生综合素质全面提高。

四、家校村镇"四位一体"育人的主要途径和基本经验

（一）主要途径

1. 打造镇域教育文化

镇域教育文化是以家、校、村、镇为育人主体，学校的办学理念、办学目标和育人目标是镇域教育文化基本的价值取向。家、校、村、镇共同承担发展培育"五育"并举的"四美"学子的责任。学校给予家庭教育以引导，家长给予学校教育以支持，镇、村给予家庭教育以管理和指导，给学校教育提供更好的环境和条件。在学生成人成才的过程中，家、校、村、镇形成合力，行使共同的育人权利，承担共同的育人责任，为学校创造良好的教育生态环境。

2. 落实家、校、村、镇育人职责

围绕培育"五育"并举的"四美"学子的育人目标，家、校、村、镇承担各自的职责。家庭职责：积极营造家庭教育文化；积极参加镇、村家长学校的家庭教育培训活动；积极创建学习型家庭，配合学校对孩子进行思想道德教育；支持孩子参加学校的各项核心素养发展行动和社区公益活动；参与学校的教育管理工作，为提高学校教育教学质量建言献策。学校职责：让家长明确学校培育"五育"并举的"四美"学子的育人目标；接纳家长参与学校教育教学管理工作；组建讲师团、聘请家庭教育专家为家长学校授课，提高家长的家庭教育水平；组织教师开展"家访"，带领学校干部和专家开展"村访"，邀请镇人大代表到校开展"民访"活动。村委会职责：成立家长学校分校并组织学生家长参加家长学校的培训活动；积极营造社区教育文化，组织本村学生参加社区公益活动和寒暑假社会实践活动，引导本村家长开展良好的家庭教育。镇政府职责：关注学校教育教学质量的提高，营造本镇良好的教育生态文化；成立家长学校总校并在各中心村成立家长学校分校；制定家校共育考核评价细则，对各中心村进行目标考核，召开一年一度的家长学校表彰大会。

3. 提高家长家庭教育水平

学校协助镇政府成立家长学校总校，各中心村成立家长学校分校，由分管教育的副书记担任总校校长，各中心村党支部书记任总校副校长、分校校长；学校成立家长教育讲师团，由执行校长任团长。制定《王佐镇家长学校章程》，明确镇、村家长学校办学目标。除讲师团每学期利用周末进村讲课外，聘请专业心理教育机构，把家庭教育方法、策略送到各村家长学校，家长可以面对面地与专家对话交流。同时，学校还分幼儿园、小学和初中三个层次创编《王佐家庭教育读本》，作为幼儿园、小学和初中学生家长学习提高的基础读物。

4. 健全家、校、村、镇沟通机制

家、校、村、镇沟通机制就是开展"家访""村访"和"民访"活动。"家访"，就是学校干部、教师利用寒暑假走村串户对小一、初一新生实行全员家访，通过微信、电话、校园开放日、家长会等方式反馈家访情况。"村访"，就是每学年初，校长带领学校干部到各村召开有村委会领导和群众代表参加的学年度学校工作计划征求意见会，虚心听取群众建议和批评，或聘请教育专家参加"村访"，解答村干部和学生家长在孩子教育过程中碰到的疑难问题；每学年末，进村向村干部和广大群众汇报学校办学成果，双向交流学生的成长和进步情况。"民访"，就是学校每年利用镇人代会提出教育提案，争取镇人大代表支持和政府帮助。同时，邀请镇人大代表和群众代表视察学校，通过汇报、听课、参与师生活动，了解学校，对学校工作提出意见和建议。

5. 把家庭教育成效纳入各村考核目标

为提升王佐地区家庭教育整体水平，构建家校村镇"四位一体"的育人格局，形成育人合力，学校通过镇政府把各村家长学校办学情况，学生成才、家长成长情况，各村节假日组织学生活动情况等纳入镇政府对各村目标管理年度考核内容，实施季度考核、年终考核，并制定了《丰台区王佐镇各中心村家校共育考核评价细则》。镇党委、政府高度重视，组织专门队伍实施考核、评价、指导、帮助，有效推进了家庭、社区教育文化进步，促进了育人质量提升。同时，镇政府还每年举办一次尊师重教表彰大会，表彰优秀家长、优秀村主任、优秀党支部书记和教育先进村。

6. 开展全程劳动教育

我校有18亩校园劳动教育基地，分为"百蔬园""百草园""百果园"三个园区。"百蔬园"主要种植农作物，每个班都有一块土地；"百草园"主要种植中草药，每个班都有一片管理区域；"百果园"主要栽种果树，每个班都有认领果树的职责和义务。以体力劳动为主，注重实践体验，让学生亲历劳动过程，通过身体力行地全程参加学校劳动教育基地的生产劳动，弘扬劳动精神，培养劳动素养。学校制定了劳动教育"八个一"培养目标，提出了不同的学段要求。同时还引入学生的自我劳动、班级劳动、家务劳动和社区劳动，促进学校、家庭和社会三大劳动教育场景的有机融合。

（二）基本经验

（1）在家校村镇"四位一体"育人中，家、校、村、镇都是育人主体，有共同的责任担当，有具体的职责任务，有一致的服务对象，有共同的育人目标。家、校、村、镇共同营造良好的育人氛围，为学生的健康成长创设更好的环境和条件，提供更加完整的教育。

（2）协助镇政府成立家长学校总校，各中心村成立家长学校分校，制定家长学校章程；学校组建家长教育讲师团、聘请教育专家为家长学校授课，提高农村学校学生家长的素质和教育孩子的水平和能力，构建和谐家庭。

（3）组织学校干部、教师开展"家访""村访""民访"活动，了解学生的家庭教育现状、家长对学校教学质量满意度情况，探索农村学校有效开展"四位一体"育人的正确途径和策略，破解农村学校育人难题。

（4）把各村家长学校办学情况，学生成才、家长成长情况，各村节假日组织学生活动情况等纳入镇政府对各村目标管理考核内容，实施季度考核、年终考核，并召开一年一度的总结表彰大会。

五、家校村镇"四位一体"育人实践的效果与影响

（一）效果

1. 家长满意度大幅度提升

丰台区教育督导室中小学教育工作满意度数据调查显示：从 2016 年到 2020 年，我校小学部、中学部学生家长满意度得分均超过丰台区均值。2017 年和 2018 年，小学部进入全区前三名，中学部也排名前十。

2. 教育质量不断提高

2016 年中考，我校荣获丰台教委教育奖励基金显著进步奖，首次进入区 A 类校，小学部为区优质校；2017 年我校荣获中考显著进步奖；2018—2021 年连续四年获丰台区优类校称号；2019 年获丰台区学生加工力第二名。我校学生考上市、区优质高中的人数从 2016 年前的个位数上升到 2021 年的 57 人，85% 的学生能升入普通高中，2021 年考上市、区优质高中的人数占参考考生的 46.8%。学生携带"五育"并举的"德美、智美、体美、行美"优秀品质进入北京四中、民大附中、十二中等名校，极大地改变了王佐地区农民子弟的出路。

3. 学校荣誉逐年增多

我校先后被评为北京市教科研先进校、北京市中小学文明校园、京城百所特色学校、全国中小学足球特色校、丰台区素质教育优质校、丰台区中考优类校、丰台区高中生源 A 类学校、北京市体育传统项目校、中国可持续发展教育项目实验校、北京市"民歌工作坊"、北京市防震减灾科普示范校等。

（二）影响

我校的办学成果和特色受到上级主管部门、专家的赞誉，得到人民网、新华网、今日头条、中国教育报、中央教育电视台、北京电视台等多家媒体报道。2018 年 10 月 17 日，教育部办公厅印发了《关于公布 2018 年全国中小学德育工作典型经验名单的通知》，共评选出 400 个中小学德育工作典型经验。我校的经验总结《"四位一体"办学 提升教育质量》成功入选，媒体称破解育人难题有了北京经验。2018 年 12 月 15 日，北京电视台在《非常向上：春风化雨的德育教育》节目中对我校做了专题报道。我校执行校长肖志彬与教师代表王京方等参加了这次专题活动。

参考文献：

[1] 乔闻钟. 21 世纪，家庭这样教育孩子 [M]. 北京：新时代出版社，2011.

[2] 陈鹤琴. 家庭教育 [M]. 武汉：长江文艺出版社，2013.

[3] 周丹. 对家校合作若干理论和实践问题的思考 [J]. 无锡教育学院学报，2001（06）：34-37.

[4] 徐锦俊. 家校合作推进学习型家庭的创建 [J]. 教育发展研究，2005（17）：100-101.

[5] 马忠虎. 基础教育新概念——家校合作 [M]. 教育科学出版社，1999.

[6] 张勇. 从沟通走向合作：形成家校教育合力的必然途径 [J]. 教育科学研究，2011（03）：61-64.

[7] 李国强. 家庭社会资本：家校合作的重要影响因素 [J]. 中国教育学刊，2009（11）：21-24.

[8] 李进忠. 走向共同责任的家校合作：国外的经验和我们的实践[J]. 基础教育参考，2004（07）：13-15.

[9] 徐建华. 从家校合作的视角关注学校改进[J]. 教育科学研究，2010（02）：33-36.

[10] 张丽竞. 国内外中小学家校合作研究综述[J]. 教育探索，2010（03）：158-159.

注：本文系北京市教育规划课题家校村镇"四位一体"育人研究课题（课题批准号：CDIB18401）的研究成果。

构建体系强管理　专业引领提质量

——中央民族大学附属中学雄安校区教学思考与实践初探

蒋含丹

教育教学是学校的核心工作，是全面贯彻党的教育方针，落实立德树人根本任务的主渠道。课堂教学是启迪心智、润泽生命的主战场、主阵地。一所优质的学校，课堂一定是高效而灵动的，正如人民教育家于漪所追求的站上讲台就是生命在歌唱。课堂是思想大碰撞、情感大融合的舞台，要让学生成为发光体，绽放生命的光华。为此，构建一个以学生为主体、教师为主导的教学相长的命运共同体，形成充满生机和活力的教育教学体系，是建立现代学校管理体系的必由之路。

一、打造学习型团队，建立一支虎贲之师

时代在飞速发展，信息如潮涌至。思维的更新，知识的更迭，需要我们每一个教育人与时俱进，不断学习，方能适应时代，才能完成传播知识、传播文明、传播真理、塑造灵魂、塑造生命、塑造新人的时代重任。

（一）加强政治学习，提高发展学校的责任感和使命感

习近平总书记指出："广大思想政治理论课教师，政治要强、情怀要深、思维要新、视野要广、自律要严、人格要正。"教育是一棵树推动另一棵树，一朵云推动另一朵云的工作，教师的理论修养直接影响学生的学养。教育工作者首先要加强政治学习、严于律己、率先垂范，不断增加教书育人的责任感和使命感。我校领导干部通过党政联席会、支部活动日带头领学，学员群众线上线下跟进学，特殊时段"白＋黑""5+2"地学，达到了统一思想、凝聚共识、明确目标、担当责任的目的。目前，我校学习强国学习最高分达 7.5 万分，人社和教育系统规定所学内容校平均超过基本要求分值的 2.5 倍，学习蔚然成风。

（二）加强专业学习，提高发展学校的能力和水平

教育是一项专业性很强的工作，其科学性和系统性学无止境。近几年来，学校积极争取国培、省培和市培指标与机会，有效组织教师学而有获；学校注重校本研修，针对教与学出现的具体问题，"请进来"专家诊断，"走出去"取真经，有选择性地学理论提高站位，学方法丰富技能，学实操增强能力。学校每年教职工大会大多聚焦专业学习与研究，使全校教职工更关心教学，全员教师更重视教法，提高教师的教学水平，提升学校综合竞争力。学校开辟了道德模范黄俊英读书工作室，设立了7处便捷式"学习吧"，成立了共青团等5个读书会，鼓励教师做研究型教师。

（三）加强课改学习，提高发展学校的策略和方法

改革开放以来，课程改革到目前已经历经四五轮，如果不在思想上、方法上有所突破，面对新学科、新教材，我们很容易就会穿新鞋走老路，把握不好前进的方向，或旧坛灌新酒，看不出变化。为此，学校面对学科核心素养，每年寒暑假集中组织教师进行课改学习两次，平常学习若干次，加强对教师的"充电"，用一潭源头活水激活学生，突出改变学生的主体地位，尊重学生的主动性和参与性，激发学生的创新意识，把课堂营销作为学校核心竞争力，把课堂效率作为教师追求的职业价值。学校出台了《中央民大附中教学常规》，引导教师备、教、辅、批、改、考、评等各环节的工作，还出台了各类课改的行动指南，引导教师改变教学策略。

二、打造高效课堂，呈现一系列优质课

教书育人是教师的天职，课堂效率直接关乎教育质量。高效课堂需要本校身边的榜样，我校根据各年龄段，分设了达标课、入格课、示范课，旨在目标引领，示范驱动，全员拉动。

（一）组织好达标课，促进青年教师成长

青年教师是我校的未来，是学校的新鲜血液。青年教师有热情、有干劲、有精力；不足的是缺经验、缺标准、缺方法。理论培训十遍，不如让他们实操一遍，

在干中学，在学中干，根据《课堂评价指标体系》对照学、对照教，经过实践摔打，总结经验，反思提高。学校每年组织青年教师入职宣誓，青蓝工程结对，一师一徒帮扶成长。学校引进"三课六构思维导图"教学模式，"五环生本"教学模式，引导青年教师遵循教育规律，投身课堂改革，实现拔节成长。

（二）组织好入格课，促进中年教师成才

中年教师是学校教学管理的中流砥柱，是教育教学的骨干。中年教师有积累、有智慧、有能力；不足的是缺思想、缺艺术、缺时间。系统组织中年教师克服专业瓶颈，形成自己的风格，格物致知尤其重要。提高中年教师的站位，开阔中年教师的视野，让他们瞄准最优秀的目标，模仿最优秀的课堂，入格课是个好的渠道。我校教学上倡导基于情境、探究、建构启发式教学，推广"先学后教、当堂训练"，将实践论与认识论有机结合起来，致力于中年教师塑形提质，每年两次组织中年教师进行比赛式的研讨。

（三）组织好示范课，促进中老年教师成功

中老年教师是学校的宝贵财富，是学校优秀文化的传承者。中老年教师有思想、有经验、有见解；不足的是缺创新、缺激情、缺体力。以示范课引擎驱动，设立业务加油站，当好传承人是中老年教师克服职业倦怠的好办法，避其所短、用其所长，带动青年教师，留下精品课程。我校每年都会举办两次示范课活动，平时也会根据学习的需要，不定期随时随地上示范课，组织同课异构、异课同构的研讨和竞赛，充分发挥中老年教师熟悉教材的优势，推行大单元教学，使知识与能力整体化、系统化。

三、打造教育改革新局面，建立健全三教改革体制机制

课堂是教育教学的主阵地、主战场，教育质量的生成关键在课堂，核心在教师。教师是课堂教学的第一资源，是改革的主体；教材是课堂教学的内容，是改革的载体；教法是课堂的手段与方法，是改革的客体，也是关键。

（一）聚焦教师改革，将"责、权、利"有机捆绑在一起

通过多方面与教育局、人社局沟通，拓宽了招聘教师的渠道，优化了教师

选聘的方法，缓解了教师配置上的压力，近 4 年选聘中青年教师 53 人，给学校注入了新鲜血液。2022 年，我校在人事制度上迈上了新台阶，实现岗位分流，班干部能上能下，人员能进能出，打破了几十年来的"一潭死水"的局面，激发了教师的内生动力。我校在分配制度上也跨越了一大步，在县委和县政府的大力支持下，学校出台了《中央民大附中雄安校区绩效工资奖励分配方案》，体现出多劳多得、优劳优酬，将"责、权、利"有机捆绑在一起，让想干事的有机会，能干事的有舞台，激发了教师的内驱力，并且以过程为基础，以结果为导向，引导更多的教职员工投身于学校高质量发展的洪流之中。

（二）聚焦教材改革，探索符合学校实际的导学案

学校通过实施国家课程，精选地方课堂，遴选校本课程，形成三级课程体系，在内容上创新建立了符合我校的"五砺"（即砺德、砺志、砺学、砺行、砺体）体系：围绕"砺志容城"，凸显"磨砺"内涵（即木以绳直，金以淬刚，世上成才者无不是经过艰苦磨练）。积极建设"五砺"课程群，在形式上设计通向教学目标的导学案，引导学生走向成功的彼岸，这也丰富了教育资源，拓宽了学习途径，培养了学生兴趣，促进了学生的锐意进取、全面发展。目前，我校首次推出 16 门校本课程，学生踊跃选报。

砺志容城

砺志	砺德	砺学	砺体	砺行
仪式教育	思政课	基础型课程	乒乓进课堂	社会实践课程
"青春向党，砺志前行"活动	国旗下讲话	拓展型课程	足球进校园	美丽雄安我的家
入团仪式	行规养成教育	卓越型课程	太极进校园	劳动实践
成人礼（百日誓师）	主题教育等	兴趣课程	民族舞蹈	研学旅行
毕业典礼	班团会	特色课程	艺术、体育特长生	野外拉练

图 1　五砺课程体系

（三）聚焦教法改革，推出 4～6 个改革实验班

随着我校招生为民生基础兜底，生源的结构参差不齐，教学出现较大的难度。为了使各类层次的学生都能得到良好的发展，我校开展了以学生为本位，以认

识规律为指导的"五环生本"教学方法研究，高一、高二年级选4至6个班进行试验，通过学案导航、自主学习、合作探究、小组展示、补充质疑、提升建构等环节，极大地调动了学生的积极性，促进了学生心智的提高，取得了初步的成效。高三年级采用"先学后教，当堂训练"，推动了学生深度思考、当堂落实的良好学习习惯的养成。学校出台了"五环生本"实施方案和"先学后教，当堂训练"操作指南，教务处多次推出了观摩课、示范课，引导教师掌握和改进教学方式，提高课堂的效率。

四、打造科学评价体系，建立高信度的测评系统

科学的评价体系是教师专业化发展的铺路石，学生学业成长的航标灯，学校教育教学质量管理的抓手。我校一方面打造自己特色的教学与管理评价体系，针对教学及管理中出现的矛盾，及时分析问题并解决问题，利用评价机制引领行动，推动工作；另一方面，学校没有故步自封，主动与学科网、学信网、金太阳等联合，通过先进的大数据系统，及早发现问题、调整方略、指导实践。

（一）搞好常规教育和管理，将各项工作制度化

学校优化了"民大附中雄安校区课堂教学评价指标体系一览表"，重点强化了过程评价与结果评价相结合，提高了学生知识与技能、过程与方法、情感态度与价值观的权重，指导教师也赢得了课堂上学生的掌声。坚持教学常规管理，对备、教、辅、批、考、评六个环节的细节都有明确的要求，制定出规范标准，教学部门每月进行考核检查，及时通报公示，树立典型、鞭策落后，确保教学各环节可控可循。

（二）搞好月考期考工作，将目标管理与过程管理相结合

学校建立了教学质量保障体系，厘清了管理流程与管理通道。教务处加强对教学过程质量的监测，明确目标、指明途径，期中、期末考试与雄安新区兄弟学校联考，通过双向细目表，科学制定合理的教学标高与进度，利用大数据分析教学的动态，横向比位次，纵向比进步。指导各年级各学科周清月结，将各项工作制度化，将考核结果与过程性绩效、评优晋级挂钩。

（三）搞好学考和高考工作，将高考成绩的功能和作用放大

学考是国家对学校是否开足开齐国家课程、学生是否均衡发展的一种检测手段，是一所示范学校素质教育的内在的抓手。我校主动响应教育部号召，变"要我考"为"我要考"，扎扎实实抓好过程管理。同时，我校形成共识，高考质量是学校的生命线，承载着为党育人、为国育才的重任，深入研究课程标准，着力培养学生核心素养，夯实学生的基础，提高学生的应试技能是几十万容城家长对优质教育的期盼。学考合格是成人的标志，是学生全面发展的指标体系；高考选拔是成才的印迹，是学生核心素养的充分体现。作为一所省级示范中学，高质量培养学生是我们的使命，唯有低进中出、中进高出、高进优出，才能彰显学校生存的价值。

雄安是新时代中国特色社会主义实践创新的承载地。雄安是否可持续发展，关键是靠人才支撑。容城中学有七十一年的办学历史，也为地方培养了许多杰出人才。2023年5月10日，习近平总书记在河北雄安新区考察并主持召开高标准高质量推进雄安新区建设座谈会时，他勉励年轻一代在强国建设、民族复兴的进程中，坚定信心、学好本领、造福桑梓，做社会主义事业的建设者和接班人。这也是对我们教育工作者的希冀，我们只有凝心聚力、团结奋斗、集中精力抓教学，奋发有为促质量，才能不负时代、不负教师这个光荣神圣的称号。

参考文献：

[1] 张秀芬.基于人本管理理念的高中学校管理[J].西部素质教育，2022，8（09）：189-192.

[2] 郭创任.新高考背景下高中学校管理的创新探索[J].中国教师，2021(07)：102-103.

[3] 把保障人民健康放在优先发展的战略位置 着力构建优质均衡的基本公共教育服务体系[N].人民日报，2021-03-07（01）.

[4] 坚定信心保持定力 稳扎稳打善作善成 推动雄安新区建设不断取得新进展[N].人民日报，2023-05-10（01）.

浅谈学校办公室工作中的几点思考

辛腊娟

学校办公室是学校的综合管理部门,是学校工作的枢纽,起着桥梁和基础保障的作用。学校办公室围绕学校中心和决策开展工作,服务领导、服务部门、服务师生。办公室对学校日常工作的正常运转和学校政策措施的实施有着极其重要的作用。

一、做好服务是办公室的立身之本

学校办公室是学校上传下达的中枢部门,同时掌握着大量的信息,包括各种统计数据、文件、总结、会议记录、上级指示等,这些信息是领导做出决策和指导工作的依据。作为办公室工作人员,首先,要学会从众多的信息中提取关键和最有价值的信息,给领导提供有用的决策信息。其次,办公室服务学校各个部门,办公室要清楚学校各个部门的职责和相关人员的情况,要能够有效地整合各个部门的力量。同时,通过有效的服务和沟通解决各个部门之间的矛盾。教育教学是学校的生命线,一线教师教学任务繁重,学校办公室要以更好地服务师生为己任。在平时的工作中,既要热情大方,又要细心周到。尽量减轻教师们的行政琐事,做好一线教师的后勤保障。另外,由于办公室临时性事务较多,加班加点是经常的事情,所以办公室人员要时刻保持工作状态并牢固树立学校集体和大局意识,既要具备较强的应变能力,能够适应工作中的各种变化,又要对待工作认真负责,确保各项工作准确无误。

二、协调沟通是办公室的工作之要

学校办公室是学校的枢纽,是一个协调部门。平时在协调工作中,要注意连接上下，兼顾各个部门，保证学校工作高效有序推进。协调是办公室工作之要，协调工作要注意方式方法。首先要熟悉了解学校的规章制度，并且要时刻牢记以学校的规章制度和党政联席会形成的决议为依据，推进和部署工作。其次要熟知各部门的工作范围，在坚持原则的同时，明确责任，督促各部门工作的完成。再次，制度管人、流程管事。要严格落实学校的各项程序，再着急的事情也要遵循工作原则。要时刻牢记整体意识，从集体利益出发，同时灵活妥善处理各部门关系，从而积极有效地推动学校各项工作有序进行。

三、学习创新是办公室的发展之路

习近平总书记指出："中国共产党人依靠学习走到今天，也必然要依靠学习走向未来。"学校办公室是学校对外形象的窗口，工作纷繁复杂，因此办公室人员更应该加强学习和创新，而创新不仅仅包括工作方法上的创新，还包括思想上能够紧跟时代的步伐。办公室工作人员要加强对各项政策理论的学习，学习新知识和技能，提高政策理论水平，从而提高办公室人员的综合素质。随着科技的日新月异，现代化办公是学校办公室发展的大势所趋，所以，办公室人员要不断学习和增强信息技术能力，要通过学习自动化办公来提高工作质量和效率。创新的关键在于学习，除了自我学习之外，办公室人员还应加强相关培训，进行综合学习，不断促进知识更新和业务水平的提高。

四、计划总结是办公室的引领之路

学校办公室是学校的重要组成部分，服务于学校整体发展。学校办公室承担着协助学校领导处理学校工作的重要任务；负责全校重要活动的组织、协调、接待工作；负责督促各个部门贯彻执行党政联席会的行政决策，及时督察各部门工作的开展及落实情况；负责按照学校党政联席会的决议起草文件、方案、报告等工作。办公室工作有很强的政治性，因此要求学校办公室要充分了解学校当前发展状况，对学校的文化及发展目标有深刻的把握；要能够按照学校的发展目标制订工作计划，并以办公室工作计划为引领，统筹各部门工作计划。

此外，总结是学校工作的成果和反思，因此要重视并认真做好学校整体工作的梳理和总结，通过计划、总结引领各个部门开展工作，从而推动学校整体更好更快地发展。

学校办公室是学校工作的枢纽，是学校各项工作的总调度。学校办公室服务的质量，直接影响学校整体服务水平。办公室办事的速度和水平也影响着整个学校工作的推进情况。总之，办公室工作是一项综合且复杂的工作，做好办公室工作，既要有满腔的热情做好服务，又要有随机应变的能力做好协调；既要能够以发展的目光进行创新，又要能够以科学的计划引领发展。努力做好办公室工作，是推动学校整体工作不断发展的重要保障。

参考文献：

[1] 田静. 做好新形势下学校办公室管理工作的几点思考[J]. 云南教育，2023，（06），29-30.

[2] 张好武. 精细化管理，提升办公室工作效率[J]. 河南教育（教师教育），2021，07：40.

[3] 习近平在"不忘初心、牢记使命"主题教育总结大会上的讲话[N]. 人民日报，2020-01-09（02）.

第二章　教学论文

小议如何提高高中生物课课堂教学效率

安华

随着高中新课程改革的不断推进，如何提高课堂效率，成为每一位教师应该重点思索的问题，高中生物课堂也不例外。在高中生物教学中，提高课堂教学效率的方法策略可以渗透到教学的每一个环节中，因此，对于每一个教学环节与细节，教师都应该认真对待，不能放松懈怠。作为一线教师，笔者在实际教学过程中总结了一些经验方法，希望与广大教师、学者交流一二。

一、教师首先要确定教学的"三维目标"

教学目标要具体，如"细胞的分化"一节的目标是：

1. 知识目标：（1）学生能理解细胞分化的概念；（2）学生能了解细胞分化的原因；（3）学生能说出几种已分化的动植物主要细胞的名称；（4）学生能理解细胞的全能性的概念；（5）学生能了解植物组织培养的过程；（6）学生能够举例说明什么是干细胞。

2. 能力目标：（1）学生能叙述"植物组织培养的过程""非洲爪蟾的蝌蚪实验""克隆羊多利培养的过程"；（2）学生能说明上述实验设计的大致步骤；（3）学生能说明上述实验得出的相关实验结论。

3. 情感态度与价值观目标：通过本节课的学习，使学生在理解知识的基础上，更加尊重科学，能将有关科学知识应用到生活中。

目标确定好以后，课堂教学就要根据教学目标的要求确定教学形式和方法。也就是说每一节课要让学生获得什么，是教师心中必须清楚的。

二、教学方法是实现教学目标的途径，有效教学需要有效的教学方法来实现

（一）合作学习

小组合作学习是新课程倡导的三大学习方式之一，在形式上有别于传统教学的明显特征。

首先，要对学生进行必要的思想品德教育。在进行小组合作学习时，教师要教育学生学会尊重别人，认真聆听别人的发言；要教育学生成功的合作学习既要有统一的学习目标，又要心中有他人，有自我牺牲的精神，多为他人、集体着想；要教育学生对自己的表现有信心，不自卑，要主动参与学习。这些思想品德教育是合作学习成功的重要保证，也是合作学习的目标之一。

其次，精心设计问题，认真准备教具，尽量减少干扰因素。合作学习的内容要精心设计，太简单了，没有合作的必要；太难了，学生解决不了。教具也要认真准备，充分利用教具，使它们能真正帮助学生学习。

最后，做到科学分组。在分组时，应尽量做到科学、合理，可考虑两个方面：一是争取小组间的零差距，做到每个小组的实力相当；二是组内成员的异质互补，就是将有各种特长的学生放到一个组内，让他们取长补短，尽量做到最佳组合。

（二）探究学习

生物学上每一次科学发现都离不开实验探究的过程，因此，课本中每个科学研究史都是学生探究兴趣和科学探究精神的培养机会。在处理这些内容的时候，教师可以引导学生重走科学家的探究之路，鼓励学生再现科学家的探究思想和探究过程，对科学家的实验进行评价、改进或重新设计，这会让学生更有兴趣，并主动参与其中，从而在不知不觉中提高了探究的意识和能力。教师再对学生的设计进行评价，让学生对实验设计思想有清楚的认识，同时纠正学生在实验设计中的遗漏和错误。在这样的学习过程中，学生会更多地获得成就感并且提高了生物学实验探究的兴趣和能力。

例如在植物激素一节的教学中，传统教学往往把温特实验作为结论性知识，逐步介绍给学生，忽略了科学方法和探究思想的教育，使能力培养和知识传授

相脱节。在教学实践中，如果将这个经典实验转变为探究课题，引导学生参与到探究过程中来，会取得更好的效果。通过对本节课前面内容的学习，学生会提出假设：胚芽鞘的生长和向光性是由尖端决定的。教师引导学生思考：以上实验说明胚芽鞘的生长及向光性是尖端决定的，但到底是尖端本身还是尖端产生的某种物质？应如何通过实验研究该问题？学生会特别有兴趣，积极投入到讨论当中。然后教师逐步提出探索性思考题对学生进行引导：①实验设计的基本思路是什么？②自变量和因变量是什么？怎样处理自变量和观测因变量？③应该用什么样的基质吸附这种物质？如何验证该物质是否存在？④用怎样的实验方法排除基质对实验的影响？以上问题由学生讨论解决，教师鼓励和点评。在这个过程中，学生经历了如下过程：对假设重新思考—寻找方法—选择实验材料—设计实验方案—预期实验结果。通过上述探索性的思考过程，学生积极参与讨论和实验的设计，在学习温特实验的同时也得到了科学方法的训练，其创造性思维能力也得到了提高。在接下来的研究植物弯曲生长与生长素的分布之间关系以及植物的顶端优势的原因时，学生也可以通过对前面实验探究的模仿而自行解决。

（三）自主学习

在教学过程中，少讲、精讲，有些问题稍加点拨，多采用启发诱导的方法，诱发学生的学习欲望，提高学生的学习兴趣。给学生充足的时间去操作、去思考、去交流，把教师的教学活动内化为学生的自主学习，从而促进其自主学习能力的培养，给学生自主质疑的权利。爱因斯坦说过："提出一个问题往往比解决一个问题更重要。"学生能够发现问题，并且敢于向老师提出来，这是他们刻苦学习、主动钻研的表现。要鼓励学生大胆质疑，让学生在"疑"中产生问题，在"疑"中产生兴趣，只有"疑"才有思，只有"思"才能迸发出创新的火花。要尊重学生独立的思维方式，培养学生敢想、敢说的自主创新意识，使他们真正能够成为"青出于蓝而胜于蓝"的一代新人。强化指导自主求知的方法。除常规方法指导外，着重教给学生学习策略，让学生知道在具体的学习情境中，如何选择调用最有效的学习策略和方法，学会自我意识、自我激励、自我评价、自我反思、自我调控学习全过程，提高自学能力。

有效的教学方法还应该有学生思维的积极参与。学生是学习的主体，不论采用什么教学方法，都应该有学生积极主动的参与。有些课堂教学看似热闹非凡，学生个个参与，如果学生只是一种形式上的参与，思维活动停留在浅层次上，这样的课堂教学就不是有效的。相反，在有些课堂上，学生看似没有太多形式上的参与，但学生能够积极地思考，有其思维的参与，这样的教学却是高效的。

三、有效教学需要合理使用教学手段

随着科学技术的发展，现代化教学手段已走进课堂，这些手段使得宏观与微观、静态与动态、抽象与直观能够轻易地实现相互转化，通过声音、图画、视频等多种刺激，调动学生的多种感觉器官，降低了学生对重点、难点的理解难度，变难为易，对课堂教学有效性的落实起到了积极的作用。

例如：在关于渗透作用原理的教学中，通过演示实验以及静态图可以使学生直观地观察到长颈漏斗内液面的变化，但很难认清其中的原理。为使学生更形象地了解其中的奥秘，我们可以利用多媒体动画进行模拟，让学生通过观察整个变化过程，积极思考并讨论，最终认识到：由于单位体积清水中的水分子比单位体积蔗糖溶液中的水分子多，所以在单位时间内，水分子由烧杯透过半透膜进入漏斗的数量多于水分子由漏斗透过半透膜进入烧杯内的数量，因此漏斗管内的液面上升了。可见，多媒体教学具有形象性、直观性、新颖性、趣味性、丰富性等特点，它能激发学生的学习兴趣，使学生真正成为学习的主体，变被动学习为主动学习。

教学手段的合理使用还要把握好使用的时机。例如，对于一些生理过程的教学，如果我们一开始就出示动画进行讲解，这对于学生的理解来说无疑是高效的，但学生同时会失去抽象思维的过程和机会。对于实验性的内容，如果我们一开始就将操作过程及结果进行清晰的展示，这对实验的顺利完成无疑是十分有帮助的，但学生却失去了在实验过程中进行尝试、在观察结果中进行真伪辨别的机会，学生的实验也就成了照方抓药，对实验结果的观察就成了一种形式。

综上所述，教师应根据课堂教学目标、教学内容、师生的实际情况、学校的条件等因素，精心选择、设计适宜的教学策略，最大限度地促进学生的有效学习。作为教师的我们要树立新理念，走进新课程，用先进的教育理念引领课堂教学改革，真正承担起新课改赋予我们的历史使命。

参考文献：

[1] 陈建明. 高中生物探究性实验教学中教师角色的定位及实施策略 [J]. 中学生物学，2011，27（04）：19-20.

[2] 梁建峰. 高中生物教学中问题情境的创设探究 [J]. 新课程，2020（24）：82.

浅谈如何进行有效的普通高中生涯规划教育

包洪秀　杜劲川

当今世界，信息技术飞速发展，对各种专业人才的需求日益增加，人才的竞争也愈演愈烈，要在这个激烈竞争的社会中立足，不仅要有自己的能力，还要有自己的规划。因此，从高中开始，各个学校陆续开展职业生涯规划教育，以帮助个人达成其每一阶段的发展任务，并为下一个阶段的发展做好预先的规划和准备。适当地完成人生各个阶段的生涯发展任务，是"生涯成熟"的表现。同时，能让高中生认识自己的能力，挖掘自己的潜能，提升自己的修养，从而实现自我和社会的价值。

一、学科知识渗透　激发学习斗志

高中阶段学生所学的科目越来越多，学业负担也越来越重。因此，在教学过程中，首先要充分调动学生的积极性，把学习的紧张情绪转变成学习的动力，从两个层面来指导高中生的职业发展。其次是相互影响，在主题教学方面，教师可以通过课堂上的互动，让每个同学对自己的人生理想、未来规划等进行思考和交流，从而激起他们的热情，引起他们情绪上的共鸣。

各个学科的老师在传授专业的基础上，可以将职业生涯规划的教学思想合理地结合起来。首先，通过这种方式，可以让同学们清楚地认识到自己目前面临的重大任务，以及如何实现自己的任务。其次，学生不仅要学到相关的知识，还要学会从各个领域中衍生出的知识，从而远超课本上的内容。最后，课程的渗透并不仅仅局限于文化课程，而是通过各种形式的课程来激励和培养学生的良好品格。可见，高中所有的科目都可以作为职业生涯规划的最佳参照。

二、开设校友专场　交流心得体会

每年高中学校都可以举行一次校庆活动,并邀请那些在人生道路上取得辉煌成就的毕业生担任校庆活动的特邀嘉宾,通过演讲、聊天、互动交流等形式,向学生们分享自己的创业历程和成功经验。通过这种方式,不仅可以调动学生学习的积极性,而且可以让他们尽早建立起正确的学习观念、道德观念和价值观念。

另外,可以邀请历届优秀毕业生来参加学校活动,通过这种形式,让他们能够畅所欲言,交流经验和教训。在互动环节中,这些优秀校友会告诉同学们他们在过去的一段时间里所遇到的问题,以及如何解决问题。例如,有位校友在高中读书时,一开始没有意识到学业的重要性,可是当他一次又一次地失败后,他就下定决心,一定要追上"尖子生",所以他将全部精力都放在了学业上,制订了一个长远的学习规划。按照规划,他一天仅有6个小时的休息时间,剩下的时间,除去吃饭和锻炼,其他的全部用来复习各科课程。经过两年多的努力,他最终以优异的成绩考入了一所985院校。此后,他的学业和事业一帆风顺,直至成为本地一位知名的创业者。通过与优秀校友们的交流,同学们不但能了解他们今天的辉煌业绩,而且能了解到他们在高中时是怎样奋斗的。

从这里可以看出,设立"校友特别会议"是一种激发学生们斗志的好方法。在这个过程中,学生们可以从内心深处认清自己,并且向那些优秀毕业生学习,改正自己的错误。为此,各个高中学校要设立一套完整的校友档案管理体系,将以往学生的联系方式、目前从事的职业、在校期间的成绩等资料全部记录到系统资料库中。在进行职业生涯规划教育的时候,可以提前从资料库里查询到校友的资料,邀请那些曾经取得过一定成就的毕业生,让学生和他们有更多的交流,从而更好地了解他们的发展。

三、实地体验活动　丰富学生阅历

普通高中实施职业生涯规划,可以激发高中生积极进取的精神,让他们更好地了解目前的学业对今后人生发展起到的作用。所以,在这个时期进行职业生涯规划的教学非常有意义。因此，除了开展专题讲座，教师们还可以根据"实践"的理念，为学生们设计一些现场的实践，让他们在现实生活中的每个专业领域都能感受到"社会气息"，从而开阔他们的眼界。教育家陶行知曾经说过："教与做的结合，就是生活的法则，也就是教育的法则。为了避免盲目的、无意义的学习，我们要在劳动上付出努力，以便达到理论和实践的统一，社会就是学校，这就是教育，就是要使教育脱离牢笼。所谓'见多识广'，就是要将知识从个人口袋中解脱。"

四、积极开展社会实践活动

增强职业生涯规划的自主性校园实践体验活动是每个学生开发创新潜能、施展个人才华的大舞台。利用校园实践的舞台，学生不仅可以更好地认识自我，而且可以对自我能力、角色及职业进行探索。例如，文化艺术节活动的开展为高中学子创造了自主的舞台，整个艺术节从启动、运行、展示到总结反馈，全部由学生独立运作。这样的活动让学生体会到了劳动和创业的艰辛，培养了他们的商业意识和风险决策能力。学生参加各种社会实践活动，可以开拓视野，认识和理解各种职业。例如，某学生在制线厂做了一天的会计，她的主要工作是负责记录、计算工人每天的工作量。通过实践，她对会计这份职业有了新的认识和感知，如"会计其实更讲求的是实际操作性和实践性，离开操作和实践，其他一切都为零。而且需要恒心、细心和毅力，切忌粗心大意，马虎了事"。而另一名学生则选择了在表哥的饭店里做服务员，去体验服务行业。经过一段时间的锻炼和学习，他发现自己有了服务意识，学会了用标准的礼仪待客。这样的社会实践，不仅使学生可以对某项职业有更主观的认识，而且可以将实践经验带到学习和生活中来，发现自我、挑战自我、完善自我，让自身变得更加成熟。有些学校则借助社团的力量，利用寒暑假，让学生体验一些职业，如去图书馆做一名图书管理员，体验管理员工作的经历与感受，从中体会办好事的行动准则和责任感。有些学校会引导学生到社会上寻访成功人士，了解不同职业对人才的需要，收集他们的成功经验，确立自己职业崇拜的榜样，追寻他们成功的足迹并保持积极的心态，做出适合自己的职业生涯规划，让自己的人生更精彩。

五、结语

普通高中职业生涯规划是对学生的价值观和人生观的一种教育，它可以为学生指明前进的道路，使他们的理想和抱负更加清晰。所以，实施职业生涯规划教育是帮助学生实现自身价值的阶梯，顺着这个阶梯，学生们会变得越来越好。

参考文献：

[1] 丁海波. 生涯教育在高中思想政治课教学中的渗透 [J]. 教学管理与教育研究，2017，2（14）：121-122.

[2] 樊丽芳，乔志宏. 新高考改革倒逼高中强化生涯教育 [J]. 中国教育学刊，2017（3）：67-71，78.

[3] 潘松. 普通高中生涯教育的核心问题与有效对策 [J]. 教学与管理，2020（4）：23-26.

引入优质教育资源对基础教育发展的影响

曹兰英　李娜

在不断深入教育改革的情况下，越来越多的人意识到引入优秀教育资源、实现资源均衡配置可以对我国教育公平和社会公正起到促进作用。相关的管理人员应当重视教育资源的质量与不均的问题，分析出现这一个问题的原因，以便积极地建立完备的管理制度，更好地解决基础教育资源的问题。本文在分析当前基础教育资源问题的基础上，提出引入优秀教育资源的方法策略，并对产生的影响进行深入的探讨。

一、当前基础教育发展的问题

现如今我国的基础教育发展不均衡主要表现在以下四个方面。首先，国内质量比较高的学校分布不均衡。由于经济以及政治等多重原因，绝大部分的优质学校集中在经济发展条件比较好的区域。显而易见的是，教学薄弱的学校与优质的学校之间存在很大的办学差距，尤其是某些边远地区的农村学校，还可能在不同程度上存在一些设备配备不全、设施比较陈旧、教育方法较为落后的状况。其次，我国的教育投入不均衡。不同地区投入在基础教育方面的经费仍旧有很大的差距。再次，教师队伍的教学水平参差不齐，各个学校乃至整个城市的在岗特级教师分布不均衡。最后，学校的生源质量分布不均衡。越优质的中小学校，其生源人数越多，基础质量也越好，而比较薄弱的中小学校即使用尽心思，也很难招到优质的生源。

而正是由于基础教育分布不均衡，还产生了许多有关联性的严重社会问题。有的家长可能为了让自己的子女可以到优质的学校上学，不惜走后门、托关系，也正是这种不正之风，使得数不胜数的迁改户口、二手房价格飙升等不正常的现象越来越严重。导致这种现象出现的原因归结为以下四点。

（一）不全面的认识

教育部门的某些领导并没有充分认识到当前基础教育发展的不均衡，不论是资金的投入抑或是硬件的配备方面，总是锦上添花多于雪中送炭，无法从根本上解决问题。再加上绝大部分的家长望子成龙、望女成凤，想尽办法把自己的孩子送到心目中更为优质的学校，这更加剧了不同质量学校之间的差距。

（二）不完善的体制和机制

在教育方面的悬殊投入还取决于各地不同的财政收入。目前我国教育部门正在实行的城市、区县和学校的投入占比机制并不科学和完善，如果该地区的财政条件比较差，无法拿出足够的钱进行配投，就会进一步加剧基础教育发展不均衡。在推行"两免一补"的政策、择校费的取消和就近划片入学、义务教育取消择校费，导致学校除去政府的财政拨款之外，没有了其他的经费来源，更加突出了教育投入不足的问题。

（三）教师工资收入普遍较低

不同的城市之间、优质学校和一般学校之间，教师的收入有着不小的差距，这刺激了一般学校的优秀教师单方面流入优质的学校。教师岗位的低收入会严重打击教师的工作主动性和积极性，也会制约在教师队伍中注入新鲜优质的教师力量。

（四）一些不友好的社会环境

当前的社会大环境也会对基础教育的均衡发展产生不利的影响。当家长对优质教育的要求随着日益严峻的就业形势越来越高，学校和教师面对高考的压力越来越大，学生学习的负担越来越重，社会媒体的推波助澜，都会导致各方面的压力似乎变成了一张大网，紧紧禁锢了学生、家长、学校和教师，让基础教育的发展更为艰难。

二、引入优质教育资源的措施

引入优质教育资源是推动基础教育平稳健康发展的决定性措施，所以应当着重考虑科学、准确地引入优质教育资源的方法。接下来，将从以下几点进行阐释。

（一）建立完善的机制，保障优质资源的流入

笔者建议市财政统一筹措和管理所辖学校的经费投入，如果存在个别经济困难的区县学校的教育投入低于整体平均水平，市财政需要按照一定的比例投入教育经费。市财政部门还应当设立专门的资金项目，以防普通学校出现经费缺口。除此之外，还应该建立健全监管制度，保证拨出的教育经费可以在规定时间内全额拨付，可以做到专款专用，避免出现挪用、挤占等现象。明确每一个级别的政府应该在基础教育的过程中承担怎样的责任，不断健全和完善教育资金去向的监督机制，加大监督力度，同时要确立明确的处罚体系。

（二）平衡教育经费资源的流动

首先，对办学条件比较差或边远地区的学校，政府应在适当的范围内给予政策和教育资源配置方面的倾斜，不可以单纯地把学校划分为不同的等级。应当把重点放在如何实现区域、城乡乃至不同学校之间办学条件的统一上。另外，需要对基础教育阶段内的学校一视同仁，给予平等的待遇。在努力改变教育资源配置不平衡的同时，让每一个学生可以在改变不平衡的教育资源的过程中都能够享受到优质的教育资源。

（三）引导教育资源向普通学校流动

应当在优质学校和普通学校之间制定校长定期交流制度，通过二者互换岗位，可以从思维和行动方面双重缩小学校之间管理方面的差距。在这两类学校之间，还可以建立"优秀教师共享""教学改革方案共享"的制度，引导优质的教学资源向普通学校流动。对农村地区或边远地区的教师特级等级评定可以适当地放宽要求。在开展基础教育教学的同时，需要注意把基础教育过程中用到的教育资源，尤其是公共资源的配置，有意识地向边远、相对落后地区的学校倾斜，不断拓宽农村获取教育资源的多重渠道，提高基础教育的水平，推动

其达到规定的指标，改善教育资源不均衡的问题。

（四）合理安排教师资源

想要尽快提高教师的积极性，首先就需要根据《教师法》《义务教育法》等规定，调整教师的待遇，保障教师自身的利益。还应当设立专项的资金福利，为在农村任教的教师提供特殊的教育津贴。另外，对于教师资源，应当完善相关的帮扶政策。科学地安排教师资源能够在基础教育阶段起到均衡配置教育资源的作用，是促进基础教育发展的重中之重。通常来讲，作为教学活动中的基础主体，教师素质会直接影响教学的质量。这时，采用因地制宜的方法，制定不同的基础政策，在全面分析教师的基础上，根据实际情况，合理地分配教师资源，实现教育公平。也可以制定城镇帮助农村、东部帮助西部的政策，推动师范毕业生积极前往西部、农村支援教育。提出能够帮助西部学校和农村学校的措施，例如对口支教、跨校兼职等等，内外结合，推动教育资源的发展。

（五）加强指导研究教育均衡发展

教育部应该制定能够推动基础教育均衡发展的长远规划和方案，并且保证落到实处。循序渐进地取消评定学校的等级，避免出现对教育均衡发展产生影响的评比活动。

三、引入优质教育资源的影响

当前的世界为教育的发展带来了前所未有的机会和际遇，让国内基础教育平稳健康发展变成了可能。引入优质教育资源会产生十分深远的意义。首先，引入教育资源能够帮助学校创新、传播并转化知识，推进校内教师更新自己的教学内容、教学手段和教学方法，提高培养人才的质量。其次，引入优质的教育资源还可以促进改革办学体制的步伐，为改变和发展提供可参考的模板。此外，引入优质的教育资源还能够加强优质学校和普通学校之间的交流与合作，实现共享资源、优势互补的一个过程，在提升各个学校核心竞争力的同时，促进现代化的教育建设。

教育的根本目标是培养人才。引入并在适度的基础上利用优质的教育资源，可以帮助学校、教师和学生对所学的教学内容和课程体系了解得更加深入和透彻，能够帮助教师和学生站在更高的角度，用更广阔的视野观察问题，进一步建设完备的课程体系，更新教学内容，顺应当今教育界最新的理论和研究成果，激发教师不断积极探索新式的教学方法，进一步提高人才培养的质量。

如果可以在一定程度上解决教学资源在基础教育阶段出现不平衡的问题，不仅可以帮助教育实现教育公平、机会平等，而且可以从长远方向上推动社会公平的发展，保持社会的稳定，还能够进一步提高我国人口的整体素质水平。由此可见，在从深层次方面分析我国教育资源在基础教育阶段的配置情况下，必须将优质教育资源引入，不断地完善各项法律条约，加强政府的监督和管理，在改革的过程中不断地进行探索和创新，从而达到解决教育资源不平衡的问题，达到合理配置教育资源的效果。

四、结语

由于教育教学的质量不断提升，群众获得教育的感受也越来越强，然而当下教育资源仍旧存在不均衡的问题，因此我们应当积极将优质的教育资源引入到普通学校中，促进基础教育的发展，让每一个学生都有机会享受到优质的教育，让更多的学生获得平等受教育的机会。在很长的一段时间内，我们应该从提高教师队伍整体素质、保障教师工作基本待遇、推动教育资源流通共享、建立完备监督资金机制等各个方面，着手优质教育资源的引入。各级政府机关、师范类别的高校、优质中小学校更应该在这个过程中发挥积极的推动作用，不断推动我国基础教育的建设与发展。

参考文献：

[1] 周海银.我国区域基础教育资源配置对新型城镇化影响的实证研究[J].西北师大学报（社会科学版），2016，53（02）：93-98.

[2] 张凤华，向姣姣.聚焦学生实际获得 推进优质教育资源实质性扩大[J].北京教育（普教版），2017（02）：5-8.

[3] 赵康，李景. 融合线上线下教学资源的混合教学模式的探索与实践——以高等代数为例[J]. 创新教育研究，2021，9（1）：49-52.

[4] 卢春，阳小，曹清清，等. 基础教育数字资源应用影响因素实证研究——以中部H省为例[J]. 软件导刊（教育技术），2019，18（004）：26-29.

浅谈高中物理线上、线下教学的融合

陈美艳　薛宏超

一、高中物理线上教学与线下教学有机结合的实践意义

（一）有利于突出学生的课堂主体地位

实践表明，在高中物理教学中采取线上教学与线下教学有机结合的教学形式，有利于突出学生的课堂主体地位。无论在任何学习活动中学生都应该是主体，教师的角色则是引导者，故而只有充分突出学生的课堂主体地位，使其最大限度地发挥出主观能动性，才能够有效提升其学习效果。单纯的线下教学很容易陷入填鸭式、灌输式教学的困境之中，导致学生的课堂主体地位被忽视，若将线上教学与线下教学有机结合起来，则能够有效解决这一问题，使学生真正成为课堂的主人翁。线上教学的很多学习任务都需要学生主动去完成，可以说学习的主动权是掌握在学生自己手里的，教师的主要任务之一是引导学生积极主动地参与到学习活动中来，这点正弥补了传统线下教学的缺陷，有利于突出学生的课堂主体地位。

（二）有利于激发学生的物理学习兴趣

实践表明，在高中物理教学中采取线上教学与线下教学有机结合的教学形式，有利于激发学生的物理学习兴趣。兴趣是学生开展学习活动的强有力动机，而研究显示，教学形式是影响学生学习兴趣的主要因素之一，若教师所采取的教学形式新颖化、趣味化、科学化，能够将单一、枯燥的学习活动转换为一些更加有趣的活动，则更易让学生对学习内容产生兴趣。

二、高中物理线上教学与线下教学有机结合的实践难点

（一）线上教学方面的难点

就高中物理线上教学的实际情况来看，其主要存在以下几项难点。第一，线上教学过于依赖软硬件。因为线上教学是建立在多种软硬件组合的基础上的，包括线上教学平台、互联网、移动终端设备等，线上教学是否能够顺利开展，也取决于线上教学平台的流畅度、互联网的状态以及移动终端设备的好坏等，其中任何一个环节出现问题均可能导致线上教学无法顺利开展。第二，线上教学比较考验学生的自觉性和自制力。因为线上教学往往是让学生在家或在宿舍上网课，没有教师在课堂上进行组织和管理纪律，很难保证学生全身心地投入到学习当中而不"开小差"，若学生自身的自觉性和自制力较差，则其听课效果也会较差很难获得高质量的学习。第三，线上教学也比较考验教师的综合能力，对教师提出了更高的要求。例如，要求教师具备较强的互联网应用能力，能够熟练运用多媒体技术搜索信息，并对信息进行分析加工、制作、发布，以及同时掌握录制机、投影仪等硬件设备的使用方法和音像编辑、课件制作等软件编辑方法；要求教师树立终身学习思想，时刻处于学习状态，不断更新自身知识库，从过去的"专科型"向"通识型"转型，知识体系由"T"向"Y"转变；还要求教师依托各种新技术主动多维整合教学资源，坚持研究教材、教法、学生，致力于成为一名研究型的教育专家。

（二）线下教学方面的难点

就高中物理线下教学的实际情况来看，其主要存在以下几项难点。第一，高中物理难度较大，尤其相较于初中物理而言，高中物理知识的难度是呈直线上升的，并且物理作为一门理科学科，其学习难度本身就相对较大；高中物理中有大量、复杂的概念、理论、公式等，学生既要对它们进行充分理解和深刻记忆，又要学会利用它们来解决实际问题，这对于部分学生来说是非常吃力的，甚至有的学生直接被其难度所"劝退"，一到上物理课就感到"头大"，久而久之，就会对高中物理学习产生厌烦心理，不利于学生的进步和发展。第二，教学模式落后。现阶段部分高中物理教师在线下课堂教学中仍旧采用落后的填鸭式、

灌输式等教学模式，即先照本宣科地给学生讲解课本中的物理基础知识，再让学生对概念、理论、公式等进行死记硬背，之后要求学生做大量的物理练习题。这类教学模式本质上忽视了学生的主体地位和学习兴趣因素，因此难以满足学生的实际学习需求。

三、高中物理线上教学与线下教学有机结合的实践策略

（一）利用多样化的线上教学对线下教学进行补充

线上教学对线下教学具有良好的补充功能，一些因课堂时限而无法在线下教学中过多展开或细致讲解的内容，都可以挪到线上教学中去。而且线上教学应追求形式的多样化，一般来说可选择两种类型：一种是最大限度地对线下教学环境进行还原，以教师授课为主；另一种是把课堂交给学生，强调发挥学生的主观能动性，以学生自学为主。而这两种线上教学形式又可以进行细分，具体来说，首先在以教师授课为主的线上教学中，可以分为直播、录播两种，直播适合在讲解学生容易发生混淆和容易误解的知识点与概念、需要掌握学生学习过程和与学生进行互动的环节、需要对学生作业方面的问题进行反馈等情况下使用，录播则适合在讲解难度较大和较重要的知识点、耗时较长的难题、可供学生在课后自行观看的解题过程等情况下使用；其次，在以学生自学为主的线上教学中，可以分为自学课本知识、推送网络资源和小组微信群讨论三种，自学课本知识、推送网络资源适合在物理前沿知识介绍及以物理学史、基础知识为主的新授课等情况下使用，小组微信群讨论则适合在需要语音分享思路与做法、在群中发布解答过程等情况下使用。在实践中，为了提高线上教学质量，可以对不同的线上教学形式进行灵活组合，如"录播+直播"形式、"自学+录播"形式、"自学+群讨论"形式等。

（三）利用线上教学增进师生和生生之间的交流沟通

调查发现，在高中物理线下教学中，很多学生碍于面子，有时即便是有思路、有问题也不愿意主动发言，而且部分教师为了完成教学任务，也很少在课堂上让学生回答问题或组织学生进行小组讨论，导致师生和生生之间缺乏交流沟通。针

对该问题，可以利用线上教学来进行有效解决。在线上教学中，依托线上教学平台，学生的发言更像是相互聊天，所以通常会踊跃地回复信息，同时学生的发言能够以文字的形式在教师授课时同步出现，以便于教师识别和记录。

四、结语

综上所述，在高中物理教学中采取线上教学与线下教学有机结合的教学形式，有利于突出学生的课堂主体地位，激发学生对物理学习的兴趣，拓展和丰富物理教学资源，培养学生的物理核心素养，因此高中物理教师应积极进行线上教学与线下教学有机结合的实践。虽然目前在高中物理线上教学与线下教学有机结合实践中仍旧存在着一些难点，但通过利用多样化的线上教学对线下教学进行补充、利用线上教学增进师生和生生之间的交流沟通、利用线上教学资源优化线下教学模式、根据线下课堂检测结果调整线上教学、构建"线上预习 + 线下学习"的新型教学模式等策略，能够有效改善现存问题，充分发挥线上教学与线下教学有机结合的优势。

参考文献：

[1] 王剑. 核心素养理念下高中物理教育信息化应用研究 [J]. 中国现代教育装备，2022（02）：48-50.

[2] 汪顺兴，唐婷，何彬彬. 利用网络平台，联动开发高中物理课程资源 [J]. 教育科学论坛，2021（05）：63-65.

核心素养下高中语文思辨性阅读教学策略研究

邓春浓

随着新时代的发展，教育界对学生能力培养提出了新的要求，对于高中语文教学而言，不仅要培养学生的阅读能力、思维能力，而且需要培养学生的核心素养，促使学生在未来具备适应社会发展的品格和关键能力，以此为学生的全面发展奠定基础。

一、加强对话练习，激发学生的思维意识

思辨性阅读是阅读时进行的一系列思维活动，受到说教式传统教学方法的影响，学生缺乏思维活动的时间和机会，思维处于僵化状态，因此教师们需要改变这种教学方法，通过有意识的引导，促使学生们在平等交流、积极互动中开展一系列思维活动。教师可以加强对话练习，促使学生们在师生对话、生生对话中解放思想、激发意识、质疑反思。教师在开展对话练习前，首先引导学生有意识地细读、深读文章；其次引导学生进行深入对话，让学生在深入对话中产生自己的想法和感悟；最终通过鉴赏批判，激发学生的思维意识。比如文言文《项脊轩志》，为了更好地探讨主题，教师需要引导学生先了解文本，通过文中作者和祖母、母亲、妻子之间的对话得出亲情说、悲情说的道理。其中项脊轩的生活细节可以反映出亲情说，人生经历、对亲人的怀念可以反映出悲情说，和祖母之间的对话反映出自己要重振旗鼓，和妻子之间的对话反映出自己的生活经历。以上对话之间既有亲情、悲情，也有托物言志之思，因此学生们在对话练习时还需要细细感悟其中蕴含的生活哲理。总之，思辨性阅读需要通过对话练习，给予学生思维活动的机会和时间，并在多样化的对话练习中从浅层对话进入到深层对话，并通过细节对话，促使学生在

感悟的基础上质疑、反思、分析、对比，在寻找问题解决途径的过程中深化思维。

二、启发式教学，加强学生的思辨练习

思辨性阅读是一个质疑和解疑的过程，学生们在阅读的过程中会产生多种疑惑问题，而学生本身会通过大脑思维能力去自我解决问题。对此，教师需要根据学生这一思维特点巧设疑问，对学生进行启发式教学，通过疑问激发学生思维，促使学生通过独立思考、深入探究，在思维碰撞中解决问题，以此加强学生的思辨练习。巧设疑问、启发式教学可以促使学生顺利进入到学习状态中，让学生在独立思考中挖掘思维价值，通过问题的发现、组织、思考来提高思考深度。比如，教师在教学《项脊轩志》这篇文章时，学生们会对文言文产生畏惧心态，为了让学生们顺利进入阅读状态，教师可以利用教育主题活动，采用课题的方式进行教学。要求学生们通过品味细节，感悟作者的情感。教师可以通过以下三部分内容进行：第一，鉴赏性阅读，要求学生初步鉴赏文章；第二，感悟式阅读，要求学生捕捉文章中的细节及感情；第三，启发式阅读，教师通过问题启发学生，进行指导性教学。对于以上课题引入环节，教师可以引入《背影》教学片段，启发学生们分析其中细节描写的句子、感情，并及时给予本课"融情于树、情深似海"要求学生翻译。通过以上这种细节启发式教学，引导学生思考细节处包含的情感价值，通过细腻的感情描写手法，让学生们更好地感悟作者所表达的寓意。在后期的问题启发式教学中，教师可以根据项脊轩修和不修的行为，设计启发性问题，询问学生们修葺前和修葺后作者的思想变化、行为变化，并在后期的反复修葺中，理解作者的志向。

三、整合构建资源，培养学生的思辨能力

思辨性阅读教学主要引导学生在阅读时可以利用辩证批判意识去整合信息，以此构建信息意义。对于高中语文教学而言，教材中没有具体涉及思维内容，

因此教师可以将文章作为培养学生思维能力的资源。但是高中语文教材文章多是零散分布的，因此教师需要将不同类型的资源进行整合，促使资源之间相互融合、相互作用，最终不断提高教师和学生的思维能力。学生们在利用这些资源的过程中需要自我总结这些材料的相似性，以此在利用的过程中提出意见、发现问题、解决问题，此过程是一种主观能动性基础上的思维活动。对于学生而言，该过程可以培养学生的创造性思维能力。例如，教师在教学《十三年与十三月》时，教师可以从该课题的起源开始讲起，讲述作者的生平事迹，要求学生们在阅读的过程中观察作者的性格、行为，最终自我总结李敖对时代看法的两面性。该文章中有很多脍炙人口的句子，为了有效培养学生的阅读迁移能力，教师可以采用问题提问法、点拨相结合的教学方法，在调动学生积极性的前提下，让学生们有一个认知变化的过程。教师可以引导学生思考作者生平经历中的各种选择和被选择的经历，并点拨学生们讲出自己的经历，培养学生对关键信息的读取能力，以此让学生根据生活实际反思自己、思考社会，最终明白文章中蕴含的道理。

四、结语

总之，思辨性阅读对于高中语文教学而言，具有非常大的教育意义，因此教师在思辨性阅读教学中需要通过对话练习、启发式教学资源整合构建的方法培养学生的思维能力和阅读能力，通过思辨性阅读教学培养学生的核心素养，最终提高学生的理解能力、知识迁移能力。

参考文献：

[1] 金昕.高中语文思辨性阅读教学策略研究[D].昆明：云南师范大学，2019.

[2] 李佳敏.核心素养视域下高中语文思辨性写作教学研究[D].南昌：江西师范大学，2019.

[3] 张静华.理性之光：语文思辨性阅读教学策略谈[J].读书文摘，2019（13）.

注：本文系 2021 年度河北雄安新区教育科研课题《新高考背景下高中语文思辨性阅读研究》（课题编号：XW2021023）的阶段性研究成果之一。

浅谈基于核心素养导向的课堂教学

——从一道习题的教学实践说起

段飞华

随着 2017 年版《课程标准》的颁布，核心素养开始进入中小学课程中。中国基础教育已经迈入核心素养的新时代，培养什么样的人 + 怎样培养人？如何在课堂教学中培养和提升学生的数学学科核心素养？这是我们一线教师最为关心的问题，下面以人教 A 版理科数学 2–1 第一章常用逻辑用语的一道习题的讲评为例，谈谈对基于核心素养导向的课堂教学的探索。

一、解答习题，错因分析

题目 已知集合 $A = \{x \mid x^2 - 4mx + 2m + 6 = 0\}$，$B = \{x \mid x < 0\}$，若 $A \cap B = \varnothing$ 是假命题，求实数 m 的取值范围。

这是一道常规的集合与常用逻辑用语题，考查学生对命题及其关系、集合的概念与运算、一元二次方程的根与系数的关系等知识的理解与运用，是基础题。但是，在课堂教学时学生出现了如下错解。

若 $A \cap B = \varnothing$ 是假命题，则 $A \cap B \neq \varnothing$ 是真命题，所以 A 中方程有根且应该为负数。所以，$\Delta = (-4m)^2 - 4 \times 1 \times (2m + 6) \geq 0$，即 $2m^2 - m - 3 \geq 0$，解得 $m \leq -1$，或 $m \geq \dfrac{3}{2}$。

因为集合 A 中元素为负数，所以 $m \in (-\infty, -1]$。

分析：上述解法存在两处明显问题。

第一，混淆概念"方程只有负数根"与"方程存在负数根"。$A \cap B \neq \varnothing$ 并不等价于方程 $x^2 - 4mx + 2m + 6 = 0$ 有根且为负数，应改成方程存在负数根。

第二，由原方程的根为负数就直接判断 m 为负数，存在推理问题。m 是方程中项的系数中的参数，x 才是方程中的未知数，方程的解 x 与参数 m 有直接关系，但不是等价关系。学生把 m 的符号当成方程的根 x 的符号，是对一元二次方程的根的概念理解不清楚造成的答题混乱。

根本原因在于：知识储备不足，数学素养有待提升。

知识层面：存在概念不清，相关知识记忆不准、理解不透。

能力层面：直观想象、数学抽象、逻辑推理均有待提升。

二、借题发挥，精彩纷呈

（一）借助数形结合，提升直观想象素养

1. 问题转化为含参数的一元二次方程的根的分布问题

分析：由题知 $A \cap B \neq \varnothing$，又 $B = \{x \mid x < 0\}$，说明方程 $x^2 - 4mx + 2m + 6 = 0$ 存在负数根，所以本题转化为方程 $x^2 - 4mx + 2m + 6 = 0$ 存在负数根时参数 m 的取值范围。结合一元二次方程与二次函数的关系，做出可能的函数图象，如图1、图2、图3所示。

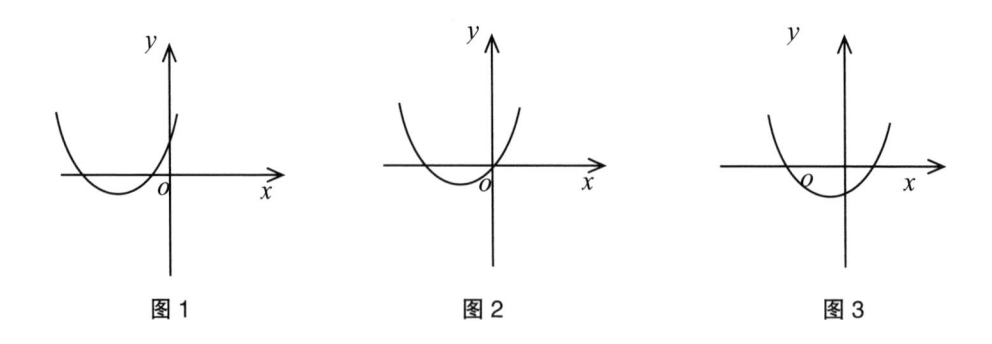

图1　　　　图2　　　　图3

解法1：由题意可知，$A \cap B \neq \varnothing$ 是真命题，所以集合 A 中元素至少有一个负数，即方程 $x^2 - 4mx + 2m + 6 = 0$ 至少有一个负数根。设方程两个实数根为 x_1，x_2，

（1）当方程两根都是负数时，有 $\begin{cases} \triangle = 16m^2 - 4(2m+6) \geq 0 \\ x_1 + x_2 = 4m < 0 \\ x_1 x_2 = 2m+6 > 0 \end{cases}$，解得 $-3 < m \leq -1$。

（2）当方程有一个负数根和一个零根时，有 $\begin{cases} \triangle = 16m^2 - 4(2m+6) > 0 \\ x_1 + x_2 = 4m < 0 \\ x_1 x_2 = 2m+6 = 0 \end{cases}$，解得 $m = -3$。

（3）当方程有一个负数根和一个正数根时，有 $x_1 x_2 = 2m + 6 < 0$，解得 $m < -3$。

综上，m 的取值范围是 $(-\infty, -1]$。

【评析】利用一元二次方程与二次函数的关系，借助数形结合，使抽象问题转化为直观模型，明确问题的本质，结合一元二次方程根与系数的关系，采用分类讨论的方法求得结果，这是解决一元二次方程根的分布问题的通法。数形结合可以避免由于思考不够严谨，分类或重或漏导致结果不完善，数形结合的方法有利于培养和提升学生的数学建模、数学直观等素养。

2. 方程的根等价于函数的零点，研究二次方程的根可以转化成研究函数的零点

分析：观察图1、图2、图3，再将三个图形抽象成图4、图5，在方程有实数根情况下，要保障方程有负实根，对称轴 $x = -\dfrac{b}{2a}$ 在 y 左侧必合题意（图4）；对称轴不在 y 轴左侧时，只需函数图象与 y 轴交于负半轴（图5）。

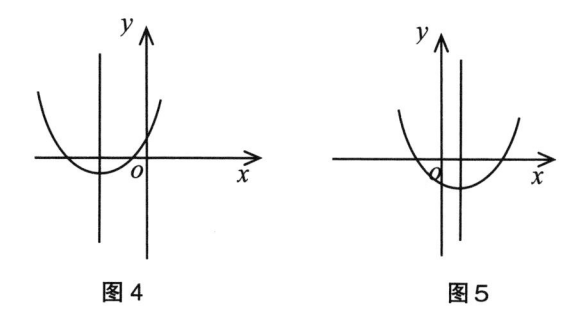

图4

图5

解法2：设方程对应的二次函数为 $f(x) = x^2 - 4mx + 2m + 6$，$f(x)$ 图象为开口向上、对称轴为 $x = 2m$ 的抛物线。由题意可知 $A \cap B \neq \varnothing$ 是真命题，集合 A 中元素至少有一个负数，即方程 $x^2 - 4mx + 2m + 6 = 0$ 至少有一个负根。所以，函数 $f(x)$ 有负零点，依题意有：

（Ⅰ）对称轴 $x = 2m$ 在 y 轴左侧时，函数 $f(x)$ 有负零点时 m 应满足 $\begin{cases} \triangle = 16m^2 - 4(2m+6) \geqslant 0 \\ 2m < 0 \end{cases}$，解得 $m \leqslant -1$。

（Ⅱ）对称轴 $x = 2m$ 不在 y 轴左侧时，函数 $f(x)$ 有负零点时 m 应满足 $\begin{cases} 2m \geqslant 0 \\ f(0) = 2m + 6 < 0 \end{cases}$，无解。

综上，m 的取值范围是 $(-\infty, -1]$。

【评析】解法2通过方程的根与函数零点的等价关系，将方程有负根转化为函数有负零点问题，构建数学问题的直观模型，借助数形结合探索解决问题的思路，训练和提升学生的直观想象能力和数学抽象能力。解法2与解法1比较，提高了思维层次，优化了解题过程，体现了数学的简洁美。

（二）提升数学运算素养

1. 直接运用求根公式，提升数学运算素养

分析：本题研究的是方程 $x^2 - 4mx + 2m + 6 = 0$ 的根的情况，所以直接运用一元二次方程的求根公式，将方程的根用含 m 的代数式表示，只需使方程的根小于零。

解法3：因为 $A \cap B = \varnothing$ 是假命题，所以 $A \cap B \neq \varnothing$ 是真命题，即方程 $x^2 - 4mx + 2m + 6 = 0$ 存在负根。

只需满足 $\begin{cases} \triangle = 16m^2 - 4(2m+6) \geqslant 0 & ① \\ \dfrac{4m - \sqrt{16m^2 - 4(2m+6)}}{2} < 0 & ② \end{cases}$，解①得 $m \leqslant -1$，或 $m \geqslant \dfrac{3}{2}$。

不等式②等价于 $4m < \sqrt{16m^2 - 4(2m+6)}$。

（Ⅰ）$\begin{cases} 16m^2 - 4(2m+6) \geqslant 0 \\ m < 0 \end{cases}$，解得 $m \leqslant -1$。

（Ⅱ）$m \geq 0$ 时，$4m < \sqrt{16m^2-4(2m+6)}$ 等价于 $(4m)^2 < (\sqrt{16m^2-4(2m+6)})^2$，解得 $m < -3$，

此时无解。

综合不等式①②的解，m 的取值范围是 $(-\infty, -1]$。

【评析】解法3从最熟悉的一元二次方程的求根公式出发，得到含 m 的不等式，进而使问题得以解决。这是最朴素、最直接的解法，但是多数学生不用这种方法。一方面，他们感觉这样的题就是在考查一元二次方程根与系数的关系，而不是考查求根公式；另一方面，即使想到一元二次方程的求根公式，由于过程中涉及无理不等式的解法，感觉不好解也就望而却步了。解法3使学生清楚直接地运用公式解题，体现了思维的直接性和数学运算能力，这道题运算对象直接明了，过程中主要考查不等式解法。教学中，我们要通过运算促进思维发展，养成程序化思考问题的习惯，夯实数学基础知识和提升数学运算能力。

2. 运用数学思想方法，借助运算促进思维发展

分析：本题实质是求方程 $x^2-4mx+2m+6=0$ 有根，并且有负数根时 m 的取值范围。可以应用补集思想，把方程有实根时 m 的取值范围看作全集，求方程有非负根时 m 的补集。

解法4：因为 $A \cap B = \varnothing$ 是假命题，所以 $A \cap B \neq \varnothing$ 是真命题，即方程 $x^2-4mx+2m+6=0$ 存在负根。

若方程 $x^2-4mx+2m+6=0$ 有实根，则 $\triangle = 16m^2-4(2m+6) \geq 0$ 即 $2m^2-m-3 \geq 0$，解得 $m \leq -1$，或 $m \geq \dfrac{3}{2}$。

设全集 $U = \{m \mid m \leq -1, \text{或} \ m \geq \dfrac{3}{2}\}$。

假设方程两个实数根 x_1, x_2 均非负，则有 $\begin{cases} m \in U, \\ x_1+x_2=4m \geq 0, \\ x_1x_2=2m+6 \geq 0 \end{cases}$，解得 $m \geq \dfrac{3}{2}$。

那么，方程至少存在一个负根时 m 的取值集合是 $\{m \mid m \geq \dfrac{3}{2}\}$ 关于全集 U 的补集 $\{m \mid m \leq -1\}$。

所以，m 的取值范围是 $(-\infty, -1]$。

【评析】解法 4 要求学生对题目的整体认识把握到位，审清题意，透过现象看本质。应用"补集思想"产生的解法 4 运算简单、易操作，解题过程根本上还是依赖于学生的数学运算能力。

数学思想是沟通数学知识与运算能力的桥梁，掌握了该思想，领悟了其实质，那么运算能力也会处在一个较高的水平，处理问题时就会表现得简洁、利落，学生的运算能力也就会随之提升。

三、呈现新问题，促进知识的应用与整合

1. 已知集合 $A = \{x \mid x^2 - (2+4m)x + 8m = 0\}$，$B = \{x \mid x < 0\}$，若 $A \cap B = \varnothing$ 是假命题，求实数 m 的取值范围。（答案：$m \in (+\infty, 0)$）

2. 已知集合 $A = \{x \mid x^2 - 4mx + 2m + 6 = 0\}$，$B = \{x \mid x < 0\}$，若 $A \subseteq B$，求实数 m 的取值范围。（答案：$m \in (-3, \dfrac{3}{2})$）

四、课后反思——课堂教学要重视学生核心素养的培育

在备课时，这道题只是这节课的一小部分，笔者只准备了解法 1，想通过这道题复习一下常用逻辑用语及四种命题的关系。开始上课时没有想到主动回答问题的同学出现错解，于是"借题发挥"，打破原有的教学计划和教学模式，给学生创造思想、言论自由的教学环境，让学生们开拓思维，寻找解决问题的策略，不仅给出了解法 1 和解法 2，而且探索出了解法 3 和解法 4，各种解法，精彩纷呈，函数与方程思想、数形结合思想、分类讨论思想、化归与转化思想在解法中均有体现。这节习题课，虽然没有完成预期的教学任务，但并没有浪费时间，而且教师和学生都有很大的收获。学生们亲历了各种方法形成的过程，通过讨论触发了灵感，通过交流、探索最终解决了问题，不仅收获了知识，而且培养了思考能力、训练了思维方式，学科素养也在课堂教学中得到了提升。作为教师，通过这节习题课教学，深刻体会到课堂教学对学生思考能力形成的重要性，以及对学生数学学科核心素养形成的重要性。在课堂教学中，要以学

生的发展为中心，鼓励学生思考、提问、交换观点，为学生提供一片有利于探索和创新的土壤，使他们在自主探索和合作交流的过程中真正体会到知识和方法的形成过程，在这一过程中培养和渗透学科特点、基本思想和方法，实现由知识灌输向有意义学习的转化，从注重结果向注重过程转化，从内容教学向素质教育转化，使他们逐渐形成和提升数学学科核心素养。因此，教师应将课堂教学转化为学生的成长行为，并逐步转化为他们的成长自觉，使学生学会知识的同时学会学习，为终身学习打下良好的基础。

参考文献：

[1] 于江，薛红霞，常磊. 高中数学课堂教学效率的提升点——听课31节的思考 [J]. 中国数学教育，2018（10）：27-31.

[2] 余文森. 核心素养导向的课堂教学 [J]. 教学月刊·中学版（政治教学），2018（06）：63-64.

[3] 沈玉红. 高效的课堂需要"教学等待" [J]. 教学与管理，2017（01）：33-34.

[4] 苏荣章. 一题多解对培养学生能力的作用 [J]. 职业.2011（24）：113-114.

[5] 陈旭，龚浩生. 探寻问题的本质，发现问题的解法——一道题目的思维训练教学案例 [J]. 中国数学教育（高中版）.2018（10）：54-56.

[6] 陆峰. "学习者为中心"策略下的课堂教学模式实践与思考——杭州香港两地学生合作课堂教学实践. 中学教研（数学）2018（02）：7-9.

如何利用语篇分析理论进行高中英语篇章教学

李华

一、引言

在高中英语的学习中，人们越来越注重阅读理解这一部分。阅读理解作为重难点，在高考中所占的比重也很大。一些学生受传统教学模式的影响，没有很好地掌握正确的解题方法，所以英语成绩一直没有办法得到提升。而应用了语篇分析理论之后，学生的学习效率明显有所提升。本文就是从这个角度出发，分析了如何运用语篇分析理论指导高中英语阅读教学，为促进教学效率的提高提供自己的一些建议。

二、语篇分析理论的具体内涵

语篇分析可以是一段话，也可以是一整篇文章。语篇分析一般包括四个方面的内容：第一个是衔接，也就是文章中的内在结构；第二个是连贯，也就是句子和句子之间的逻辑关系，也是表层的结构，它更加强调的是内部的逻辑关系；第三个是语际关系，简单来说就是句子和句子之间的关系，即连贯的句子之间的逻辑关系；最后一个就是文章的结构，也就是文章是按照什么框架和逻辑进行撰写的。所以说文章的脉络和思维结构对高中英语学习来说是很重要的。

语篇分析理论的研究是在英语句子的基础上进行的，所以它和传统的单词理解有很大的不同，前者存在着一定的逻辑性，学生只有理解了整篇文章的内在结构，才可以更好地明白它的内涵，从而找到相对应的线索，进而又快又牢地记忆单词，提高阅读的逻辑能力和理解能力。另外，这一部分的训练还可以在很大程度上促进学生英文写作思维的发展。

三、将语篇分析理论运用在高中英语阅读教学中的具体方法

现在很多教师在进行高中英语试卷阅读理解的讲解时，通常会使用两种方法：第一种是先进行一整篇英语阅读理解的翻译，然后再根据这些翻译给学生讲解下面的一些习题；第二种就是教师从题目出发，带着学生去原文中找到对应的部分，然后再通过相关的对比和对词句的深入理解，最终得出题目的正确答案。这两种方法在本质上都缺乏对整篇文章的规划和研究，同时也没有对英语文章所使用的一些语言形式和修辞手法进行相关的说明，所以在进行英语学习的时候，学生往往会有只看见树木却没有见到森林的感觉，在这样的情况下，如果他们自己去进行问题的分析和理解，就会觉得很困难。

语篇分析理论更加强调整体的分析，教师需要从整篇文章入手，通过对这篇文章中的各个部分在整体中的作用来对整篇文章进行分析和理解，最终使学生明白这篇文章所蕴含的意义。学生一般是在做题的时候才会明确地感受到阅读理解的重要性，其实它在教材中也有很多的体现。高中英语教材中的每一篇文章都可以在很大程度上锻炼学生的阅读理解能力，这就需要教师在平时的教学活动中多渗透语篇分析思想，这样才可以让学生养成良好的语篇分析习惯，最终轻松地掌握整篇英语文章的结构和框架。

例如，在学习高三课文的"reading"这一部分的时候，因为这一部分的生词比较多，一些句型也会变得复杂起来，让学生很难理解，加上分的段落也比较多，所以学生理解起来比较困难。那么教师就可以让学生围绕这篇文章的主题罗列出相应的结构和框架，然后再往里面添一些内容，在对具体的内容进行相关的分析之后，教师就可以带着学生去文章里面体会各种各样的写作方法和修辞手法，这样可以让学生慢慢地理解这些用词习惯和相关的文化背景。通过这样的分析，学生就可以更深入地了解文章的结构组成，同时也能从这样的结构分布上明白文章的内在逻辑性，从而更好地总结出作者的写作目的。只有掌握了这些，学生才可以更好地应对这一类型的题目，从容地面对高考题目。时间一长，学生就可以轻松地解决各种各样的阅读题目，只有多次进行这样的反复训练，学生才可以更好地应用语篇理论，从而更好地把握这种复杂的文章。

教师要有意识地对学生的语篇分析能力进行培养，这样才可以增强学生的阅读理解能力。另外，教师也要给学生提供更加实际的语言总结机会，增强学生的语言交际能力。

语篇分析理论应用在阅读理解的教学活动中，可以让学生很好地掌握在阅读中出现的陌生单词，从而更好地培养学生的语感。英语文章和中文文章一样，句子之间存在着很强的逻辑关系，所以我们一定要将语篇理论更好地运用在高中英语阅读教学中，这样才可以帮学生明白每篇文章的大致意思。

语篇分析理论在高中英语学习中的应用不仅可以很大程度上避免学生逐字阅读的问题，而且可以改正他们因为一两个词不认识就停下阅读的习惯，这样就能够更好地提高学生的阅读速度，提高答题的正确率，最终增强学生学习英语的信心。

四、结语

总而言之，高中英语阅读理解是高中生在英语学习中经常面对的一个难题，同时也是英语教师开展教学的一个重难点。根据大纲的相关要求，必须要提高学生的阅读理解能力，所以高中英语教师必须要重视这一部分的教学，只有把学生的阅读能力提上去，才可以真正地促进学生的发展。语篇分析理论的运用可以在很大程度上提高学生的阅读理解力，增强课堂的有效性。语篇分析理论不仅仅重视语言的形式，而且非常重视语言的功能性，随着这一理论被广泛推广，课堂的风格也会发生很大的改变，有助于提高教学的有效性。

参考文献：

[1] 单玉. 高中英语阅读课堂中语篇宏结构教学的现状调查 [D]. 上海：华东师范大学，2018.

[2] 谌群英. 运用语篇分析理论指导高中英语阅读教学 [D]. 湖北：华中师范大学，2018.

[3] 李淑梅. 高中英语语篇分析教学法与传统阅读教学法的比较研究——以

山西省稷山中学为例 [D]. 山西：山西师范大学，2015.

[4] 唐馨悦. 语篇分析在高中英语阅读教学中的应用研究 [D]. 重庆：重庆师范大学，2018.

走近青春诗歌　感受生命张力

——以统编高中语文教材第一单元诗歌阅读与写作教学为例

李明月

【设计背景】

高一学生刚刚步入高中，正值花季年华，指点江山、激扬文字正是许多学生心中的青春梦想。统编高中语文教材必修上册第一单元围绕"青春的价值"这一主题，选编了毛泽东、郭沫若、闻一多、昌耀、雪莱等人的诗作，作品抒写的都是青春情怀，从内容上看可归属于"文学阅读与写作"任务群。单元提示语对诗歌的学习定位在品读"意象"和"诗歌语言"，揣摩作品的意蕴和情感，感受诗歌语言不同的风格并探讨诗歌的鉴赏方法。为此，可通过开展诗歌诵读会、制作"青春纪念册"等学习活动，借助专题学习的理念完成本单元的学习任务。

学习借助思维导图方式绘制凝练图，进而指导诗歌鉴赏与写作是这一专题的学习方法及活动设计，以本单元的诗作为基点，主要思考现代诗歌鉴赏的基本方法，通过制作班级'青春纪念册'这一具体任务，驱动学生主动阅读，学会围绕"意象"和"诗歌语言"鉴赏诗歌，品味诗人情怀，并尝试进行诗歌创作，在创作中提高审美鉴赏能力和表达交流能力。

【单元学习目标】

一、能力目标

（一）感受革命领袖的伟大革命抱负和豪放胸襟，理解文章作者对国家前途命运的关注，激发青春的激情，理解青春的价值，敞开心扉，追求理想，拥抱未来。

（二）学习从语言、形象、情感特点等不同角度欣赏作品，获得审美体验，提高文学作品的鉴赏能力。

（三）结合对本单元诗作的学习，尝试写作诗歌。

二、思维目标

（一）在教师的带领下，梳理毛泽东不同时期的代表诗作，比较、分析这些诗歌在意象、情感方面的异同，理解一代伟人的诗情心路，提升从多篇文本中发现关联及推断、整合信息的逻辑思维能力。

（二）通过比较郭沫若的诗作《立在地球边上放号》和昌耀的诗作《峨日朵雪峰之侧》，分析其在主题、表现形式、作品风格上的异同，增强批判思维能力。

（三）绘制第一单元诗歌鉴赏方法的思维导图。

三、价值目标

（一）通过对毛泽东、闻一多、雪莱等名家诗作的学习，掌握诗歌欣赏和创作的基本方法，学会从诗歌中寻找意象信息，斟酌词语，品味诗人的青春情怀和诗歌的语言美。

（二）通过制作班级"青春纪念册"诗集的活动，学会用思维凝练图中的各个要素，结合自己的生活经验，以诗歌的形式抒发自己的青春情怀和理想，创作出自己独特的青春诗篇。

【专题实施】

第一课段：揣摩意象品诗情

核心任务：梳理诗歌意象中的文化内涵。

一、学习任务

（一）阅读《中国现代诗歌与古代诗歌意象艺术略论》（王泽龙）一文，了解诗歌借助意象抒情的写作技巧及抒情特点，为下一阶段学写新诗做准备。

（二）品读郭沫若、昌耀的诗作，梳理新诗中浪漫主义的不同表达，辨析《立在地球边上放号》《峨日朵雪峰之侧》的抒情方式、语言特点及情感的差异。

二、学习资源

（一）互文比读毛泽东1921—1949年间的诗词6首：《虞美人·枕上》《沁园春·长沙》《采桑子·重阳》《忆秦娥·娄山关》《清平乐·六盘山》《七律·人民解放军占领南京》。

（二）互文比读闻一多诗歌2首：《红烛》《死水》。

（三）课外自读《水调歌头·游泳》（毛泽东）、《赤光的宣言》（周恩来）、《赣南游击词》（陈毅）、《太行春感》（朱德）。

（四）背景阅读：《湘江评论》（创刊号）、闻一多大事年表等。

三、学生活动

（一）开展"探寻诗歌的故乡"活动

梳理诗歌创作的背景事件，概述诗中提及的一个历史事件，或整理一份图片类文史资料并为图片写一段介绍文字。

（二）开展"图说新诗"活动

结合红军长征路线图，绘制毛泽东诗词创作地图，在梳理中理解诗人的家国情怀。结合《红烛》各章节内容，在坐标系内绘制诗人情感变化的心理轨迹，理解诗人闻一多先生的青春困惑与希望。

（三）开展"评选我最喜爱的诗歌排行榜"活动

采用课内外诗歌诵读的形式，推荐自己最喜欢的一首诗歌，同时可以写下自己的推荐语，由班级全体同学投票选出班级内最受欢迎的诗歌排行榜。

（四）开展"我为诗歌制张表"活动

（1）利用表格分类梳理本单元诗词所选用的背景、意象、意境、手法、语言、结构等方面进行比较，初步探究诗歌鉴赏的基本方法。

（2）绘制以第一单元诗歌为例的现代诗歌鉴赏方式的思维导图，分为思维精细图和思维凝练图两个部分，进一步探究诗歌鉴赏的基本方法。

（五）凝练小结

（1）根据对"青春激扬"人文主题的理解，体验和思考青春的价值，结合该课堂系列习得画出凝练图。

（2）学生相互展示、解读、完善凝练图。

（3）老师小结，全班合力生成诗歌鉴赏的思维凝练图。

第二课段：制作班级的"青春纪念册"

核心任务：围绕"制作'青春纪念册'"的主题创作新诗。

一、学习任务

（1）知识目标：了解诗歌写作的一般特点——运用意象表情达意，语言讲究韵律，适当运用艺术手法。

（2）能力目标：能写作现代诗。

（3）立德树人：提升艺术品位，丰富审美情趣。

二、学以致用

（1）用全班师生合作研究的成果，以思维导图的方式梳理现代诗格律、语言、艺术技巧等方面的基础知识，了解现代诗创作的基本规律。

（2）结合习近平总书记在纪念五四运动100周年大会上的讲话稿，讨论新时代需要怎样的青年，以加深对青春精神的理解，为本课段"青春诗语"活动做准备。

（3）以"制作班级'青春纪念册'"为主题活动，创作一首现代诗，以加深对诗歌中意象、意境、抒情等创作手法的理解。

三、学习资源

《诗词格律》（王力）、《现代诗欣赏与创作》（戴达奎）、《在纪念五四运动100周年大会上的讲话》（习近平）。

四、学生活动

（1）以小组合作方式，绘制"现代诗创作方法"思维导图，了解现代诗创作的基本方法。

（2）补写新诗。教师隐去一首新诗中的一两句，让学生补写，激发学生对现代诗的兴趣，在补写中体悟现代诗语言与情感之间的对应关系。

（3）阅读交流。阅读习近平总书记《在纪念五四运动100周年大会上的讲话》，讨论新时代需要怎样的青春精神。

（4）开展"青春诗语"活动。给自己写一封"三行情书"，表达对青春价值的思考或对时代精神的理解。

五、学习评价

请以"致敬·青春"为主题创作一首诗歌。要求抓住青春的特质，巧用意象，抒发自己的青春情怀和理想，感情自然。

第三课段：激昂诗会咏青春

核心任务：开展诗歌诵读会，制作班级诗集。

一、学习任务

（1）在"致敬·青春"诗歌诵读会上，朗诵自己写作的诗歌，倾听同伴的诗歌，借鉴他们诗歌的优点，修改并完善自己的诗作。

（2）通过制作班级"青春纪念册"活动，提升鉴赏现代诗歌的基本能力，思考青春的价值。

二、学习资源

以学生自己创作的诗歌为主，推荐的诗歌为辅。

三、学生活动

（一）诗歌诵读会活动

（1）开展"致敬·青春"诗歌诵读会。

（2）为自己写作的新诗写一份朗诵脚本，画出停顿节奏，标注重音、语速、语调、语气等，并写出这样处理的理由。

（3）为自己写作的新诗匹配一首恰当的乐曲，写出匹配此乐曲的理由。

（4）在"致敬·青春"诗歌诵读会上，诵读自己的诗歌，倾听同伴的诵读。

（5）在借鉴中，进一步修改并完善自己的诗歌。以上活动融合"品评—分享—修改"三个环节，让学生将自己的诗作进行充分交流，同时促进鉴赏能力的提升。

● 组内品评。学生将自己的诗歌在本组内进行交流，解释自己的诗歌创作缘由与构思。

- 班级分享。各小组向全班分享本组代表作,班级同学就其意象、情感、格律、手法四方面进行点评。
- 修改提升。学生结合品评和分享师生给出的建议,修改自己的诗作。

(二)组建编委会,制作班级"青春纪念册"

(1)为自己写作的诗歌配一幅插图(可找人帮忙)。

(2)请一位同学给自己的诗歌写一段150字左右的简短诗评。

(3)在规定的纸张上将自己的诗歌、插图、诗评进行编排,制作成微型手抄报。

四、学习评价

本课段主要在于分享交流时的质询和回应质询。包括朗诵处理是否符合诗歌情感基调,以及诗歌创作意象选用是否合理、恰当等。

五、单元教学反思

(一)教材分析

本次单元教学选取统编高中语文教材必修上册第一单元,围绕"青春的价值"这一人文主题。从"任务群"角度属于"文学阅读与写作"这一内容。本单元涉及五首现代诗歌,重在理解运用诗歌意象抒发情感的手法,体会诗歌的独特魅力;学习从语言、形象、情感等不同角度欣赏作品,获得审美体验;尝试诗歌创作,提高对现代诗歌的审美鉴赏及写作能力。

(二)学情分析

本单元教学的对象是高一学生,对现代诗歌在初中有所了解,但他们的审美能力、鉴赏能力、思维能力还有待于进一步提高,要结合课本所选的篇目,帮助学生体验到各具特色的文学表达,进而点燃他们澎湃的青春激情。

(三)课堂反思

(1)单元教学过程中既涉及单篇教学如《沁园春·长沙》,又涉及群文教学《立在地球边上放号》《红烛》《俄日朵雪峰之侧》《致云雀》四篇中外诗歌,教学过程中要通过设计活动来帮助学生学习。活动既要符合单元学习目标,又要符合学生身心特点，还要在课堂上能够顺利实施，需要教师从整体上把握教学进度和课时安排，否则容易出现课时不够用的情况。

（2）学生对比较阅读、群文阅读的学习方式还不是特别适应，需要课下阅读大量的学习资料。这对学生的阅读速度有所要求，需要进一步提高。

（3）教师对整个单元的把握还不充分，此次单元阅读的尝试仅仅在诗歌这一体裁，其实小说部分也需要进一步探究，从而实现单元教学目标。

参考资料：

[1] 韩秀清. 高中语文外国诗歌教学的困境及对策初探[J]. 中学语文，2010（24）：34-36.

新课改视野下高中数学学科素养的思考

李巧敏

在高中生学习过程中，数学始终是一门重要的学科，因为数学是理科的基础，只有打好数学学科的基础，才能提升高中学生的数学能力。自 2017 年教育部印发普通高中课程方案和语文等学科课程标准，国家教育部门更加注重培养学生的学科素养，数学科目的学科素养培养工作也就成了重中之重。但是高中数学学科素养的培养，需要投入较多的研究精力，并且需要全面地展开研究剖析，这样才能构建完善的数学学科素养体系。

一、有关新课程改革的重要分析

新课程改革的主要意义在于，强调学生应当全面发展，使得学生形成一种重在参与的学习意愿。在传统意义下的高中数学学习中，教师始终是学生的主导，也就是学生学习数学始终围绕着教师的思想。这种教学思想并不不正确，但是深入分析来看，此种教学思想存在一定的被动性，所以如果一直使用这种教育方法，必定会严重制约学生创新思维的发展，这不符合数学学科的发展规律，更不利于学科素养的培养。

另外，新课程改革讲求的是，学生在学习数学学科的时候，应当以一种主动积极的状态展开学习，使得学生形成一种对数学符号、数学概念等知识的深度掌握，从而在这种学习理念的支持下，养成一种良好的学习习惯，发挥勇于探索的精神，最终在学习过程中更好地把握数学学科的理念。

二、新课改基础上高中数学学科素养存在的问题分析

1. 没有从理念上加以重视

新课程改革下，高中数学学科素养培养的重要性的确得到了社会、学校、家长多方的重视，大家也采取了合理的措施加以引导。但是从整个工作开展的中心——高中学校来看，还没有从理念上对该项教育工作予以重视，虽然仅仅只是局部地区，但是如果不加以调整，那同样意味着我国高中数学学科培养工作开展不具有完善性，具体表现为某些学校只是一味地借鉴其他学校的经验，并没有结合自身的实际情况开展学科素养的培养工作，从而出现了照搬的现象，这样势必不能真正提升学生的数学学科素养。还需要注意的是，某些学校即便照搬了其他学校的先进经验，但是却并没有加以有效利用，而是仅仅作为一种教学形式。由此可知，理念上的不重视是较为严峻的一个问题。

2. 数学教师的素养有待提升

这里所讲的数学教师素养，指的并不是教学的知识掌握程度。我国绝大部分高中数学教师的知识掌握程度以及知识量是较为丰富的，而教学素养则是一种全新教学能力的体现，表现为在培养学生数学学科素养的过程中，能够引导学生积极探索和掌握数学知识。这是一种新时代必须要掌握的能力，但是显然我国一部分数学教师还缺乏这种能力。又因为数学教师作为学生数学学科素养培养的第一线，假如数学教师本身的能力不足，那么要想学生获得较为理想的培养效果，显然很难实现。所以，为了使得高中数学学科素养的培养水平提升到较高层次，那么就需要对此予以高度重视。

三、关于新课改下高中数学学科素养培养的措施分析

1. 注重多媒体教学的模式

伴随着信息化时代的到来，计算机行业的发展日渐增速，计算机设备成了教学不可或缺的工具。计算机辅助教学是现代化教学的重要标志，更是信息化时代赋予教育工作的助手；计算机辅助教学是必要的，在新课程改革中应用计算机设备开展教学工作，计算机会以图片、文字相结合等形式将抽象的数学概

念直观地展现在学生面前，引起学生的学习兴趣，提升教师的教学效率。将计算机等设备应用到高中数学教学中，有益于学科素养培养，改善以往传统的教学观念，丰富现有的教学环境，大大增加了学生对抽象事物与过程的理解。由此可见，切实注重多媒体教学的模式，是新课程改革中数学学科素养培养必须要注重的措施之一。高中数学教学团队应当对全新的信息技术等设备加以科学地选择与利用，力求使得这些先进的技术能够在学科素养培养工作当中真正发挥出应有的效用，进而满足实际工作开展的根本要求。

2. 注重提升学生的数学学习主动性

新课程改革之下，对高中数学教学的要求越来越高。高中阶段是学生人生观及价值观形成的最为重要的阶段，这对学生将来的大学生活以及工作也具有重要的意义，因此我们必须要重视培养学生的积极参与精神。在高中数学教学中，教师需要引导学生，使学生成为学习的主体，在教学课堂中要耐心倾听学生的意见，所采取的教学措施需要围绕学生的要求展开，如此才能够培养学生学习的主动性，学生才会积极地参与到数学教学活动中。需要注意的是，在提升学生学习数学的主动性的时候，并不意味着教师不需要加以管理，教师要随时随地解答学生的疑惑，使学生在自身以及教师的帮助下，真正树立科学、合理的学科素养，进而提升学习数学科目的兴趣以及成绩。所以，教师在培养学生数学学科素养的时候，应当强化与提升学生学习数学的主动性。只有学生的积极性得到提升，才能确保后续的学习效果得到质的飞跃，进而推动数学教学的持续发展。

四、结语

本文主要从三方面进行论述，前两个方面重点论述了新课改及新课改环境下高中数学学科素养方面存在的问题，最后一部分则给出了切实科学的措施。根据对相关内容的分析，我们能够从中清楚地了解到，注重培养学生的学科素养能力是新时代数学教学需要重点研究的课题，因此需要投入较多的精力加以研究。相信随着有关教学团队不断进行研究，国内数学学科的核心素养培养力度必定能得到增强，而数学教学效率也能得到提高。

参考文献：

[1] 李亚玲. 新课改教育下高中数学学科素养的再思考 [J]. 科技资讯，2020，18（11）：146-147.

[2] 丁旭刚. 用"互联网+"助推农村高中数学学科核心素养培养的实践与思考 [J]. 学周刊，2021（06）：71-72.

[3] 符仲娟. 基于学科核心素养视野下的高中数学概念教学策略 [J]. 课程教育研究，2019（16）：168-169.

基于核心素养背景下高中区域地理问题情境创设的研究

刘金全

一、地理问题情境创设的方法

(一) 角色扮演创设问题情境

课堂上，作为农业专家的代表以理论传播交流的形式向广大农民传授农业种植中所需要遵循的各种条件，在这一情境中学生掌握农业区位选择时需要考虑的自然因素、人文因素等基本条件。接着农业代表会根据自己日常的实际经验向学生展示在现实的种植过程中需要遵循基本条件之外，还需要考虑当地的实际情况，在这一情境中学生会了解到农业发展过程中因地制宜的重要性。在整个课堂教学中，教师只起到引导的作用，充分发挥学生的主体地位。在这种模式下学生会被带到一个又一个的情境中，产生一个又一个的问题，经过同学之间的质疑，问题不断得到解决，学生不仅在课堂上感受到自己是课堂的主人，同时体会到了自己不断解决问题的喜悦，为学生的发展树立了信心，营造了轻松活跃的课堂气氛。

(二) 联系生活创设问题情境

将学生的课堂学习与生活结合起来，不仅可以帮助学生理解学习内容，更能帮助学生提高生活实践能力。2004年出版的高中地理课本中，将时区与区时的计算作为重难点内容，但难理解、较枯燥的特点使学生对该部分内容充满了畏难情绪，然而密建芳教师在讲到时区与区时的区别时，巧妙地将日常生活中我们经常见到的酒店时钟的时间与课堂上学生按时区划分所计算的时间对比，发现酒店时钟的时间与课堂所计算的时间并不相同。

（三）动手操作创设问题情境

动手操作可以将十分抽象的知识表象化，转换成学生容易接受的内容，对重难点知识的学习有很大的帮助。以高中必修——地球的运动为例，在这一节中教师可让学生准备好地球仪、手电筒。在灯光照射地球仪的同时，便可将我们难以看到的晨昏线形象化。在实验的过程中学生还可发现不同经线上接收到的灯光的时间是不同的，由此教师便可引导学生思考晨昏线产生的原因，以及不同地区日出时间的计算方法。动手操作符合当前地理核心素养中学生地理实践力的培养，有助于学生多方面发展，对学生学习难点内容也有较大的促进作用。

二、地理问题情境创设中存在的问题

（一）时间安排不合理

问题情境创设的目的在于引出问题，将问题情境化，使学生能够在情境中发现问题，培养学生的发散性思维，提高学生自主学习能力。但如果教师时间安排不合理，则会导致教学时间的浪费，使教师在教学时间内不能完成相关的教学任务，同时教学情境创设运用的时间过长也会导致学生长时间处于问题情境中，不能及时地回到教学过程中，使学生关注的焦点偏离主题，从而影响学生的正常学习，对教学资源也会造成一定的浪费。

（二）情境过多，重点不突出

问题情境能较好地提高学生的学习兴趣，改变传统的教学方式，让学生在真实情境中体会学习的乐趣，是一种较好的教学方法。但在实际运用中教师会出现问题情境创设过多的现象，从而造成适得其反的效果。过多的问题情境不仅会增加学生对问题的理解时间，同时会使学生难以发现本节课的教学重点，教师应根据本节课的教学重点进行问题情境的创设，让学生在自主探究中发现问题，解决问题，同时明白教学的重难点，达到问题式教学的最优状态。

三、地理问题情境创设的建议

（一）紧扣教材，适时创设情境

问题式教学模式需要根据相关的课程内容来运用，地理问题情境的创设也应该紧扣教材内容，把握好课程教学进度，在合适的时间进行情境的创设。以角色扮演为例，角色扮演需要学生的全力配合，在这个过程中如果教师不能较好控制，则会浪费大量时间，同时不能取得良好的效果，教师应在课前配合学生做好各项准备，并在课堂上及时引导。情境的创设不仅能较好地导入新课，而且可以活跃气氛，因此情境的创设可贯穿于整个教学过程中，根据学生的状态和课程内容提点，及时将学生带入情境，推动课堂教学的进展。

（二）突出重点，提高情境质量

问题情境的创设对教师的教学有较大的推动作用，但在使用的过程中也会存在情境过多、情境单一等问题。过多的情境会导致学生难以发现重难点，而单一的情境则会使学生难以从中提炼出有用的信息。因此教师在教学过程中，创设问题情境应紧扣教学重难点，创设高质量的问题情境，挖掘学生的深层隐藏知识，开阔学生的学习思路。

（三）了解学生，创设趣味情境

情境创设的目的在于吸引学生，提高学生学习本课程的兴趣。但如果教师所设计的问题刻板、没有吸引力或者教师在课堂上所营造的课堂气氛低沉，则会使学生陷入慌乱，时刻处于紧张的状态，此时学生更多关注的不是问题的解决，而是紧张状况下的压力，不仅不利于课程内容的进一步解决，而且会引起学生的反感心理。因此教师在教学的过程中应注意活跃课堂气氛，创设的问题情境也应符合学生的兴趣。这就要求教师不仅要引导学生树立正确的价值观，而且要了解学生的内心，只有这样才能走近学生、融入学生，创设吸引学生的课堂情境。

四、结语

地理问题式教学运用以来，受到老师和学生喜爱，它不仅改变了传统的教学方式，使学生真正地成为课堂的主体，将小组学习、合作学习更好地运用到了课堂之中，培养了学生的自主学习能力、发现问题的能力，同时加强了学生与教师之间的交流，促进了新型师生关系的建立。问题情境的创设作为其中重要的一环需要教师们的更多关注，根据课程内容，在合适的时间、从生活出发创设有趣的问题情境，让学生在趣味中学习地理，在自我的不断探索中发现学习地理的诸多乐趣。

参考文献：

[1] 冯志旭，曾玮.核心素养导向下的地理问题式教学设计[J].地理教学，2019（24）：4-9.

[2] 郑荣松.初中地理教学中问题情境的有效创设[J].当代教研论丛，2019（04）：86-87.

[3] 陈芸先.核心素养目标下的高中地理问题式教学[J].中学地理教学参考，2018（15）：35-36.

[4] 密建芳.谈地理趣味学习情境的创设技巧[J].地理教学，2012（15）：34-35.

浅谈多媒体在高中历史教学中的应用

刘争

历史是对过去已发生的各种事件、人物的总结和记录。教师在授课的过程中，因为已发生的事件距离当今年代久远，大多通篇讲述教材，学生常常感觉空洞，与现实生活差距很大，他们难以体会，更不能充分理解和分析其内容。在高中历史教学过程中，教师难以将历史事件客观全面地展示给学生，学生也缺少切身的体验。这种矛盾使得高中历史教师在进行教学时遇到了极大的困难，阻力较大，产生的效果不佳。因此，在这种情况下，高中历史教学必须进行改革，利用现代信息技术进行创新性教育。

传统教学环境下，教师是整个课堂的主角，整堂课进行下来，大都以教师的通篇讲述为主，无异于是教材的"搬家"，而学生则被动地接受知识，教师把大量的知识点写在黑板上，进行理论的讲解，满堂灌的授课方式，导致的结果就是效率不高，学生的参与度不高，对知识掌握得不彻底。教师采用多媒体课件的话，可以把一些历史人物、历史事件真实地展现在电子白板上，还可以利用一些历史类视频和相关影像资料，使学生更快地进入情境，有益于学生了解历史发生的环境和历程，从而培养学生历史学科的核心素养，使学生对所学知识形成自己的认识，认同、认可老师的讲述。教师在多媒体的帮助下，搜索信息方便快捷，提高了教学效率，把生动和活生生的实例展现在学生面前，大大地激发了学生的求知欲，学生开始主动地学习，自我调整了学习的角色，从过去消极被动地接收知识变为积极主动地钻研知识。

一、改变传统的教学策略

当今世界，信息技术发展迅猛，历史教学越来越离不开信息技术，两者的结合有利于整合历史信息资源，丰富历史教学课堂。信息技术的使用突出现代先进技术的作用，使得高中历史教学更加丰富多彩。

在传统的教学模式下，教师满堂灌，学生处在被动接受的地位，学生掌握的内容是有限的，与教师的预期存在一定的差距。现在，信息技术会发挥极大的作用，可以归纳和整合历史资源，形成庞大的资源库，引导学生获得更多的知识。作为传道授业者的教师，在历史教学进行过程中，通过多种方式，把枯燥的内容形象、立体地展示给学生，帮助学生更好地理解课堂中的理论知识，激发他们从自己的角度去思考，进而激起浓厚的学习兴趣，转变学习观念，变身为学习的主人，变"要我学"为"我要学"，充分发挥自己的主观能动性。

在高中阶段，一项十分重要的工作是使学生养成自主学习的能力，高中历史需要探讨的内容多，学生的负担相对较重，这就需要学生调整学习的方式和方法，提高学习的效率。传统的教学模式逐渐不适合信息多元化发展的趋势，利用信息技术去改造原有的教育模式势在必行。历史教学与信息技术的有机结合，将会使多媒体的优势充分发挥出来，使学习方式多元化，让学生享受学习的乐趣，激励学生积极思考，发挥他们的主观能动性。

二、历史研究性教学策略的启发

存在于其他学科教学中不可避免的一些弊端，往往同时存在于历史教学中。在我们日常的讲课过程中，因为课堂时间是有限的，往往容易忽略一些学生不易理解的问题。比如新教材中，新出现的历史概念较多，学生往往难以理解，比如统编新教材《中外历史纲要》上册第4课，在本节课中，一节课新出现的历史概念就有将近40个，这就给老师的课堂授课提出了很高的要求，在有限的时间内处理完如此之多的概念，对学生来说，信息量很大，对老师来说，处理起来难度较大，而运用信息技术，则能很好地解决这个问题。

信息技术的运用使得教学方法更加灵活，激发了学生的求知欲，拓宽了学生的视野，对促进学生的学习起了极大的作用。信息技术如果能利用好，它会帮助学生学习，但如果因此使学生沉溺于网络，则会影响学生的学习。此时教师应该起到引导和监督的作用，帮助学生有效查找关键信息、杜绝不良信息，避免受到其他网络资源的影响。在教学过程中，教学信息也可以转化成电子信息供学生学习和查询，将一次的学习资源转变为持久性的资源。

三、高中历史多媒体与传统模式结合应用

传统教学模式主要依靠教师的讲述，教师通过与学生课上提问交流来实现教学目的。因此，在使用多媒体技术进行历史教学时，一定要给学生留有一定的空间，不能同时向学生输送大量的历史信息，大量的信息会使学生目不暇接，不利于学生对知识的吸收和理解。应该留有一定的时间让学生自主思考，对所学的知识进行巩固和吸收。

在制作多媒体课件时，教师一定要突出重点和难点，课件的字数不宜过多，内容不宜过于繁复，最好以提纲的形式展现，使学生一目了然，再将内容讲解给学生。教师不能仅以课本内容为主，应该针对学生的特点，选择有代表性的教学内容，例如图片，教师要精心选择，画面一定要与授课内容相关，还可以运用画面设置课堂情境，设置悬念，让学生尽快进入学习状态。

以前上课，教师只是把课本内容展示给学生，学生不能积极主动参与到教师精心设计的活动环节中去，课堂教学失去活力，而用交互式电子白板授课，教师只需在白板上点击需要的工具或图标，即可实现所需要的操作。笔者在实际授课中，对电子白板的使用，有切实的体会和经验。畅言交互式教学系统为教师上课提供了一个书写板书的空白区域，教师可以当黑板来进行使用，这样既顺应了教师的讲课习惯，同时教师可以随时进行批注、保存，使得授课更加顺利。

在高中历史课堂上使用信息技术，教师和学生的角色和地位发生了一些转变，教师不再满堂灌，学生不再只是被动地接受；教师依据学生的特定困惑进行阐释与分析，这样的话，内容很明确也有针对性，对学生的学习能力起到了一定的引导作用。长此以往，学生的学习兴趣逐渐浓厚，会积极主动地发挥自己的主观能动性，去探究性地学习，逐渐变成"我要学"的人。

在今后的授课过程中，教师要结合自身工作要求，用心钻研，充分利用信息技术手段，利用好多媒体，服务课堂教学，尽快优化课堂教学过程，提高课堂教学质量。

参考文献：

[1] 黄镏款. 浅析多媒体在高中历史教学中的运用 [J]. 都市家教，2012（08）.

[2] 郭丽. 浅谈高中历史新课程教学中多媒体技术的应用 [J]. 科学中国人，2014，（02S）：111.

自制教具的物理实验教学

马献民

实验是物理学必不可少的一部分,对于物理教学来说也是一样,通过实验教学,学生既可以习得知识,又可以提高能力,而实验器材是进行物理实验教学的必要条件,如果没有合适的实验器材,再优秀的教师也无法成功地完成实验课的讲授。在新课改中,培养学生的物理核心素养已成为课堂教学的新目标,厂制实验仪器很难满足新的教学要求,自制教具无疑是课堂教学中促进学生物理核心素养形成的有效途径。

随着时代的发展和科学技术的突飞猛进,高中物理的教学课堂越来越多元化和实际化,教师要配合当代新颖的教学理念,把"自制教具"的课堂授课方法落实到位,通过有效的道具辅助教学课堂的方法,帮助学生理解物理知识,把生活中的实际内容和生活元素代入物理教材中,不断探讨和研究,综合提高学习物理的能力。近年来,我国进行了高中课程改革,高中物理课改的重点之一就是改进实验教学,提高学生综合素质。在新课改背景下,结合教学实际设计改进一批高中物理教具,使其能丰富教学模式,提高课堂教学效率。本文主要是高中物理自制教具的改进及在教学中应用的研究。结合教学实际进行教具改进,既能有效提高课堂教学效率、课堂活跃度和学生求知欲,又能培养学生科学素养,更能促进教师自身专业化发展。

1. 物理教学方式

在新课程标准引发课程改革的今天,物理的教学模式随之改变。理论讲解是基本的教授方式,但实验是物理教学中不可缺少的重要环节。教师运用教具进行教学实验和探究活动,具有真实、具体、直观、形象等特点,有助于激发学生的学习兴趣和求知欲,启发学生的创新意识,提高学生的科学素养。通过教具，学生可以很好地理解教学中的理论知识，同时培养学生的动手能力，并且可以使学生的创新意识得到提高，定会让学生终身受益。

2. 新课标下的物理教学

在普通高中新课程改革的潮流下，物理实验是高中物理教学中的重要内容，充分体现了物理教学中物理实验对学生科学素养的提高及科学探究能力的培养的重要作用。物理实验最受教师及学生喜爱，它是教师个人教学特色的展现及教学魅力的体现。物理实验可以使枯燥的物理知识变得生动形象，让抽象的物理概念更加具体明了。一次有效的物理演示实验，可以活跃课堂氛围，同时在一定程度上提高学生对物理学习的兴趣。

3. 自制教具在物理课中的应用

自制教具对物理实验教学非常有利，可以起到推进作用。在物理课堂教学中，实验是不可缺少的基础。而实验的骨架就是教具，对高中物理教师来说教具自制是一种补充实验室设备不足的最好方法。自制教具的应用是为了让学生在课堂上更好地接受知识。自制的教具比现有的厂制仪器更贴近中学物理课堂，更能满足中学物理教学的需求，更贴近生活。因此，高中物理课堂有了自制教具的协助，物理演示实验教学中的知识点更容易被学生吸收。

自制教具作为厂制教具的补充手段，其本身就要求具备操作方便、使用灵活的特点。因为操作方便能够使实验效果更显著，学生参与的可能性更高。另外，使用灵活是指可以根据实际的教学需要，师生自行设计教具，从构思、设计、取材到制作都由师生自己完成，这样的教具使用起来更加随心所欲，教学设计更加灵活。材料简易、制作简单是教具操作方便使用灵活的一方面因素，另外，自制教具是根据教学实际需要设计的，演示过程、演示效果更符合教师和学生要求。教师可以灵活运用，根据需要对教具进行小的改进就能满足不同内容的教学要求。为了便于观察演示实验与满足实际需要，师生可以对自制教具进行随意拆卸、组合或改装，达到自己所预想的演示实验效果。在课堂教学中，使用自制教具时，根据教学内容、实践进行反馈，及时发现实验过程中存在的问题。教师和学生还可以自己优化、改进，自制教具适应灵活、多变的教学及学习方式。

4. 自制教具物理现象直观，效果显著

自制教具是根据已有的实验仪器或者前人的研究成果进行改进或组合的。它的出现让学生更容易观察到实验该有的现象。自制教具可以按要求将原来不明显的实验现象放大化，教具自制可以突破教学中的重难点，物理的概念规律被更直观地演示出来，展现在学生面前，让学生有更直观真实的感受。例如："形变与弹力"的自制教具是通过激光的反射观察桌面的形变，另一个是通过玻璃细管的液面高度变化观察玻璃瓶的形变。这两个自制教具所呈现出来的演示实验现象明显，直观地把"微小量放大"这个物理实验方法表现得淋漓尽致。自制教具可以在某种程度上降低学习难度，同时可促使学生将感性方面的认识与抽象思维有机结合，方便学生通过现象记忆、理解一些科学原理。

5. 自制的教具可以培养学生的能力

教具制作过程本身就是一种带有创造性意味的活动。正如我们一直所强调的，自制教具取材都来源于身边随处可见的不起眼的生活用品，取材方便，制作简单，使得教师和学生可以共同制作自制教具，给学生提供更多动手实践的机会。教师在课堂教学中展示自己制作的教具，将激发和发挥学生的创造性，促使学生在看到身边的生活物品或废品材料时就会思考如何或者可不可以稍做简单加工而制成教具，是否可以演示出一些自然现象。

6. 自制教具有科学依据，安全可靠

自制教具作为演示实验中重要的辅助工具，其设计制作的科学性必须放在首要位置。能够被投放于实际教学的自制教具必须满足科学性这一点要求。出现科学性错误的教具是不具有使用价值的。另外，自制教具必须能够保证性能安全可靠，在演示过程中不可以对学生及教师自身的生命安全产生威胁。在做电学实验时尤其要注意教具的可靠性与安全性问题。这就要求师生在制作自制教具的过程中保持科学、严谨、认真、细心的态度，教师必须有扎实的理论知识和过硬的动手操作能力，才能适时有效地指导学生进行教具自制，并能够正确判断学生所制作的教具是否可用。自制出来的教具所反映出来的物理概念、规律及物理知识都应当是科学的、准确无误的。教师在指导学生制作教具的过程中对学生使用危险工具要有严格要求，有些工具规定只能在教师监督下使用。

7. 有助于学生个性的发展

现在的学校普遍使用厂制仪器进行物理实验，工厂制造的实验教具已经得到充分肯定，无法提起学生的兴趣，因为教具多次使用，所以教学设计几乎没有新颖性可言。到哪节课就会相应地想到使用什么样的教学仪器，使教师的教学方式更枯燥了，课堂也更乏味了。厂制仪器满足了物理实验教学的基本要求，但是在培养学生的个性和能力方面其作用不尽如人意，教师和学生都会按部就班地接受。这直接导致学生的创造性思维能力得不到很好的开发。在自制教具的过程中，学生更直接地接触知识，这样更有助于学生个性发展。

结语

从上述自制教具的特征可以看出除了教育性、直观性和科学性这些作为教具必须具备的基本性质以外，自制教具还具有制作方法简单易行、取材方便、贴合教学需要等特点。自制教具的这些特点恰恰满足了演示实验的基本设计要求。自制教具一定来自生活，这样就可以提高学生自主学习的能力，同时可以使学生自主的动手实验能力得到提高。学习就是知识建构的过程。制作教具这个过程体现了自主观念，自制教具为课堂教学及学生学习创设了一个身临其境的场景，让学生在其中合作交流、讨论、探究，加深学生对知识的理解，更好地培养物理核心素养。

参考文献：

[1] 赵大举. 自制教具在高中物理课堂教学中的有效运用[J]. 中国教育技术装备, 2016（17）: 138-139.

[2] 吴国勇. 自制教具与创新实验永无止境[J]. 中学物理, 2013（4）: 36-38.

语篇分析在高中英语完形教学中的应用

彭菲

前言

完形填空题型的设计，所应用的科学原理完全符合人们的思维模式，能否把握好完形填空，是英语应试的关键之一。高中英语完形填空和语篇分析结合在一起，能够帮助教师在实际教学过程中进一步强化学生语篇意识，并能够在英语测试中灵活应用，提高完形填空的解答能力。完形填空题设计容易且操作简单，对其评分难度相对较小，因而评分结果更加客观，该题型可以用于母语和外语教学。想要做好完形填空题，要求学生除了需要具备一定的英语基础，还需要不断地强化训练，为帮助学生提升完形填空的解题能力，熟练掌握英语应试过程中完形填空这一重点，必须要加强语篇分析的应用。

一、语篇分析与高中英语完形填空

分析完形填空和语篇分析两者之间的关系，首先必须要初步了解完形填空的学习原理。作为一种最常见的英语测试题型，它源自完形程序，该程序应用于教学的其中一种表现形式即为完形填空。起初，泰勒提出了这种模式，他在了解格式塔心理学派理念的基础上，首次提出了完形填空的概念，即：一篇完整的英文在删除某些单词之后就如同一幅完整的画面缺少了一部分，再由接受测试的人将其填补完整。从完形填空的产生过程来看，我们不难发现其与语篇分析之间的关系，做好完形填空的前提是加强语篇分析的锻炼。通常情况下，学生在训练时，必须要将全文通读一遍，大概了解文章讲述的内容，然后根据上下文内容和语法关系，判断需要填写的空缺单词，因此，完形填空必须要进行语篇分析。

二、语篇分析在完形填空中的实际应用

（一）注意语法内容的关联

为了更好地把握完形语篇讲述的内容，必须要全面把握整篇文章的内容，尤其需要注意语法内容之间的关联。在语法衔接这一方面，主要包括替代、照应以及省略等几种。由于被照应、替代的内容需要答题人在通读上下文之后回答，因而以上几种方式被称作是语篇衔接的其中一种，在将空缺单词填补之后，会在自己脑中初步形成一篇完整的文章。而如果学生并未掌握这个技巧，那么他对文章的理解将是片面的，也将会使他不能够更好地把握完形填空。例如：A: Can't you wear a flower？ B: No, I can't do that. Others will be wearing jewel. A: Can't you borrow some？ Maybe your friend who might have some. 在该选段中，就涉及语法衔接的替代与省略。其中 do that 就是替代上文出现的 wear a flower，而把 some 后边的 jewel 省略了。如果学生可以熟练地把握这种语法技巧，他们将可以更好地理解文章中出现的这种类型的句子。

（二）注意语篇中的逻辑关系词

学生在做语段分析过程中，还有一个关键的内容必须要注意，即关联词语。它的主要作用是连接两个或者两个以上的句子。学生掌握好逻辑关系词对把握文章的含义至关重要，例如：but、although、if、and、after、so 以及 however 等一些常见的逻辑关系词。为了考查学生是否把握了语篇的逻辑关系，关联词成为考查的重点内容之一，所以，这就要求学生在日常的训练过程中，能够结合材料强化关联词句的联系，从而完整地把握整个语篇传达的内容。

（三）注意词汇之间的衔接

在进行一遍全文通读之后，学生基本上能够初步了解文章讲述的内容，第二遍就需要精读全文，并在解答的过程中，细化对文章的理解，具体到每一个空缺位置需要填写的内容。在练习完形填空过程中，学生尤其需要注意词汇之间的衔接问题，例如：在 but I found what was taught at university was really boring and decided that I would purse a way, find unknown powers, and explore the deepest mysteries of the nature 这样一段话中，就应用了部分近义词衔接两个句子。比如

find 与 explore 以及 unknown powers 与 the deepest mysteries of the nature 含义基本一致，在表达过程中都属于近义词范围，如果将这一选段作为考查的内容，出题人将会让学生选填这部分内容。因此，学生想要挑选出最佳答案就必须要充分了解语篇的含义，而且需要熟练掌握词汇连接的分析技巧。利用近义词汇连接的方式快速准确地挑选出最佳答案。

结语

综上所述，学生在练习完形填空这一题型时，必须要充分了解完形填空所应用的原理。在全面把握完形填空所利用的原理之后，才可以更加快速地掌握高效合理的做题方式。而语篇分析就是完形填空训练中的重点内容，在充分考虑到词汇、语法内容，包括逻辑关系词等技巧之后，强化日常的完形填空练习，将能够有效地提升学生完形填空的解题能力，提高完形填空的得分率。

参考文献：

[1] 马贞. 语篇分析在新疆乌鲁木齐市高中生完形填空中的应用研究——以乌鲁木齐第 31 中为例 [D]. 乌鲁木齐：新疆师范大学，2012.

[2] 周燕. 高考英语完形填空试题及语篇分析所引出的思考——以 2014 年高考英语完形填空为例 [J]. 中小学教材教学，2015（04）：68-71.

[3] 马海容. 提高高中学生英语语篇分析能力的实证研究——以完形填空为例 [D]. 呼和浩特：内蒙古师范大学，2013.

巧设问题链，推进语篇深入理解，发展学生思维品质

沈增彩

一、引言

《普通高中英语课程标准》倡导以主题引领英语教学，人与自我、人与社会和人与自然是英语课程内容的三大主题，实践中主题是引领学习目标制定与学习活动创设的关键，语篇是承载相关主题、情境与内容的重要媒介。

通过层次鲜明、指向主题的问题链，实现文本问题化、问题思维化、思维活动化。教师在设置问题时，不仅仅限于一些事实细节信息的查寻，更重要的是要设置有利于学生分析、推理、质疑、总结的问题，促进学生探究意识的培养和思维能力的发展。

二、阅读理解语篇中运用问题链的策略

（一）"问题链"设计要立足文本话题，突出主题性

人教版新教材单元主题下的内容环环相扣，采用板块式设计，使教学具有过程性、层次性和灵活性。Opening Page、Listening and Speaking、Reading and Thinking、Discovering Useful Structures、Listening and Talking、Reading for Writing、Assessing Your Progress、Video Time 等，每个板块目标明确，整个板块就是一条"任务链"，是一个螺旋上升的教学过程，从语言输入、语言内化到语言输出，也是一个从语言学习到语言运用的发展过程，增强学生对语言学习的体验、感悟和生成。

单元整体教学设计（含目标、内容、活动过程）

1. 研读课程标准、教材、语篇　　2. 整合单元/主题教学内容

3. 分析学生学情　　　　　　4. 确定单元学习目标

5. 分解单元学习目标；制定课时目标

教师在设计问题、帮助学生梳理文本时，要设计一条贯穿始终的主线来串联文本信息。同时，教师要善于立足学生原有的知识储备，结合其兴趣爱好、心智特征，立足话题，通过有效的"问题链"，充分激发其阅读兴趣和参与意识。

（二）"问题链"设计要环环相扣，以学生的思维发展为导向

在阅读教学的读前、读中和读后环节，教师在设计问题时要以激发学生的思维为前提，以促进其思维发展为导向。具体来说，教师可以从文本特征、文本语言的鉴赏、关键信息的蕴含点、中西文化的冲突等方面进行"问题链"的设计，引导学生的思维由较低层次向较高层次发展，促进学生高阶思维能力的形成。

语篇研读路径：

What 语篇的主题和内容。

Why 语篇的深层含义，即作者或说话人的意图、情感态度或价值取向。

How 语篇具有的文本特征、内容结构和语言特征，即作者为了恰当表达主题意义选择的文体形式、语篇结构和修辞手法。

例如新人教版必修三 Unit 1 Festivals and celebrations

What festivals do you celebrate with your family each year?

Which part do you find most meaningful/interesting?

Why do we celebrate festivals?

What do most festivals seem to have in common?

What's the writer's attitude towards the commercialization of festivals?

在整个阅读教学过程中，问题设计和活动实施都以促进学生理解文本内容、学习文本语言和发展思维为指向。

（三）注重问题链的连贯性，提升阅读质量

完善问题链，通过引导学生谈论个人见解，提升阅读质量。

How do you feel about festival customs that have already faded away?

What can we do to preserve the disappearing customs and traditions?

Do you wish to add one extra holiday in China?

What would you like to celebrate? Why?

（四）设计问题链的梯度，增强学生思维品质

例如外研社选择性必修第二册 Unit 5 A delicate world

All of this explains why Shennongjia earned – and deserves – its place on the UNESCO World Heritage List, as well as highlighting how understanding, awareness and hard work have contributed towards protecting a unique and wonderful part of our natural world.

Q1: The title raises a question:Why Shennongjia "what"?

通过学生对标题的不同解读，激发学生参与和探索兴趣，打开思路。

Paraphrase:

Why did Shennongjia make it onto the UNESCO World Heritage List?

Q2: What are the two criteria?

Q3: According to the passage, what has been done to protect the ecology of Shennongjia?

Para6：It is a challenge to look after so many species. In winter, scientists brave heavy snow and freezing temperatures to supply food to the Golden Snub-nosed Monkey.

Para7:But the most impressive aspect of Shennongjia is the local people, who take things from nature without causing damage.

Q4: Why does Shennongjia deserve its place on the UNESCO World Heritage List?

首尾呼应，引领学生分析自然的和人文的两大因素。

Q5：How is the main idea conveyed?

利用问题培养学生根据关键词索引信息的能力，通过细节信息的补充为深入理解做铺垫，使学生明白每一个观点之后都应有事实细节或实例来支撑，这样读者才会信服，愿意去尝试文中所提到的方法。最后教师继续提升问题层次，锻炼学生的总结归纳能力与小组合作能力，并让学生尝试独立绘制思维导图，

完善思维漏洞，快速把握文章整体结构和细节。

（五）不断丰富问题链内容，学生发现并提出问题，促进素养转化

根据 FAMS 理论，F 是语言的形式，A 是语言的目的，M 是语言的意义，S 是以学生为中心的语言环境。在英语阅读教学中，教师应明确学生的主体地位，鼓励学生勇于发现与提出问题，师生共同构建问题链，不断丰富问题链的内容，聚焦于活动重点，由此构建高效阅读课堂。

例如，新人教版必修三 Unit 2 MORALS AND VIRTUES

1. Can you list some virtues that are admired in every culture?

"The best portion of a good man's life is his little, nameless, unremembered acts of kindness and of love."

2. Predicting

According to the title "MOTHER OF TEN THOUSAND BABIES" and pictures, what may be talked about in this passage?

Job, achievement, experience, personality…

3.Why does the writer quote Lin Qiaozhi's words?

4.What does the author want to illustrate by mentioning Dr Lin's life choices?

5.What kind of person do you think Lin Qiaozhi is?

6.What was the main principle guiding Dr Lin through the choices in her life?

代入角色，与人物共情。该活动旨在培养学生的思维品质，引导学生联系文本和自身，实现文本的育人价值。

7.If you were Lin Qiaozhi, what would you do faced with these choices?

8.If you were a person who had been helped by Lin Qiaozhi.

How would you describe her and what would you do in your life?

9.Pair work:Suppose you are a reporter,prepare some questions to interview Lin Qiaozhi.

10.Which part impresses you and influences you most?

学生的回答建立在迁移创新的基础上，能够运用所学语言表达主题意义，发展总结概括和创造性思维能力。

三、结语

在高中英语阅读教学中，教师应认真研究单元主题语境，结合学生的心理特征、思维水平、认知能力与生活阅历等因素精心设计问题链，努力发挥问题的导向功能与驱动作用，使学生始终保持浓厚的阅读兴趣与探索热情。以问题链为聚焦语言的抓手，做到系统性、层次性、连贯性、丰富性，引导学生进行深层阅读，提高其阅读能力，发展其思维品质，实现能力向素养的转化。

参考文献：

[1] 中华人民共和国教育部. 普通高中英语课程标准（2017年版2020年修订）[M]. 北京：人民教育出版社，2020.

[2] 王蔷，周密，蔡铭珂. 基于大观念的高中英语单元整体教学设计[J]. 中小学外语教学，2021（01）：1-7.

[3] 葛炳芳，洪莉. 指向思维品质提升的英语阅读教学研究[J]. 课程·教材·教法，2018（11）：110-115.

[4] 罗永华. 学科核心素养指向的高中英语教学设计[J]. 教学与管理，2021（36）：98-101.

高中物理网络学习空间的教学方式研究

孙密芝　薛宏超

一、基于网络学习空间高中物理教学模式的创建路径

（一）创设教学情境

在网络环境中推动网络学习空间教学模式的第一步就是创设教学情境，通过生动、形象的教学情境激发学生的研究兴趣和学习热情。高中物理教师要努力为学生创设真实的教学情境，让学生获得生动、丰富的学习体验，持续地对环境进行探索并不断积累知识。另外，高中物理教师在开展网络学习空间教学活动时可以为学生创设质疑性教学情境，通过问题激发学生主动探索的欲望，也要充分利用网络环境的优势为学生创设纠错性教学情境，在情境中设置"陷阱"，让学生用网络学习资源以及各种网络技术来规避陷阱、纠正错误，从而提高学生的逻辑能力和探究能力。与此同时，在当前的网络环境中高中物理教师也可以对实验教学进行优化，如通过向学生推荐网络学习视频的方式来加强学生对实验过程和具体实验步骤的了解，提高学生的实验操作能力。

（二）提出教学问题

基于网络学习空间高中物理教学模式需要教师和学生提出探究性问题并围绕问题进行研究和分析。所以说无论是教师还是学生，都应当掌握提问的技巧，找出值得研究和分析的问题。高中物理教师在开展教学活动的过程中应当鼓励学生自我设问，也就是根据已获取的知识和自身生活经验来对下一阶段所学的知识提出质疑。通过此种方式能够极大地激发学生自主探究的兴趣和提高他们的探究主动性，让学生在好奇心的引导下积极主动地开展探究活动。与此同时，高中物理教师在开展教学活动的过程中也要鼓励学生之间进行提问。在自主探

究教学模式中，学生的学习不可能一帆风顺，总会遇到一些困难。针对此，教师要鼓励学生之间进行交流和沟通，共同围绕问题找出解决方案。高中物理教师在开展教学活动的过程中也要时刻根据教学内容向学生提问，组织学生对所提出的问题进行深入探索，推动网络学习空间教学活动的顺利开展。

（三）自主学习探究

高中物理教师在推动网络学习空间教学活动时应当注重引导学生自主学习、持续探究，根据教学内容为学生创造不同的自主探究环境，让学生去深入学习，通过自学获取知识。之后，高中物理教师应当带领学生共同对所学内容进行交流和沟通，让学生不断探讨他们在自主探究与研究过程中遇到的各种困难。高中物理教师也要指导学生正确地进行自主探究，积极参与到学生的自主探究活动中，让学生通过自主探究找到学习规律，有效增强学生的学习主体地位。学生完成网络学习空间的学习活动后，高中物理教师应当让学生展示自己的自主探究成果，积极地对学生的自主探究结果进行总结和评价，肯定学生的长处，并引导学生规避自己的短处，帮助学生树立自信，提高学生的学习积极性。

（四）网络学习协作

高中物理教师在搭建网络学习空间教学体系中更需要借助网络的力量，创建网络教学协作空间。高中物理教师要通过网络教学协作实现师生之间思想上的碰撞和观点上的交流，从而加深学生对所学知识的理解和认识，持续完善学生的知识体系，提升学生的学习效果。因此，高中物理教师应当加大对网络技术的应用力度，借助网络平台与学生沟通和交流，不断向学生分享最新的学习成果，持续对学生的自主探究活动进行科学指导。从学生角度来说，学生应当充分利用网络技术与同学进行密切的沟通，通过网络交流推动自主探究学习活动。

二、基于网络学习空间高中物理教学模式的构建举措

（一）不断优化网络环境

网络环境在高中物理网络学习空间教学模式的搭建过程中起着关键的作用，

所以应当不断优化网络环境，充分发挥网络环境的优势。学校应当有效完善校内网络，让学生通过校内互联网来完成网络学习。学校也要不断地更新网络设备，让校内网络建设质量更高，建设功能齐全的网络教学室能够有效保障师生利用校内网络设备来完成网络学习空间学习活动。学校也应当加大网络资源的建设力度，为学生打造良好的网络学习平台，推动学生之间以及师生之间的良好沟通，为网络学习空间高中物理教学模式的顺利开展提供帮助。同时，学校应不断提高学生的网络素养，加大对学生的网络教育力度，让学生正确分辨是非真伪，能够从大量的网络信息中筛选出对学习有价值和有意义的内容，让学生能够利用好网络，发挥网络的优势，规避其劣势。

（二）加大师资队伍建设

从高中物理教学的角度来说，要想在网络环境下着力推动网络学习空间教学活动，关键在于教师。所以未来要加大师资队伍建设力度，增强教师的网络意识，丰富教师的网络技能，让高中物理教师能够在开展网络学习空间教学活动的过程中加大对网络教育资源的利用，能够灵活运用网络技术。因此，高中物理教师应当主动学习各类新型网络教学方法，快速适应当前的网络教学环境，正确研究网络学习空间教学模式与网络环境的融合举措，从而让教学活动的开展更加顺利，学生也能够从中受益；从学校角度来说，领导层应当主动引进能力强的网络人才，为高中物理网络学习空间教学模式的推动提供强有力的网络指导，不断加大网络资源在网络学习空间教学活动推动过程中的渗透力度。

（三）加快推进教育改革

在网络环境中，高中物理网络学习空间教学模式的创建也与教育改革之间有着紧密的联系。因此，从学校角度来说，未来学校应当持续加大教育改革力度，从传统教育理念和教育模式中吸取经验，将其应用到新型的网络学习空间教学模式中。而且要加大对新课程改革下教师教育观念和学生学习观点的引导，让高中物理教师开展的网络学习空间教学活动能够更高效。从教师角度来说，高中物理教师在着力推动网络学习空间教学路径时应当主动转变自身教育角色，持续优化与学生之间的关系，加大与学生之间的沟通和交流力度，确保网络学习空间教学活动能够顺利开展，得到学生的配合并取得显著的教学效果。

三、结语

网络环境推动了信息技术在教学中的应用，也加快了我国教学改革的脚步。网络学习空间教学模式是我国教育改革过程中所提倡的新型教学模式，灵活运用该教育模式能够极大地提升教育效果和教育质量。因此，在网络环境下高中物理教学应当积极采用网络学习空间教育模式，充分借助网络力量来提高教学质量，进而显著提升学生的学习效果。

参考文献：

[1] 王鹏. 基于网络环境的高中物理教学模式的研究和实践 [J]. 学周刊，2022（2）：55-56.

[2] 向国孝. 基于网络环境的高中物理教学模式的研究和实践 [J]. 学周刊，2021（27）：67-68.

[3] 哈一平. 高中物理教学与信息技术的融合发展 [J]. 新课程研究，2021（23）：43-44.

人工智能辅助高中数学教学的有效性

王兵虎

为了研究人工智能辅助教学对学习效果的影响，在研究之前确定好实验班级和对比班级，实验班级采用人工智能辅助教学，对比班级采用传统教学模式。一段时间之后对实验班级和对比班级进行测验，对数据进行分析、总结。实验的刺激变量包括教师使用 AI 进行知识掌握度测评，学生根据测评情况主动通过 AI 调取的未能掌握的知识点及练习，教师使用 AI 对本节知识掌握度再次测评。从中我得到以下一些见解。

一、作业设计简单精准化

为贯彻落实以学生为本、实施精准教育的理念，达到减负增效的目的，我们开展了 AI 教学理念下的作业改革行动。经过一个多学期的实践和摸索，哪些知识点是弱项，什么样的题目应加大训练量，这样大大地节省了学生重复做题的现象，也脱离了题海战术，明显提高了学生的作业质量，也提高了学生应对挑战的能力。众所周知，作业是检验学生对基础知识、基本技能掌握程度的一种必不可少的有效手段。如果教师采用"一刀切"的传统布置作业的方法，往往使后进生"吃不消"，优等生"吃不饱"，这就会使学生处于十分被动的处境。

首先，作业量自动分层。对于学习能力强、智力发展好、知识掌握较快的学生，在其完成基础性作业后，着重布置具有发展性思维的作业；对于学习态度不够认真、知识掌握不够牢固的学生，适当增加点基础性作业。

其次，作业难度自动分层。为了激发学生的学习兴趣，让每个孩子在预习过程中都能够学有所得，我对预习作业进行了分层设计。后进生的作业应该是以基础知识的掌握为主。优等生的作业难度应有所增大，综合运用所学的知识。

最后，完成作业时间计算分层。关注学生个体差异，在完成作业时间上的分层要求，能有效保障后进生"吃得了"的问题。这样，保证了后进生的作业质量，使之扎实巩固所学知识，形成良性循环。

由于分层作业的分量、难度适宜，选择自主，完成的时间灵活，不同层次的学生完成作业不再有困难，这无疑激发了学生完成作业的乐趣，学生在完成作业的同时既感到轻松愉快，又扎实掌握了知识技能。

二、错题记录清楚

AI自动建立错题本，直接呈现题目，一目了然，比自己整理节省了不少时间。

AI自动难题管理：

（1）能列出做错题目的知识清单，同步辨清知识间的内在联系。

（2）能查"堵"点、"歧"点，借助参考答案探究自身存在的盲点、疑点甚至是漏点。

（3）错了、丢了多少分，用统计表说话，这样就能明白哪些是审题出了偏差，哪些是运算出了错误，是什么知识点有问题，哪些方面需改进和提高。

（4）引导听课管理，做到跟老师、抓重点、当堂懂。听课时要跟着老师的思维走，不预习跟不上。跟老师的目的是抓重点。

三、视频难点突破

随着AI技术的发展和进步，"微课""翻转课堂"等新型教学模式的应用，在AI技术引领下，信息资源形态的开放化、主体化、碎片化等发展趋势在教育领域不断凸显，以教育资源移动化、教学设计微型化、教学方法多样化为特征呈现。

1. 教学资源视频的应用

多种视频教学，通过微课资源整合的全面性与翻转课堂模式课下的教学力量，增强了学生对知识的兴趣，并建立了网络教学平台，依托微课素材的重点选择及特色选择，向学生传播知识。

2. 微课引发了教与学模式的转变

在传统的课堂的教学活动之中，老师虽然都秉承着"学生为主，先学后教"的教学理念，但要真正做到先学后教，往往就没办法按正常秩序推进教学进度，而且学生的自学能力、自学途径、自学时间十分有限，最后还是需要老师通过任务驱动的方法来帮助学生进行巩固和提升，还必须课后透过练习和作业来进一步帮助学生消化吸收。微课程实现了课堂教学的变革，学生可以选择多样化的多媒体素材作品进行课前的学习，针对重点难点，学生可以反复观看视频、课件、课例等，做到先学。

3. 微课将打破传统教学的时间、地域、层次的限制

通过不同的电子设备进行知识的教与学，微课程是在单位时间内就讲解一个知识点，从而节省了学习时间，提高了学习效率，并且学生易于学习或复习。对于学习速度较慢、知识层次稍微欠缺的同学，也可以于课后反复观看微课，进行复习和巩固，学生针对自己的实际情况进行深入学习，从而也便于让教师了解学生的层次情况。同样，对于不懂的重难点，也可以在课后、家中利用电子设备进行讨论或询问，未来微课下的教育，不再局限于课堂和学校，从课内到课外，学习无时不有，无处不在。

总之，AI平台辅助高中阶段教学，增加了学生的学习兴趣，针对性更强，以大数据为依托，能提高学生的成绩，和时代接轨。

参考文献：

[1] 熊建芳，吴东，孔艺权，江敏. 人工智能技术在烹饪实践教学中的应用研究 [J]. 教育现代化，2019，6（94），200-201+211.

[2] 郭超睿，胡志刚. 大数据背景下人工智能技术在"智慧校园"建设中的应用分析与展望 [J]. 数字通信世界，2020（01）：187-188，213.

[3] 武满芳. 人工智能技术在教学中的应用 [J]. 电脑编程技巧与维护，2020

（02）：131-132，169.

[4]张纯然，马倩，彭辉.人工智能技术对教学的变革及思考[J].办公自动化，2019（10）：35-37.

浅谈高中语文课堂中的"拓展探究"

王静

众所周知,"转变学生的学习方式,倡导探究性学习"是现今高中语文课堂改革的重点和难点之一。而我国现行高中语文课堂主要采取的还是传统教学模式,教学内容也侧重对所教文本内涵的阐释,甚至有时囿于考试的要求,以讲解课文知识点为主,完全忽略对文本的解读。说是要搞素质教育,却还是应试教育,唯分数论成败;说是要转变教师角色,突出学生的主体地位,却还是教师"一言堂",学生在题海中抬不起头,对考点奉若神明。这在一定程度上限制了学生认知视野的开阔,不利于学生思辨和探究能力的发展,与高中语文新课标的要求渐行渐远,也不利于学生终身学习、自主学习习惯的培养和语文核心素养的提升。如何破解眼前的难题,激活高中语文课堂?我认为认识和利用好"拓展探究"是有效路径之一。

一、"拓展探究"的重要意义

美国在《国家科学教育标准》中把"学科学作为一种过程",并强调"学科学的中心环节是探究"。而"拓展"的意思是在"原有的基础上增加新的东西,是质量的变化而不是数量的变化"。所以"拓展探究"绝不是简单的随堂练习,更不是课堂内容任意的延伸,而是教学环节的有机组成部分,是课堂教学中最重要也是最活跃的一个环节。它不仅仅是对文本进行深层次的研读,而且是对学生整体综合素质的培养,给学生提供丰厚的实践土壤,让学生学会鉴赏、学会使用、学会表达,是语文核心素养的落地。

二、"拓展探究"实施策略

高中语文课堂中的"拓展探究"主要是引导学生在对文章原有内容的理解上生发新的疑问，发现有价值的问题，要求学生在阅读同一文本时，能够在教学目标的指引下，针对文本的内容和表达的特点等，分别发现一系列有趣且值得思考的问题，从而多方面地探究文本的价值。

教师如何引导学生有效地利用、完成好这一环节，我觉得可以尝试以下方法。

1. 主题思想再挖掘

即让学生在理解文本的基础上以其特有的性格、体验、情感等对文本的主题思想做个性化、多元化的解读，从而得出"一个个带有个性化生命意识的文本意义"，产生解读上的差异，即所谓的"仁者见仁，智者见智"。例如讲完《诗经·氓》，学生们已了解到它是我国文学史上第一首弃妇诗，诗歌以自述的方式讲述了从恋爱、结婚到被抛弃的整个过程，深刻地反映了当时社会婚姻制度对女性的迫害。在这样的主题思想基础上我就设计了一个问题：造成这场婚姻悲剧的原因就只是社会制度吗？学生们开始迅速地自我思考、小组交流，之后形成了许多有突破性的观点：有的同学认为，私订终身违背礼教，得不到社会的认可和保护；有的同学认为，没有举办正式的婚礼，得不到婆家人的认可和尊重；甚至有的同学认为，女主人公对爱情的追求太过忘情，以致蒙蔽了双眼，没有对自己的恋人做过细致的了解和考验，事实证明，太过于主动会得不到对方的珍惜。此观点一出，整个教室一片哄然，但不得不对这个学生的创造思维、审辨思维大加赞赏，并且他的观点对女同学非常有教育意义。这样的解读应该是比较全面而准确地把握了文本的情感价值取向，对文本有了深度的个性化解读，不仅锻炼了思维品质，还收到了育人的效果。

2. 文化视野再拓宽

即对文本的文化内涵做宽度的拓展延伸，引导学生就文本中所涉及的某些文人思想、文化现象等众多层面进行延伸，引导学生体会中华文化的核心思想理念和人文精神，感受中华文化的博大精深。例如在《蜀相》的教学尾声，我带领学生一块儿探寻问题：诸葛亮和杜甫共同的思想根基是什么？还有哪些我们知道的人物具有这样的思想根基？于是，我的学生课下查阅了各种资料，课上又进行了热烈的讨论，大部分同学认为他们的思想根基是"知其不可为而为之"的儒家思想，并通过《论语·宪问》等内容对其加以佐证，之后列举了"为天地立心，为生民立命，为往圣继绝学，为万世开太平"的张载，"故不自量力，而以身殉之"的文天祥，"苟利国家生死以，岂因祸福避趋之"的林则徐等一些典型人物的事例。这一环节不仅使学生对诸葛亮、杜甫有了更深的了解和认识，对诗歌也有了更深的理解和诠释，而且很好地拓展了学生的文化视野，提升了学生的文化内涵，落实了"文化的传承与理解"这一核心素养，更达到了"立德树人"的教育目的。

3. 艺术手法再比较

即对文本中用到的一个或多个典型的艺术手法，引导学生通过比较阅读的方式做更加深入的探究，对其特征及作用有更加清晰的认识和理解，以期达到对这些艺术手法的主动运用和正确运用。例如讲曹操的《短歌行》，同学们都知道了它是一首求贤歌，它的成功之处就在于它不是一首枯燥的政治诗，而是带有浓浓的文艺范儿，运用了很多的艺术手法。那么这些手法到底有多大的效果？是不是必要的？我给学生们呈现了曹操在同一时期先后颁布的"求贤令""举士令""求逸才令"这些纯公文式的文章，让他们比较哪一种效果好？有什么样的效果？结果大家一致认同《短歌行》收到的效果好。他们认为此诗既有招纳贤才、建功立业的宏图大志，又有人生苦短的忧心慨叹，在宏图大愿之外，还披上了一层诗情画意的外衣，煽情浓烈又颇为自然，取得了非凡的广告效果，而那些直白的公文，虽清晰地表达了曹操"不拘一格降人才"的愿望，但和此诗比，其声其色其情其味就寡淡了许多。通过这样的比较，学生们更加认同作文中使用艺术手法的重要性，从而会在自己的写作中自觉运用，优化语言表达的质量，同时提升了"审美鉴赏与创造"的核心素养。

高中语文教材本身资源的丰富性为"拓展探究"提供了基础，"拓展探究"打破了高中语文课堂原有的知识结构，培养了学生发现问题、解决问题的能力，让学生有了更新的生命体验和思想动力。

参考文献：

[1] 谢佳妮. 多元解读视野下的阅读教学策略研究 [D]. 上海：华东师范大学，2010.

[2] 姜双. 中学语文文本分析研究 [D]. 辽宁：渤海大学，2013.

[3] 赵棠. 高中语文阅读"深度体验"的价值追求和误区举隅 [J]. 语文学刊，2009（14）：52-54，58

基于单元整体教学的高中英语作业设计

王丽娜

引言

国家实行"双减"政策，在学生能够承受的范围内，在一定程度上减轻了学生的学习负担，使老师能够进行合理的知识教学，从而激发学生的创造力、表现力。而高中英语教学是整个学生时期学习英语的重要阶段，这个时候对学生进行良好的培养，需要在进行学生作业减负减量的前提下，做好合理的学生分层、营造欢乐有趣的课堂氛围、制订科学有效的英语作业设计是十分必要的。

一、高中英语课后作业设计的现状

一是依赖现成作业，缺乏个性设计。当前，高中英语课后作业多是以提前编制完成的单元同步练习题、阶段性测试卷等为主，大部分作业设计发生于学生学习之前。学生长期完成内容固化且与其能力及需求不匹配的作业，不仅难以达到知识巩固和能力提升的目标，反而影响了学生的学习热情，难以实现高效学习。二是作业内容"一刀切"，缺乏分层设计。不同学生的学习兴趣、学习能力不同，作业设计应充分考虑学生的个体差异。然而，当前的高中英语作业布置却仍固守"一刀切"，"面广""量大"使得学生难以体会到突破性的英语学习成就，而部分学习能力较差的学生则可能由于"无从下手"而出现抄袭甚至放弃学习的问题。三是以书面作业为主，缺乏多样设计。当前的高中英语作业仍以书面形式的题海战术为主，缺乏口头表达练习，同是以"独立完成"为主，缺乏合作完成作业，制约了同学互动互助的机会，严重影响了学生英语综合素养的发展。

二、基于单元整体教学的高中英语作业设计

（一）巧设课前预习作业

在讲解高中英语教材 Nature in the balance 这个单元课程时，教师可以为学生布置一些用工具书查找课文新英语单词翻译、词性、词组、相关单词的语法知识的英语作业内容，也可以为学生们布置一些听力方面的英语作业，让学生根据所听到的内容写出这句话的意思。在对本节课进行英语课前预习作业的设计时，首先可以让同学们听英文歌曲《拯救世界》，体验其语音语调，培养听力，并从中获取关键信息，就环境保护和动物保护的话题用英文表达自己的观点。同时教师还可以通过电视访谈节目，或是观看有关动物保护和自然保护的视频，使同学们进一步提升自身的自然生态保护意识。在进行单词学习时，让学生找出英语课文中 live 这个单词的名词形式和形容词形式，或者让学生辨析 harmful 和 harmless 之间的区别。还可以让学生找出 consequence 的形容词和副词形式，以及这个英语单词的各种短语。

（二）逐步创新作业评价模式

作业完成质量在一定程度上代表着学生的学习成果，教师需要尊重学生、理解学生，主动拉长战线，以一颗包容之心认真评价学生的作业。确保学生能够在看到最终的评语后意识到教师对自己的肯定，进而激发英语学习的自信心，通过不懈努力获得教师的鼓励。高中英语教学相对复杂，教师的教学压力和任务相对繁重，因此，很难留出整块时间和精力认真批改每一个学生的作业。教师则可以主动向同行取经，了解不同作业评价方式的优缺点，坚持多样性的作业评价准则。教师的作业评价只是最简单的一种方式，所发挥作用比较有限，教师可以尝试让学生互相评价。在布置小练笔任务时，教师也可以鼓励全班同学互换各自的作文，认真查找对方在标点、词汇以及语法上存在的问题，采取互相批改的形式，强化学生的知识印象。这样教师也能够将主要精力放在重难点的攻克上，稳步提升课堂教学质量及水准，避免学生在同一个问题上反复犯错。

（三）设计开放性写作作业

学生完成阅读任务为之后的写作环节奠定基础，在学生完成阅读任务之

后以及完成写作之前这一环节，教师有必要为学生设定对应的教学活动，有利于学生对阅读之后的内容进行梳理，进一步巩固学生自身的语言知识，为写作任务提供素材。*Wildlife Protection* 讲述的是野生动物保护。教师在完成阅读理解任务后，可要求学生使用与例文不同的形式，重新体现保护藏羚羊的内容。教师可引导学生根据例文中的叙述和描写，选择信件的形式，结合自己的看法提出个人对野生动物保护的理解。教师还可以引导学生采取童话的形式，从藏羚羊的视角叙述自己的日常生活，以及栖息地被压缩和同伴被猎杀的经历。童话内容可以是例文内容的引申、模仿或补充。学生在进行写作练习时，要尽量从例文中获得语言支持，如"They are being hunted, illegally, for their valuable fur. Hunters were shooting antelopes to make profits. Their habitats were becoming smaller as new roads and rail ways were built."

三、结语

总之，作业设计是英语教学活动中的重要环节，也是学生完成知识巩固和自主学习的重要形式。要提高作业的成效，教师就必须着力提升作业设计的质量，引导学生在作业过程中掌握基础知识，强化知识的应用能力。同时，还能掌握自主学习的方式、方法，感受作业过程的愉悦性和成就感，在充满个性化、层次感、开放性和实践性的作业中体会到"跳一跳，摘到桃"的学习成就感。

参考文献：

[1] 程志丽.指向深度学习的单元整体教学设计——以新人教版高中英语为例[C]// 广东教育学会.广东教育学会2019—2020年度学术成果集，2020：2879-2885.

[2] 胡润，陈新忠.高中英语单元整体教学设计的策略[J].中小学外语教学，2020（17）：6-10.

[3] 邵秋菊.单元整体教学设计理念下的高中英语课堂研究[J].科幻画报，2020（02）：118.

素养导向的高中英语深度阅读语言聚焦之小词大用

夏翠红

《普通高中英语课程标准（2017年版2020年修订）》（以下简称《课程标准》）提出，发展学生的英语学科核心素养是普通高中英语课程的具体目标，即语言能力、文化意识、思维品质和学习能力。《课程标准》指出，教师要积极有效地探索教与学的方式，研究如何在教学中将语言知识转化为学生的语言运用能力，帮助学生正确理解和表达意义、意图、情感和态度，实施深度教学，落实培养学生英语学科核心素养的目标。因此，如何聚焦语言，开展深度阅读教学，是高中一线教师亟需解决的问题。本文将讨论如何在语篇中挖掘、解析小词，体现大用，聚焦语言，开展深度阅读，落实英语学科核心素养。

"小词大用"就是将一个概念、范围较小的词用在一个范围、概念较大的事物上。英语语篇中小词的精妙使用可以吸引读者，凸显语篇特征，反映人物心理变化，升华主题语境等。

一、挖掘"小词"遵循的原则

1. 主题语境原则

人与自我、人与社会和人与自然是英语课程内容的三大主题语境，是培育和发展英语学科核心素养的主要依托。语篇是英语教学的基础资源，而词汇是构成语篇的基本单位。作者写作时一定选取能够凸显主题语境，满足话题需求的语言。所以我们挖掘小词时要遵循主题语境原则。

2. 研读语篇原则

语篇赋予语言学习以主题、情景和内容。研读语篇就是对语篇的主题、内容、文体特征、语言特点、作者观点等进行深入的解读，即回答What？Why？How？

三个问题。除此之外,教师还可以进一步关注作者或说话人的立场、观点和写作或表述风格,以及特定时期的语言特点和时代印记等。只有深入研读语篇之后,教师才能挖掘出具有代表性的小词,彰显它的大用处。

3. 概括总结原则

语篇中各要素之间存在着复杂的联系,如句与句、段与段、标题与正文等之间的关系。这些关系涉及语篇的微观和宏观的组织结构。为了使读者有效地理解阅读语篇,作者往往使用具有总结概括性的标题、主题段、立论句、段落主题句来组织文章。这样,我们在挖掘小词时,一定要关注文章标题、主题段、立论句、段落主题句中的关键词,以小见大,总结概括。

4. 修辞手法原则

为了使语言生动形象,表意丰富,吸引读者,增强文章感染力,作者在写作时会采用比喻、拟人、排比、夸张等修辞手法。这些效果的达成离不开小词的精妙选用。因此,教师应关注使用了修辞手法的句子,挖掘小词,体会妙用。

二、实例解析"小词大用"

(一)人教版必修一 UNIT1 TENNAGE LIFE

Reading and Thinking :The Freshman Challenge

【主题语境】人与自我之校园生活

【研读语篇】该语篇围绕校园生活展开,渗透了较强的文化意识。"The Freshman Challenge"是叙事体语篇,以第一人称的口吻描述了外国学生 Adam 所面临的三个挑战。该文本结构清晰,段落层次分明,语言简洁但内涵丰富。语篇旨在以外国高中生学校生活为切入口,帮助学生探讨高中生所面临的种种挑战,并主动思考应对及处理的办法。

【小词挖掘】

1. challenge

标题 The Freshman Challenge 的关键词即 challenge。文章为"总—分"结构,第一段为主题段,主题句为"Going through from junior high school to senior high school is really a big challenge." challenge 也是关键词。后面段落围绕 challenge 展开。所以在阅读教学时，一定要首先抓住 challenge，设计不同的问题，研读文章，挖掘主题语境。

2. have to

作者在叙述自己面对的三种挑战时，三次使用了 have to，可见作者无奈的心理状态。Have to 可以引起同为高一新生的读者的共鸣，拉近与读者的距离，有很强的代入感。面对课程的选择，幸而有教学顾问的及时指导；面对不能加入足球队的失意，调整心态，加入志愿者俱乐部，同时提升自我，准备来年再战；面对更大的学习压力，更多的责任，Adam 选择乐观勇敢地面对。这样 have to 的使用又可以产生意想不到的反差感，更加凸显了 Adam 是一个善于自我调节、积极乐观的阳光少年，值得我们学习。

（二）人教版必修一 UNIT 4 NATURAL DISASTER

Reading and Thinking: The Night the Earth Didn't Sleep

【主题语境】人与自然之自然灾害

【语篇研读】该语篇按照时间顺序，围绕唐山大地震震前的异象，震中的惨烈，震后的重建展开。作为一篇纪实性新闻报道，作者运用了大量的描写性语言，引用真实的数据并运用比喻、拟人等修辞手法，增强了文章的感染力和真实性。语篇旨在让人们感受自然灾害破坏性的同时，唤起人们"灾害无情人有情"的情感共鸣，共建"一方有难，八方支援"精神内核。

【小词挖掘】

1. Sleep

Questions chains

（1）What strange things were happening in the countryside of northeastern Hebei while people were asleep as usual?

（2）What happened to the city when the earth didn't sleep?

（3）How does the writer show the earth didn't sleep?

（4）Why does the writer use "didn't sleep" instead of "shake"

问题1帮助学生梳理了地震前的迹象，问题2、3让学生关注地震造成的破坏。作者使用了大量的数字，体现新闻报道的真实性。问题4聚焦标题中的sleep，作者运用拟人的修辞手法，增强文学性，吸引读者。通过这样的分析，开展深度阅读教学。

2. Breathe

"Slowly, the city began to breathe again."此句位于全文的第四段结尾处，很好地呼应了段首的主题句"But hope was not lost."。地震爆发后，党和国家迅速派出了士兵、医生、护士、工人组建成一支支救援队，成千上万的被困人员被营救出来，食物和水被送到灾区，城市开始有了一点点生机，难道这里还有比"breathe"更加合适的吗？同时，"breathe"又是第五段"revive itself"的前提，凸显了段中句承上启下的作用。人只有能呼吸，活过来，才能开始重建家园。作者又一次运用拟人的修辞手法，让读者与城市同呼吸共命运，深深地抓住了读者内心，也为唐山、唐山人民能从灾难之中存活下来而感到欢心、振奋。我们可以设置如下的问题引领学生深度阅读。

（1）What do you think the word "breathe" means here?

（2）What rhetorical method does the writer use?

（3）Why does the writer use "breathe"? Can you change it into another word?

最后，语言聚焦之小词大用贵在不断地进行实践研究。只要我们以核心素养为导向，开展深度阅读，聚焦语言，我们定能发现许多精妙的小词，使内容得以延伸，情感上达到共鸣，扩大学生学习的半径，帮助他们养成深度思考的习惯，训练思维，提升能力。

参考文献：

[1] 中华人民共和国教育部. 普通高中英语课程标准（2017年版2020年修订）[M]. 北京：人民教育出版社，2020.

[2] [中] 人民教育出版社　课程教材研究所　英语课程教材研究开发中心，[美] 圣智学习集团. 普通高中教科书 教师教学用书 英语（必修第一册）[Z]. 北京：

人民教育出版社，2019：6-7.

  [3] 葛炳芳. 英语阅读教学的综合视野：内容、思维和语言：2 版 [M]. 杭州：浙江大学出版社，2013：7-18.

浅谈物理教学中核心素养的落实

薛宏超

2014年3月30日，教育部印发的《关于全面深化课程改革落实立德树人根本任务的意见》中提出："教育部将组织研究提出各学段学生发展核心素养体系，明确学生应具备的适应终身发展和社会发展需要的必备品格和关键能力……"物理学科的核心素养是什么呢？潘苏东教授的总结是：物理学科核心素养是学生在接受物理教育过程中逐步形成的适应个人终身发展和社会发展需要的价值观念、必备品格和关键能力，是学生通过物理学习内化的带有物理学科特性的品质。

通过物理学科的学习，学生能正确认识科学的本质；具有学习和研究物理的好奇心与求知欲，能主动与他人合作，尊重他人，能基于证据和逻辑发表自己的见解，实事求是，不迷信权威；在进行物理研究和物理成果应用时，能遵循普遍接受的道德规范；理解科学、技术、社会、环境的关系，热爱自然，珍惜生命，具有保护环境、节约资源、促进可持续发展的责任感。

物理核心素养包括物理概念、科学思维、实验探究、科学态度与责任四个维度。那么如何在物理课堂教学中落实核心素养呢？

课堂教学是物理教学的主要场所，在物理课堂中需要重视科学素养与教学内容相结合，渗透科学、技术和社会知识并重的基础知识的讲授，使学生自然而然地受到科学素养的陶冶，在潜移默化中，不知不觉地接受科学素养的培养。物理核心素养的深化研究，新教材的理解与使用研究；核心素养在学科教学中的落实情况研究；指向深度学习高中物理教学；混合式教学；作业设计；新高考问题；高考评价体系；课程内容现代化等的研究。这些研究使学生的科学方法得到训练与提高，基础知识得到掌握，从而培养提升了学生的物理核心素养。

一、要重视物理核心概念的教学

物理概念要反映一类自然现象的本质的、必然的联系，它是一类自然现象共同遵循的规律。如高中物理中：力、加速度、能量、功的概念是整个物理中的基本概念，贯穿于物理学科各个领域、各个年级，因此它显然是高中物理的核心概念。当然，物理核心概念不只局限于物理定义，它还包括物理核心规律。例如：能量转化与守恒定律是自然界的普遍规律，任何物理过程都必须遵循这一规律，它在物理学的各个分支，在化学、生物等领域都具有统领作用，显然是自然学科的核心规律。

二、要重视物理基本方法的渗透

物理学家在长期的研究中形成了一些共同的、基本的研究方法，这些研究方法也是物理学家对人类认识自然的巨大贡献，人们遵循这些基本方法就能够在科学研究的道路上不断取得新的成果。例如：实验与数学推理相结合的研究方法，就是物理学的基本研究方法。人们沿用这一经典的研究方法取得了一个又一个新的伟大成果；分析与综合、抽象与具体、归纳与演绎、类比、理想模型等思维方法，也是物理学的重要方法。教师在物理教学中要有意识地进行渗透，让学生在学习物理知识的过程中领会这些科学思维方法，并且学会应用这些方法去解决身边的实际问题。

三、要重视培养学生领会物理主要思想

物理学家在研究自然现象的过程中，在研究结果还没有出来的时候，头脑中早已有了对一类物理问题的坚定的、整体的认识，或者早已在头脑中形成了一定的观念，甚至是信念，正是这种执着的信念支撑着物理学家们不畏艰难、克服重重困难，持续数年甚至数十年专注于这一个问题，最终才得到正确的结论。也就是说，先有假说，然后再证明的物理思维模式。

四、要重视培养学生运用知识的能力

通过分析物理学科的核心素养内涵发现，中学物理教学除了传授基本理论知识以外，更要加强对学生知识运用能力的培养。注重引导学生"学以致用"，让他们体会学习物理的乐趣与重要性，从被动学习变成主动学习。

五、要重视物理实验教学的方法

受应试教育的影响，在物理不重视实验、只在意分数的情况下，老师在黑板上讲实验，全凭学生想象，脱离实际，成天做题，机械重复，这些现象非常普遍，把生动的、丰富的、具体的物理搞得非常枯燥乏味，使学生失去了学习物理的兴趣。

把难以触摸的"核心素养"，变成可以培养的"习惯"是件很了不起的事情。下面我们通过这一角度来研究核心素养的落实问题。

我们每天早晨大约几点起床？洗脸是用温水还是冷水？挤牙膏是用左手还是右手？上班选择什么交通工具？到了单位首先干什么事情？这一连串的行为，是精心思考后的安排，还是不假思索的习惯使然？毫无疑问，正是习惯帮助我们选择和安排了这一切。

通过改变习惯，我们能够重塑人的第二天性，从而更换角度展现人的天性，并因此形成稳定的价值观，塑造良好人格，创造幸福完整的人生。正因为习惯对我们的生活和生命有着如此深刻的影响，习惯养成也自然成为教育的重要课题。

（一）什么是习惯养成

习惯养成从实质上看，就是帮助人们建立起一套具有积极意义的、自动运转的系统，从而整理、规划、巩固、提升生活与生命，使世界变得清晰，使生活变得有序，使生命变得和谐，让人由混沌走向澄明，让个性由蜷缩变为舒展。

（二）习惯养成的价值与意义

从个体成长看，良好习惯是创造幸福完善生活的必备保障。首先，习惯简化了生命活动程序，提高了生命的效率；其次，习惯强化了个性特征，彰显出鲜明品行；再次，习惯提升生命的质量，推动人的成长。从教育历史看，注重习惯养成是中外教育的共同优良传统。中华民族自古以来就高度重视习惯养成的问题。孔子提出了"性相近，习相远"的命题，同时强调早期习惯养成的重要性："少成若天性，习惯如自然。"南北朝时期的《颜氏家训》、朱熹的《白鹿洞书院学规》以及亲自编制的《童蒙须知》、王守仁制定的《教规》等，对从"爱亲敬长"到"礼仪举止"等行为习惯与道德习惯的纲目，及其养成路径与方法，都有明确的规范与要求，其目的就是希望孩子从小养成"圣贤坯璞"所应具有的良好习惯素养。从教育改革看，注重习惯养成是夯实核心素养的必然方式。学生发展核心素养指的是学生应具备的、能够适应终身发展和社会发展需要的必备品格和关键能力，综合表现为九大素养，具体为社会责任、国家认同、国际理解、人文底蕴、科学精神、审美情趣、身心健康、学会学习、实践创新。我们可以说，以"每月一事"为代表的习惯养成项目，为核心素养的落实提供了行动路径。从世界趋势看，注重习惯养成是全球教育改革的主要朝向。注重习惯养成，本身是教育进入以人为本阶段时的共同选择，是世界教育改革的大势所趋。从社会环境看，良好习惯是促进社会和谐的关键环节。从文明进程看，良好的习惯渐变是人类不断进步的重要阶梯。

（三）如何养成新的习惯

养成新习惯的办法，通常分为澄清价值、设定目标、制订计划、有效执行、相应奖惩、悦纳坚持这六步。

以每天运动的习惯为例，我们可以明晰这六步的执行要点。

"每天锻炼一小时，健康工作50年，幸福生活一辈子"，这是2004年举行的"全国高校体育工作座谈会"叫响的口号，倡导运动与健康的生活理念。前两句其实清华大学早在20世纪50年代已经提出，阐明了每天运动的习惯对人的身心健康的价值。那么，无论是对除了体育课外没有任何运动习惯的学生来说，还是对连体育课都没有、更没有运动习惯的成人来说，究竟应该怎样养成每天运动的习惯呢？

1. 澄清价值

充分认识运动的意义，了解运动对日常心态、思维发展和最终成就的正向影响。2015年《拓展生命的长宽高》的新教育年度主报告中就曾经系统阐述了运动对健身、启智、养德、强心、强国的意义。认识到身体对生命成长各方面的价值，意识到个体达到最佳健康状况对自然生命、社会生命、精神生命的影响，让准备养成新习惯的人产生动力。

2. 设定目标

比如，为自己明确树立"每天运动一小时"的目标。

3. 制订计划

有了目标，就需要具体的计划和方案来保证。首先要选择合适的运动项目。优先选择自己最喜欢和擅长的运动，无论篮球、乒乓球、排球，还是游泳、太极拳等。选择时要注意运动的条件，尽可能结合兴趣选择方便易行、相对简单的运动项目。如果所选项目受天气、场地、器材等外在因素影响较大，要同时有备选项目，如跑步、打拳、舞剑等。尽可能从外在环境上保证计划实施不会间断。其次要考虑循序渐进。对于没有运动习惯和经验的人来说，一开始就每天运动一小时可能难以实现，可以从20分钟开始逐步适应，一直到能够坚持完成计划为止。

4. 有效执行

计划不落实就是空话。如何落实计划，有效地执行，关键是及时检查。自我记录是及时检查最有效的方法。可以通过每天的日记，也可以通过在醒目处张贴图表的办法，或者用记录时间的仪器等，及时记录自己完成计划的情况，随时提醒。

5. 相应奖惩

无论成人还是儿童，一旦自己主动想养成某个习惯时，都可以按照自己完成计划的情况，给自己一些小小的奖励或者惩罚，如按照完成每周、每月、每季度、半年、一年的不同时间，分别给予自己不同的奖励或惩罚，对自我进行肯定或训诫。同理，作为教育工作者来说，无论是教师还是父母，一旦希望通过教育让学生或孩子进行良好的习惯养成，则可以根据他们完成任务的情况，给予从物质到精神的适当奖励或惩罚。

6. 悦纳坚持

新的行动是否能够真正养成习惯，刚刚养成的新习惯能否成为老习惯使自己得到真正的改变和成长，取决于新习惯能否真正让我们满意，新习惯有没有改善我们的生活。因此，在培养新习惯的过程中，一方面，哪怕是偶尔中断习惯，也要学会欣赏已经取得的成绩，悦纳正在新生的自我。这样一来，"我们就像是从潜意识中收到了我们正朝着正确方向的信号"，往往就会继续巩固，长期保持。反之，即使我们明白新习惯对自己的意义，放弃的可能性还是会比较大。另一方面，正视自我，不找借口，努力坚持。新习惯的养成绝不是一朝一夕的事情。

（四）如何改掉坏习惯

1. 深刻认识危害

几乎所有的人都知道坏习惯的害处。但对于大部分人来说，改变坏习惯却是一个非常困难和痛苦的过程。所以，对应着习惯养成的价值澄清原则，在改变坏习惯之前，应该以阅读图书、观看影像、当面交流等方式，对坏习惯的危害有着充分而深刻的认识。

在认识坏习惯的危害时，不妨想象改变以后的情景。这就是心理学的思维"情感承诺法"。纽约大学心理学家埃莱·奥廷根的一项实验发现，让实验对象充分想象一幅积极愉快的画面，即改变了坏习惯，养成了新的好习惯以后的好处，同时想想目前坏习惯带来的种种麻烦，把幻想和现实进行比较，对改变坏习惯会取得很好的成效。

2. 加强改变决心

认识到危害，如果不痛下决心改变，也是无法真正做到改掉坏习惯的。从理论上讲人们的行为总是按照行为主体的意愿来进行，意向应该是人的未来行为的"最强预言者"。但事实上，人们的日常行为往往是高度自动化的，只有那些偶然的，一年之间只发生几次的小概率事件，意向才能够真正说了算。

3. 采用科学方法

人的习惯养成非一日之功，改变习惯也非一日之力。根据心理学、教育学等相关研究，科学地攻克难关，就会降低难度。如前文所说的"情感承诺法"一样，在改变习惯的具体过程中，还有很多方法可以采用。比如循序渐进法。无论是儿童还是成年人，都可能会对改变习惯意志力不足，因此明白坏习惯的后果时，往往会痛下决心，可是大刀阔斧地做时，难以取得立竿见影的效果，最后往往半途而废。如果采用循序渐进法，小步子不间断，通过不断积累战胜自我的成就感，最终彻底改变坏习惯。

4. 团队协力共作

无论是改变旧的坏习惯，还是形成新的好习惯，朋友的共同参与或关注监督，是一种行之有效的好办法。根据心理学发现的共做效应，如果有其他人在场和自己进行相同的活动，当事人的作业绩效会有所提高。如果实在找不到一起改掉坏习惯的朋友，就可以邀请他们作为见证人，监督自己的行为，甚至可以与朋友下一些小小的"赌注"，有一些小小的奖惩办法，让外界的友善刺激，激发并鼓舞起自己改变坏习惯的勇气与恒心。

无数人强调知识改变命运，却常常忽视比知识技能更为根本、更为隐性、更能决定命运的，是一种关键力量——习惯。习惯，就像人类心灵深处的发动机，一旦开始运转，就会悄悄操控着人生。习惯是后天形成的，却又集中而准确地体现着人的天性，不知不觉中塑造着人的个性，所以我们说习惯养成第二天性。

我们用"习惯"一词，希望强调素养形成的行动路径，希望以习惯倒逼素养的落实，以外在结果倒推内涵培育。我们希望把内在的难以触摸的"素养"，变成能够外显、可以培养的"习惯"，变成具体的"每月一事"项目，通过一门门可操作实施的课程，养成人的第二天性，形成稳定的价值观，塑造良好的人格，创造幸福完整的人生。

参考文献：

[1] 林崇德. 21 世纪学生发展核心素养研究 [M]. 北京：北京师范大学出版社，

2016.

[2] 褚宏启. 核心素养的概念与本质 [J]. 华东师范大学学报（教育科学版），2016（1）：1-3.

[3] 林钦，陈峰，宋静. 关于核心素养导向的中学物理教学的思考 [J]. 课程·教材·教法，2015（12）：90-95.

思辨性阅读教学策略在高中语文课堂中的有效性研究

杨铁军

引言

教师要想有效开展思辨性阅读教学，就需要及时更新自己的教学方式，敢于打破传统的教学方式，基于学生的情况设计教学策略，以调动学生的学习积极性，提高高中语文阅读教学质量。

一、思辨性阅读的意义

1. 有利于学生的个性化发展

高中语文阅读的思辨性教学要教会学生从不一样的角度入手，不断提出问题，提出新的问题，这样才能引导学生产生不一样的思想，让学生的个性得到发展。而且在这样一个过程中，学生也能从中获取新的知识，丰富知识储备，开阔眼界，为语文写作奠定基础。

2. 有利于教师专业能力的发展

新课改要求学生成为学习的主人，之前的传统教学模式已经不适用于当前新课改的要求。为了高中语文阅读也能满足新课改要求，教师需要从原有的教学模式中走出来，对阅读进行深层次的理解，提升自身的教学能力，更好地为学生服务。

3. 促进阅读教学的创新发展

在高中语文阅读中，教师要引导学生成为阅读的主体，这样才能更好地促进学生思辨性阅读能力的发展。学生要在教师的引导下明白文章的意思，对文章产生深层次的认识，了解文章所要表达的情感，促进其思辨性阅读能力的创新发展。

4. 思辨性阅读教学革新了语文阅读与表达的理念

思辨性阅读的创新启发了学生的思辨意识，是高中语文教学中必不可少的因素，在当今社会传统模式的教学理念下，教师的教学大多过分关注学生对字词的认识程度，而忽略了文章本身带来的文化价值，导致学生在写作上习惯于套用范本，在阅读上无法掌握正确的技巧。而思辨性阅读主要培养了学生的推理能力，提升了学生的逻辑思维，帮助他们认识文章中所要表达的意思，强化自身对问题意识的理解和提高学生学习的主动性，也能使教师更好地改善自身的授课方式，让学生对文章的问题能进行深层次的思考和质疑。

二、思辨性阅读能力培养的分层探究

1. 确定思辨性阅读的内容

在高中语文中最重要的就是阅读，在阅读中，学生都会带着问题学习，但是这样的学习具有较强的目的性。所以教师在组织学生进行思辨性阅读时，要先让学生明白文章主要写了什么，为什么要这样写，带领他们有选择性地挑选阅读的内容。教师只有选择适合阅读的文章才能帮助学生进行思辨性阅读，才能提升学生的思辨性阅读能力。

2. 明确思辨性阅读的核心

教师可以让学生在阅读中探究和思考文章的内容，具有严谨性和逻辑性的课本内容能够有效激发学生主动阅读的兴趣。所以教师在培养学生的思辨性阅读能力时，要引导学生抓住文章的中心思想，学习作者的逻辑思维，积极搜集文章的形成背景，了解作者为什么要写这篇文章，领悟作者的情感，以此提升学生的思辨意识，丰富学生的阅读情感。

3. 提升思辨性阅读思维

需要教师在阅读过程中，不断地用思辨性的思考方式去感染学生，引导学生积极地阅读，在阅读中积极思考。教师还要引导学生在阅读的过程中不断升华阅读的内容，让学生能够了解文章的本质和文章所要传达的内涵，丰富学生的阅读情感。

三、思辨性阅读能力的培养方式

1. 根据文章的特点，培养学生的思辨性思维

高中阅读教学中需要教师引导学生对文章的内容进行思考，让学生理解文章所要表达的情感，使学生在阅读的时候能够有清晰的阅读思路，从而助力学生进行思辨性阅读。教师在培养学生思辨性阅读时，要先帮助学生合理地分配阅读任务，让学生能带着问题去阅读、分析文章的意思，再引导学生在课堂上进行阅读情感的交流，这样才能满足学生阅读能力提升的要求，也能提升学生思辨性的语文阅读思维。

2. 在讨论中培养学生的思辨性阅读思维

高中语文教师在课堂上要想培养学生的思辨性阅读思维，可以通过丰富自身的教学模式的方式，帮助学生积极主动地阅读。此外，教师还可以通过不一样的文章，设置不同的教学情境，创新教学模式，提升学生思辨性的阅读思维，打破传统的教学模式，让学生在阅读的时候实现自由发展；教师可以在阅读中引导学生进行相互讨论，可鼓励他们进行角色模拟代入式讨论，也可以进行分组辩论讨论等。通过不同的讨论方式，加深学生的思考意识，以此提升学生的思辨性思维能力。

3. 提高积极性，培养学生思辨性阅读思维

学生的学习态度直接影响着学生的阅读积极性，教师在培养学生的思辨性阅读能力时，应注重对学生学习态度的培养，教师应该积极地向学生推荐适合他们阅读的文章，特别是那种积极向上的文章，这是由于高中的阅读对学生的身心发展有着重大影响。文字性的阅读能够熏陶学生，让学生形成正确的思维方式。教师要想在阅读中培养学生的思辨性阅读思维，应该丰富学生的课外阅读，激发学生主动阅读的兴趣，正确培养学生的思辨性阅读思维。

4. 以疑启发，强化学生的思辨意识

思辨性阅读就是不断质疑、不断解疑的过程。根据学生的思维能力，教师提出相关的问题去启发学生，让学生带着问题去进行阅读；学生在阅读的过程中进行思考，通过思考强化记忆，并寻找答案，通过这样以疑启发的教学模式，

学生的思维能力可以得到不断的强化，其思辨阅读能力也能够得到不同程度的发展。

5. 以和谐的师生关系，鼓励学生思辨

和谐的师生关系是思辨性阅读发展的前提，为此，在实际教学中，教师不能"端着架子"教学，要保持师生平等，认识到学生是学习的主体。教师在进行教学时，要时常持有不耻下问的心态，这样学生才不会因排斥教师而不认真学习。平等的师生关系也能促使学生积极发言、勇于发言，在学习中收获成就感，提高自身的思辨性阅读能力。

结语

学生思辨性阅读能力的提升对提升学生的语文综合素养有很大的促进作用，教师在培养学生的思辨性阅读能力的时候要有一套适合学生的阅读模式，这样才能保证学生思辨性阅读能力的提升。

参考文献：

[1] 陈兴才. 思辨读写，走出整本书阅读困境的最佳途径 [J]. 中学语文教学参考，2017（13）：4-7.

[2] 胡建军. 浅析高中语文思辨性阅读教学 [J]. 时代教育，2017（04）：71-72.

[3] 代顺丽，王荣生. 语文阅读教学有效问题的本质特征 [J]. 课程·教材·教法，2014（8）：51-57.

[4] 吴格明. 离开了思维，语文就成了一堆孤立的词句和文化碎片 [J]. 中学语文教学，2017（8）：4-8.

注：本文系 2021 年度河北雄安新区教育科研课题《新高考背景下高中语文思辨性阅读研究》（课题编号：XW2021023）的阶段性研究成果之一。

高中教师文本解读能力与读后续写教学的关系

张文宇

引言

新课程标准对英语阅读要求进行了改革，提出要引导学生在掌握文本信息的基础上进行思考，重视文章逻辑和文本理解。也就是说，文本解读的内容很重要。因此，应该在课堂上引导学生认真理解课文信息，准确掌握句子含义，并结合上下文正确地分析句意。这需要教师不断地提升自身的文本解读能力。此外，还要通过大量练习使学生养成良好的读后续写习惯。

一、教师文本解读能力对学生发展及读后续写教学的重要性

文本解读是高中英语课堂教学的重要部分，与英语的本质需求相吻合，它可以反映英语的本质，可以使学习者养成良好的英语学习习惯，为未来发展奠定扎实的理论基础，并使其词汇数量得到有效的增长。英语教师要深入理解文本解读的含义，采用有目标的方法进行教学，使学习者在学习中的主体性得到充分发挥，并从文本组织和内容上进行分析，使文本与语段之间得到衔接，保证语段的正确运用，使英语的价值表现出来。换言之，教师的文本解读直接关系到学生的阅读学习，只有提升教师的文本解读能力，才能更好地促进学生发展。

教师的文本解读可以帮助学生增强语言应用能力和写作能力，使他们在独立写作的同时，还可以培养独立构思能力，增强写作能力，学会英语的正确使用方法，理解英语文本的含义。教师可以根据学生的具体状况，进行读后续写教学，使他们与文章有更好的沟通与互动，并在课堂上形成一种情感上的共振，这样才能保证在下课后也能持续体现课上的教学价值。学生只有在教师的引导下更好地了解原文，把握原文的情感，才能达到更好的学习效果。教师在进行

读后续写教学时，要加强对文章的总结和组织，使学生对文章有所理解，从而使学生对文章的理解达到最好效果。其关键在于模拟文本的表达方式、行文逻辑和文章构造，教师要根据早期的阅读状况，让学生先有一定的阅读经验，然后才能进行后面的写作。因为读后续写的内容和格式都很繁杂，这就给了他们更大的阅读和书写难度，有些英语基础不好的同学，很容易产生不适应之感，所以教师要从他们的立场出发，对他们进行全面的鼓励和肯定，通过充分鼓舞来激发他们的创作热情，同时要根据他们的学习能力来提供相应的支持，确保他们能够流畅地完成后面的写作学习。

二、通过读后续写练习促进师生文本解读能力提升的途径

教师要引导学生通过读后续写训练来培养阅读与写作能力。首先，从文本入手，帮助学生分析课文背景结构，学习文章语言结构；其次，以读写训练为载体加强英语教学内容的灵活性。在此基础上，引导有一定阅读能力的学生抓住关键句和中心句，结合自己的理解进行分析和归纳，得出有规律、简洁、准确且完整的文章的主要观点或结论。然后引导学生根据上下文和语境进行自我思考，再将这些思考在理解原文的基础上进行表达。也可以由老师布置一个朗读任务来训练。最后，教师根据学生掌握情况及反馈意见及时调整教学内容和方法。

（一）结合上下文、生活实际，注重文本衔接

朗读练习是学生理解文章、掌握作者观点后所进行的书面表达，其目的是帮助学生更好地理解文本内容，培养学生良好的朗读习惯，培养学生的语感和思维能力。所以，对于学生来说朗读是非常重要的任务之一。教师可以布置一个朗读任务，将文章分为三部分进行朗读并要求学生读通每部分，有一个明确的要求（如从文中挑选出重点句型并要求朗读）。另外，可以利用课文中出现的例句让学生自己进行朗读练习。通过读后检查，纠正发音错误、单词拼写错误等教学环节来巩固阅读成绩。在具体的朗读任务中，教师还可以利用一些小故事让学生培养英语语感。教师不仅要联系上下文，帮助学生梳理文本结构，

而且要注重文本教学的有效衔接，使学生有清晰的学习认识，有助于更好地开展读后续写。

（二）通过课外阅读培养学生的阅读能力

目前，我国的高中英语教学已形成了宏观体系。许多学科知识与学科能力已经相对独立，这种宏观体系也不是固定不变的。学生必须通过不断积累和提升自己的素质后，才能成为合格的英语学习者。学生课外阅读与课内阅读相比有其特殊性，这就要求我们通过有效的教学方法来帮助学生提高阅读能力，从而达到阅读目的。以中学生课外阅读与写作为例。一般来讲，文本解读分为三个阶段：第一阶段需要阅读大量文本内容，来了解作者所处特定时代环境下的写作目的；第二阶段需要对文章进行一定程度的分析；第三阶段需要进行一定数量的写作练习。在写作过程中需要注意以下几点：第一，要认真分析句子整体结构，对文章内容有一个全面准确的认识；第二，要抓住文章中一些句子的特点；第三，要充分发挥多种写作方法。

（三）通过读后续写练习和衔接文本，强化写作连贯性

文本教学特点较为突出，不同阅读文本的上下文之间有前后联系，教师可以根据篇章的衔接性和连贯性来把握篇章的逻辑性，使学生能够自如地运用语言和写作技巧。例如"Festivals-and-celebrations"这一单元，就是介绍关于中国和其他国家的假日庆典，教师们可以根据不同的话题设定不同的学习内容，让他们自己挑选相对重要的中西方节日，让他们自己去做一些简单的补充，这样可以增强他们的语篇衔接，保证他们的写作构思有很好的逻辑性，让他们认识到"读"与"写"这两种形式之间的联系，从而增强他们的阅读能力，并学会读后续写，强化写作的连贯性，提升学生的写作构思能力，进一步促进学生综合素质的提升。

结语

综上所述，在高中英语教学中，教师的文本解读能力意味着文本解读的精确性和深入性。这对学生的文本阅读学习有直接影响。因此，在教学过程中要

进一步提升教师这方面的能力，教师也要合理发挥教学优势，做好文本解读与读后续写的衔接工作，帮助学生积累丰富的经验，培养良好的学习习惯，使学生在掌握文本分析技巧的基础之上，也能借助丰富的阅读经验提升自身能力，更好地促进英语学习质量的提高。

参考文献：

[1] 周敏. 高中生英语读后续写技能提升策略分析 [J]. 校园英语，2022（27）：181-183.

[2] 孙秀艳. 互动视角下高中英语读后续写的开展 [J]. 新课程，2022（20）：210-211.

[3] 杨福娇. 基于文本解读提升高中生英语读后续写能力的行动研究 [D]. 广东：广州大学，2022.

探析体验式教学在高中数学课堂教学中的应用

郑琨

高中数学的课堂教学工作在多年应试教育与传统教学理念的影响下呈现出程序化与固定化的特点,高中数学课堂缺乏趣味性与启发性,学生的参与感与体验感较差,预期教学效果难以实现。高中生逻辑思维正处于快速发展的阶段,课堂教学是帮助学生发展综合能力与核心素养的最佳机会,因此探究教学方法的革新与应用具有重要的现实意义。

一、体验式教学的内涵

体验式教学是一种为适应新时代教育教学工作发展方向而产生的新型教学方法,指的是以学生现有知识水平与认知发展规律为基础,以创造实际的或重复的教学情境为手段,以实现学生终身发展为主要目的,最大限度地再现或还原学科教学内容。体验式教学注重学生的体验与感受,帮助学生在理解的基础上进行各种学习活动,从而加深对各种复杂理论知识的记忆。

体验式教学是"以人为本"与学生课堂主体理念的具体体现,不仅关心学生可以在教学过程中获取多少知识,更关心学生能否在教学过程中培养各项能力与综合素养。体验式教学的应用符合素质教育理念的要求,可以在一定程度上改善说教式教学的不足。体验式教学充分尊重了学生的个性发展,包容了学生的发展差异性,以激发学生学习兴趣的方法来调动学生的主观能动性,充分关注学生的生命历程,从而为未来的自身可持续发展做好准备。不同学科所涵盖的核心素养存在一定的差异,高中数学主要强调了抽象思维、逻辑推理、数学建模、直观想象、数学运算以及数据分析这六大核心素养,而体验式教学强调学生体验、分享、整合与应用的过程,对培养学生核心素养具有重要的意义,同时是保障高中数学课堂教学效果与促进学生实现自身发展的重要途径。

二、体验式教学在高中数学课堂教学中的应用策略

1. 理论结合实践，加强情感体验

高中数学理论知识相较其他学科与学生实际生活的联系更加紧密，掌握并熟练运用各种理论知识是解决在实际生活中遇到的各种难题的重要方法，实际生活中得来的经验经总结概括后成为理论，理论又在实际生活的应用中得到巩固与创新发展，由此可见，将数学理论知识与学生实际生活相联系是体验式教学得以在高中数学课堂教学中得以应用的基础环节。在"抛物线"一课中，教师可以引入实际生活中的人、事、物作为教学案例，从而实现将理论知识生活化，帮助学生在熟悉的环境中对课程内容的重难点进行更好的理解，对抛物线的概念、图像特征、作图方法进行更好的记忆，从而提高学习成效。

2. 设置教学情境，激发学生兴趣

教学情境指的是教师在教学过程中通过使用多种教学方法为学生创设气氛良好的学习场景，所谓"情"表现为更加关注学生的情感体验，所谓"境"则强调了学生所处的物理环境，包括学校的软硬件设施等。设置教学情境是激发学生学习兴趣的重要途径，高中数学教师通过设置疑问、灵活运用多媒体技术等方式来活跃课堂气氛。在"圆锥曲线与方程"一课中，教师可以针对直线与圆锥曲线的位置关系这一部分内容巧妙运用多媒体素材，帮助学生从生动的、直观的情境中抽象出椭圆与抛物线模型，并通过对圆锥曲线的学习进一步形成数形结合的思想。有效的教学情境使得教育教学工作变得更加便捷，生动形象的多媒体素材极大程度地激发了学生的学习热情，学生的注意力得到了集中，课堂教学的效果得到了保障。

3. 巧用小组作业，倡导合作交流

体验式教学在高中数学课堂教学中的应用应当充分发挥学生间的同伴作用，加强学生之间的沟通交流并培养学生的自主学习能力。小组合作学习是高中数学课堂教学工作的一次重要尝试，虽然小组合作学习模式在实际应用中仍然存

在效率低下、课堂纪律差等问题，但只要充分发挥学生的监督职能与教师的引导职能就能有效地解决以上问题。在"概率"一课中，教师可以在学生学习过概率的基础知识后给出学生具体的案例并分组讨论，使学生在合作探究的过程中掌握概率的相关概念、知识点及在现实中的应用，从而体会到概率在问题解决中应用的重要性。学生可以在小组合作中接受他人观点并不断完善自我，不仅可以开阔自己的视野而且可以发散自己的思维。

4. 注重反思小结，促进知识内化

完整的课堂教学环节必然包括最后的小结环节，教师应当引导学生回顾本节课的教学重难点并进行概括以加深学生的印象，以提问的方式增加学生的课堂参与感。反思与小结可以帮助学生弄清楚整个章节的脉络，在解题过程中对知识经验进行概括，从而找到具有个人特色的、适用于自己的解题思路，最终将这种观察、分析、总结、评价并再体验的整个学习过程进行更好的内化。在"圆与方程"一课中，教师应当帮助学生了解点、线、圆三者之间的位置关系，采用情境设置的方法探究圆与方程的关系并学习如何解题，引导学生针对错题出现的原因、创新解题方法等问题进行独立思考，在自我反思与弥补不足的过程中实现理论知识的内化，从而锻炼学生的知识迁移能力，进而实现对学生学科核心素养的培养。

三、结语

体验式教学在高中数学课堂教学中的应用不仅是一种教学方法的实践，而且是一次新型教学理念深入落实的重要尝试，对提高高中数学课堂教学效果与实现学生未来可持续发展具有重要的意义与价值。虽然目前体验式教学的应用仍然表现出一些不适应性，但笔者希望可以通过探究体验式教学在高中数学课堂教学中的应用策略来改变这一现状，从而为体验式教学的深入应用与高中数学课堂教学工作的顺利开展提供强有力的理论支持。

参考文献：

[1] 王静. 浅谈体验式教学在高中数学课堂教学中的运用[J]. 中学课程资源，2020（03）：15-16，26.

[2] 戴兰娟. "体验式"教学在高中数学中的应用[J]. 数学教学通讯，2019（03）：70-71.

[3] 何小刚. 探究式教学在高中数学教学中的应用[J]. 数学学习与研究，2018（17）：35.

在历史教学中渗透职业生涯规划教育

郑美美 穆美佳

一、职业生涯规划教育在高中历史教学中的价值

历史学科从初中贯穿到高中，是文科中的一门代表学科。在很长的一段时间里，相当一部分学生，甚至部分教师都认为历史学科的学习就是记忆历史知识的过程，这显然是一种比较偏颇的认知。

学生所形成的唯物史观不只是用来学习和讲述历史学科知识的，还可以用来观察和探讨生活中的一些事物与现象。学生所形成的时空观念，应当是跨越时空观察世间所有事物的……关于职业生涯规划教育在高中历史教学中的存在价值可以这样理解：面向学生定义职业生涯规划教育，实际上就是通过职业生涯规划教育让高中学生尽早认识自我、认识职业、认识教育与职业的关系等，并且要学会职业选择。

对于高中学生来说，很重要的一点就是根据自己的兴趣进行选科，从知识、技能和综合素质方面正确选择自己的职业方向，并初步形成职业生涯规划意识与能力。这样的认知与历史教学的本质是一致的，学习历史知识不外乎鉴古以知今，规划职业生涯的过程，实际上就是学生综合诸多因素对自己的前途、职业、期待等进行综合考虑，并初步做出决定的过程。这个过程是以学生具备科学的理念与足够的能力为支撑的，而这种能力是可以在历史学习中习得的。

历史学科可以说是包罗万象，历史教学中有着丰富的职业生涯教育资源，尤其是涉及政治、经济、文化、科技等方面，这就决定其必然涵盖着不同的职业类型。因此，教师在高中历史教学中渗透职业生涯规划教育具有很大优势，不仅可以完善学生现有的知识架构，有效激发学生的历史学习热情，而且可以

提高学生的职业生涯规划意识和规划能力，有助于学生的综合发展。

二、高中历史教学中职业生涯规划教育的渗透策略

1. 树立职业观念

促进学生的终身发展是新课标对教师的要求。历史课程的综合性决定了学生不只是学习课本中的知识，还需要从多种途径获得知识。信息技术就可以帮助学生学到更多的知识，教师在上课前可以指导学生查阅相关素材，组织学生运用上课前的几分钟对时政进行评价，提升学生获得知识与分析信息的素养。

在对历史知识的讲授中，教师要充分根据学生的身心发展特征以及学习基础，创设与历史知识相关的情境，借助学生"自学互学"和"展评反馈"等环节，组织学生不断对知识进行探究，调动学生的学习能动性，提升学生的合作学习能力与创新素养，展现学生学习的主体性。教师要从促进学生终身发展的方面进行思考，在给学生讲授历史知识的过程中帮助学生树立合作观念，促进学生的可持续性发展。学生在小组合作探究过程中，借助与其他小组成员的共同目标一起制订解决问题的计划，整理资源、找到问题的结论，通过这个合作环节实现学生的知识与技能、情感态度价值观目标。在小组合作中，学生可以形成团结合作精神。比如，教师在给学生讲授"诸侯纷争与变法运动"的相关知识时，可以将全班学生分成几个小组，每个小组分别代表一个诸侯国，要求学生论述自己所代表诸侯国的变法运动。在这个环节中，小组成员中有整理素材的，有编辑台词的，有负责表演的。通过分工与合作，可以培养学生团结合作精神。

2. 精选典型素材

很多学生对历史高考选做题"中外历史人物评说"一题情有独钟。因此，我们要充分利用这一资源，构建高效课堂，既提高学生的高考分数，又从中汲取人物智慧，帮助高三学生理性认识自己，并"促进学生全面而有个性的发展，为学生适应社会生活、高等教育和职业发展做准备，为学生的终身发展奠定基础"。

例如，在高三复习备考时，教师可以依托练习题，根据题中人物的典型事

迹，进行有意识的职业生涯教育渗透。如某题材料呈现的是邓小平同志对中国科学技术发展的贡献。教师可以追加两问：第（3）问，简述新中国成立以来我国在科学技术方面取得了哪些成就？第（4）问，在这些成就中有哪些与你的学科组合紧密相关，你是否愿意从事这些行业？试题本身的立意是重视引导考生树立共产主义远大理想和中国特色社会主义共同理想，增强考生的"四个自信"。注重筑牢考生爱国主义信念，增强国家认同和民族认同，引导考生坚持将爱国、爱党、爱社会主义相统一，立志听党话、跟党走，立志扎根人民、报效国家，立志肩负起中华民族伟大复兴的时代重任。在此立意下，第（3）问的设置考查考生的基础知识，这是高考冲刺的必备能力。第（4）问与考生的当下紧密相关，能够引起足够的重视，考查考生对自己的学科组合及就业方向是否了解，对自己是否了解，是否做到了"认识你自己"。教师在实现学科课程教学目标的同时，引起学生的深度思考，把高考与人生规划结合起来，以润物无声的方式增强学生的学业发展和职业生涯规划意识与能力，同时对缓解当下职业生涯教育的困境也进行了有益的探索。

3. 强化体验感悟

随着教育改革的有效推进，教师的教育目标不仅是提高学生的学习成绩，而且需要培养学生的综合素质，让学生成为对社会发展有用的人。而对于高中历史教师来说，历史教学不仅是为了提高学生高考的历史成绩，而且需要把职业生涯规划教育融入高中历史教学，让学生朝着自己的职业生涯规划目标努力奋斗。但从如今的高中历史教学实际来看，部分高中历史教学与社会实际脱节，导致学生对社会实际没有正确的认识和了解，也没有认识到学习历史知识对自身未来发展的作用。学生机械地进行历史知识的学习，没有明确的职业生涯规划目标，也没有充足的学习动力。因此，在高中历史教学中，教师要转变教学观念，融入职业生涯规划教育，创新教学内容和教学方法，给予学生真实的职业体验感，让学生的历史学习变得更有意义。教师可以为学生创设教学情境，让学生能够在情境中真切地获得职业的体验感。学生对职业有了真实的体验感后，会对自己未来的发展和职业生涯的规划有更多的思考和想法，从而有利于学生完成职业生涯规划。

以"近代中国反侵略、求民主的潮流"的教学为例。教师根据历史事件的背景创设情境，让学生感受不同职业在特定的历史背景下的工作内容和氛围，从而获得真实的职业体验感。在战争中，有冒着炮火前进的军人，有救死扶伤的医生，有随时播报战争情况的记者……教师让学生根据自己的喜好选择一种职业，结合历史事件进行角色扮演，从而让学生能够对不同的职业有更为深刻的理解和认识。

三、结语

总之，高中学生职业生涯规划教育既能够顺应新高考的改革，又能够为学生的终身发展奠定基础，还能够培养学生的历史学科核心素养。因此，在高中历史教学中，教师应积极渗透职业生涯规划教育，以帮助学生获得更加长远的发展和进步。

参考文献：

[1] 周尚霞. 浅析高中历史生涯规划教学策略 [J]. 电脑校园，2019（4）：32.

[2] 张报炳. 高中历史课堂的职业生涯规划教育 [J]. 读写算，2019（3）：52.

浅谈如何让学生融入高中历史课堂

郑美美

一、激发兴趣，融入历史课堂

学习兴趣是推动学生主动和愉快地探求知识的巨大动力，是激发学生灵感的源泉。教师要让学生以极高的热情、极大的兴趣投身于学习、参与教学。在教学中，营造充满生机活力的教学氛围对于课堂教学的成功起着举足轻重的作用。下面结合我自己的课堂教学实践，谈谈教学体会。

高一《中国近代现代史》上册第四章是学生较难掌握的一章内容，反映了辛亥革命后封建势力和资产阶级革命派两种新旧势力的斗争，即民主共和思想与专制、独裁、复辟势力的斗争。但是学生在学习本章的时候并不感兴趣，对其中的内容深感乏味且易混淆。针对这种情况，我在上课前后注意了以下问题。

（1）课前，布置学生查资料，寻找与本节相链接的内容，并用讲故事或人物介绍、诗歌散文等形式表现出来，还特别强调要学生自己编写，给他们留有一周时间去准备、思考。同时暗地里指派几个历史成绩较好、有责任心的学生帮助指导，初稿可以交给老师审阅。

（2）在课堂上，我只扮演导演的角色，充分发挥学生的主体作用。我按照教学内容的顺序编好他们上台的次序，比如，在第一节"袁世凯专权"的内容里袁世凯是主角，是破坏革命的元凶，有个学生就以《假如我是袁世凯》为题上台发表演讲，还有几位学生通过小品表演了"南北议和"中的袁世凯以及展现了为他撑腰的帝国主义的丑恶嘴脸，同时表现了革命党内部立宪派和旧官僚的投机革命及资产阶级的软弱性和妥协性。学生们的精彩表演生动地刻画了袁世凯是一个有权、有势力、有野心、狡猾、阴险、善于玩弄权术的阴谋家，也了解了辛亥革命失败的原因。

（3）在课后，让学生针对活动的内容写感想或者小论文，还可以用学生自己出的习题考学生的办法来对本节课内容进行归纳、整理、消化、吸收。

二、创设学习历史环境，激发学生的参与动机

激发学生的参与动机是引导学生主动参与的前提。在教学中我尽量利用各种手段，创设引人入胜的意境，创设丰富多彩、生动有趣的教学情节，激发学生的学习兴趣和求知欲望，从而使学生产生参与探究的动机。那么，如何创设一定的教学情境使学生积极参与到教学中来呢？我进行了以下尝试。

1. 注重教师情绪对学生的影响

只有当教师自己处于一种愉悦的状态，学生才会在一种兴奋的情绪状态下从事学习活动并主动配合老师的教学，激起他们参与的动机。当师生在教学中形成了良好的情感心理场，课堂教学就往往会收到事半功倍的效果。在实际中我非常注重调整自己的教学情绪，让自己在精神饱满、情绪振奋的状态下进行教学活动。

除了教师自身的文化修养和教师作为一种专业素养的情感调控能力外，教师生动的教学语言（包括体态语言）对课堂氛围的创设显得十分重要。对于一个历史教师来说，积蓄好自己饱满的教学情绪，认真设计好自己的教学语言，并在教学过程中适时适度地加以发挥运用，这是获得良好教学效果的必备条件。同时，在教学中还应该辅之以必要的仪态、手势、眼神、表情等体态语言，以强化教师教学的语言信息和情感信息。

2. 注重历史与现实的结合

由于历史本身具有过去性的特点，往往使学生在心理上产生一种距离感。教师可以把与课文内容有关的新闻时事、社会现实结合到历史教学中来，借此激发学生的学习兴趣。如在学到英国侵占我国香港时，让学生搜集有关"一国两制""港人治港"成功实现的事例。由于事例是学生自己找的而且受到老师的信任和赞许，他们会产生一种成就感，而其他学生也会萌发出"欲与他人试

比高"的情绪，学生的参与意识被调动起来了。这样把历史感和现实感融为一体，既培养了学生的参与意识，调动了学生的积极性，又增强了教学效果。

三、敢撒手，学生讲

历史知识的传授和学习方式要多样化、新鲜化。让学生都参加到历史的教学和学习中，在教师的主导下，撒手让给学生，让学生在亲身实践中进行探究、自主、合作性学习。发挥学生活泼好动、求新好奇的特点。比如：讲古代史两宋时期的文化，让同学了解了基础知识后，结合初中历史的讲解，请同学们自编自演一场宋朝人的市民生活场景剧，身临其境地领会和感受到两宋的文化水准：吃的有……穿的有………住的有……用的有……行的有……从中感受宋代文化的繁荣和在今天生活中的影子，找出与今天的差距。学生都有表现欲，参与度极高。敢于撒手，给学生一个展示的空间，并适时收网总结，从而培养学生学习历史的兴趣。

四、重实践，激情扬

历史教育的核心思想是源于历史，以史为鉴，用于实践，服务社会。学习历史要加强爱国主义情感教育。唐王李世民之所以有流芳百世的贞观之治，就是善于用人、敢于纳谏、虚怀若谷。以人为镜可以知得失，以史为镜可以知兴替。今天的和谐社会，需要我们以博大的胸怀、宽容的心去融化别人的错误，那不是放纵而是原谅。林则徐的"苟利国家生死以，岂因祸福避趋之？"谭嗣同的"有心杀贼，无力回天，死得其所，快哉快哉！"吉鸿昌的"恨不抗日死，留作今日羞。国破尚如此，我何惜此头？"周恩来的"为中华之崛起而读书"，都是最好的历史教育的材料。榜样的力量是无穷的，从而扬起教育的激情。学习历史要与现实相结合，做到社会化、实用化，经世致用。学习历史，关注社会，既关注社会实际问题，又关注高考热点、难点问题。从古代的毁林开荒到今天的退耕还林，从"大跃进"到今天的可持续发展战略，从清朝前期的闭关锁国到今天的改革开放，从郑和下西洋新航路的开辟到今天的全球一体化和地球村，都要以史为鉴，不要重蹈覆辙，从历史的兴衰中去领会和总结今天的我们该做什么怎么做，以加快社会发展。

参考文献：

[1] 王继平. 论历史科"主题化"课堂教学——以高中历史课堂教学为例[J]. 历史教学问题，2012（03）：119-121.

[2] 荣宏亮. 提升历史课堂教学有效性的几点尝试[J]. 新课程导学，2015（18）：73.

[3] 彭文涛. 浅谈提高历史课堂教学的有效性[J]. 课程教育研究，2013（7）：28-29.

[4] 刘波. 高中历史新课程教学中的误区与对策——基于提高课堂教学有效性的思考[J]. 现代教育论丛，2013（04）：89-92.

东风化雨，春泥护花，静待花开

——浅析新时代班主任核心素养提升的路径

周丹

"核心素养"在《中国学生发展核心素养》中明确为：学生应具备的，能够适应终身发展和社会发展需要的必备品格和关键能力。2014年3月底，"核心素养"第一次在国家文件《教育部关于全面深化课程改革落实立德树人根本任务的意见》中出现，明确在开展深化课程改革、落实立德树人目标的工作中处于基础地位。2016年9月，《中国学生发展核心素养》的正式发布为基础教育的转型升级、课程改革的推进深化提供了新的目标与参照。至此，"核心素养"这个词引领了中国基础教育新时代，开始走进中小学，走进课堂。作为学生成长道路上的领路人，班级建设的核心人物——班主任，应当具备哪些核心素养方能与当下的教育要求相匹配呢？

一、新时代班主任核心素养内涵

为了适应现代教育的改革，在大力发展学生核心素养背景之下，班主任需要担负起教育者的角色。一个优秀班主任对学校乃至对整个社会都是至关重要的，优秀班主任对学生的影响更是不可估量。而成为一名优秀班主任需要有两方面的核心素养：文化素养、情感素养。

（一）文化素养

首先，是渊博的专业知识。"师者，所以传道受业解惑也。"作为教师，尤其是班主任，开展教学工作应以全面扎实、系统的专业基础知识为依托，为学生答疑解惑。

其次，理论与实际相结合。"纸上得来终觉浅，绝知此事要躬行。"作为班主任，要学会将所传授的知识，与新时代社会发展的需要，实际应用的需要相结合，从课堂走向社会，把握新时代发展潮流，顺应新时代教育发展趋势。

（二）情感素养

班主任经过工作实践，形成了相对稳定的、基本的、与班主任工作特点相应的、积极的情感心理特征。其结构包括道德情感，结合社会道德观念对学生的成长和生活加以情感引导；审美情感，结合生活感知美的能力；人际情感，在学生的人际交往、日常生活中，面对困扰、矛盾时，班主任具备对学生心理健康和成长进行积极正向引导的能力。

班主任，三个字却不简单，对一个学生一个集体一个学校乃至一个社会都有着不可忽视的意义，以育人为旨归的班主任核心素养的培养和提升，对班主任自身的成长和发展有极大的促进作用，对我国教育事业的进一步发展至关重要。

二、班主任核心素养提升途径

（一）学乃身之宝，儒为席上珍——做一个终身学习的班主任

学海无涯，作为新时代的班主任，作为具备核心素养的班主任，要不断紧跟新时代的步伐，不断努力提升自我，以终身学习为毕生所向。

学高为师，身正为范。作为班主任，新时代核心素养不仅体现在提升自身的专业知识素养，更是对自身管理能力提出了要求，不仅要站得住讲台，更要管得住学生，管得好学生。"问渠那得清如许，为有源头活水来。"班主任要成为源头活水，善于将原有的知识打破，善于接受新思维新理念，善于多角度、多渠道、全方位地学习，善于将理论应用于实践，形成自己的管理体系、管理风格，因人而异，因材施教，成为学生学习成长的引路人。

在教学工作开展过程中，不仅要参与本学科组的教学教研工作，还要与新老班主任同事，积极进行探讨交流，一周一小会，两周一大会，不断获取新思路、新理念，紧跟时代步伐，运用新兴的多媒体手段充实自己，与时俱进才能永葆活力，时刻以一种年轻的心态投入到教学工作中：沉舟侧畔千帆过，病树前头万木春。

（二）为有青苗成碧树，任他玄鬓变白丝——做一个关爱学生的班主任

冰心老人说过，"有了爱，就有了一切"。爱是教育的灵魂，爱是教育之本。

爱是宽容。班主任是在校园里与学生相处时间最多的那个人，要做学生成长道路上的引路人，人非圣贤，孰能无过？要用博爱的心宽容学生一点点的小错，给学生改进的机会，给学生成长进步的空间。

正如学生在校园生活中难免会有自私的表现，安排座位想要坐在第一排，想要坐在最中间等，正面上不直接点破学生的心理，私下与学生友好沟通交流，循循善诱。班主任需要明确每一个学生有自己的私心是正常的，平静地和缓地对待，而不是一味地批评，先入为主地否定，可以引导学生从学习等其他方向先去提升自己，慢慢地自我意识到座位并不是最重要的，关键的是学习的态度。

爱是细心。从细微处做起，每一个学生都是待发现的金子，要用善于发现美的眼睛去寻找每个学生身上的闪光点。一句鼓励的话语，一个期望的眼神，一声关切的叮嘱，都会在学生心中埋下爱的种子，种子生根发芽长大，小爱汇聚成大爱，大爱无疆，是国之幸，国之未来。

在"双减"背景下，学生需要面临时间紧、任务重、短时间高效率的难题，这也是每一位班主任需要面临的难题，紧跟时代步伐，摆正心态，需要多一点细心，关注学生心理健康，积极帮助学生适应"双减"状态下的新挑战，携手共进，让学生能够感觉到来自班主任的支持的力量。班主任需要帮助学生理清思路，分清轻重缓急，向课堂45分钟要效率，真正实现在学校学习高效率的提升。

爱是信任。正如苏霍姆林斯基所说，"有时宽容引起的震撼比惩罚更强，而信任则是叩开新心灵的钥匙"。作为班主任要相信自己的学生，多等一下、稍慢一步、多听一会儿，他们会用自己的创造力与自己的双手，给你无限的惊喜。

"双减"的改革背景传递着一个信号，就是对学生自主实践与创新的能力的要求不断提升，是中国教育发展的方向。班主任作为班级的管理者，在实践教学中勇于放权，让学生去担当班级的领导者，知人善用，让每一个学生找到自己在班级中存在的价值，发挥自我的闪光点，培养学生的自信心，提升学生积极探索、勇于创新的能力。

亲其师，信其道。班主任发自内心的爱，最有感染力与说服力，真正的管理不是管得住而是管得好，用宽容、细心与信任搭一座通往学生心灵的沟通之桥，牵着学生的手，齐头并进，比肩翱翔。

（三）闲看庭前花开花落，漫随天外云卷云舒——做一个宠辱不惊的班主任

情感素养是核心素养的重要方面，一个宠辱不惊、心境豁达的班主任，一个心理健康、人情练达的班主任，才是一个合格的心灵领路人。

班主任能从生活中获得幸福感，在生活实践中形成相对稳定、积极向上的心态，才能授人以渔，教会学生如何去感受幸福，学会积极乐观地面对挫折，正面地解决冲突与矛盾，减少校园欺凌，保护每一位学生自信的人格，使其健康地成长，不只是身体健康，更要心理健康。

随着时代的发展，社会的变革，新时代的班主任要具备的核心素养可能不仅仅是本文所提到的文化素养与情感素养，还有更大的发展空间，但从现在做起，从你我做起，转变教育理念，不断学习、不断成长、不断自省，一切从心中的爱出发，关注每一位学生的健康，不只是身体，更要关注心理健康。本文只是对新时代背景下提升班主任核心素养的途径的浅析，希望可以达到抛砖引玉的效果，为中国教育事业的发展贡献一份力量。

参考文献：

[1] 核心素养研究课题组. 中国学生发展核心素养[J]. 中国教育学刊，2016（10）：1-3.

核心素养导向的高中数学教学情境创设策略

段美英 赵立芳

一、引言

《普通高中数学课程标准（2017年版，2020年修订）》明确提出了数学学科的六大核心素养，即数学抽象、逻辑推理、数学建模、数学运算、直观想象、数据运算。素养不是学生天生具备的，也不是教师像传递信息一样直接说出来的，它是需要借助具体的问题情境，在问题解决的过程中逐步培养出来的。所以，教师要创设切合问题的情境，将课本上抽象的数学知识具体化，把难以理解的问题与真实的情境结合起来，想方设法为学生多创造利用原有知识解决实际问题的机会，让学生置身其中，在情境中产生问题，驱动学生学习。

二、现状

数学是非常重要的基础学科，但是我校生源较差，学生数学基础薄弱，大多数学生缺少良好的学习习惯和学习品质，导致好多学生学起来困难重重，数学成绩普遍偏低。为此，教师在日常的教学中就要思考：如何把培养学生的数学核心素养贯穿到日常的教学中，如何在传统的教学模式中融入新鲜的、活泼的教学情境让学生爱学、好学、学有所获。如何在有效夯实学生数学基础知识的同时，发展学生核心素养，让其形成较为良好的学习品质与数学思维能力，这些是需要教师着重考虑的非常重要的问题。

三、策略探究

（一）教学情境创设时，要突出学生的主体地位

这就要求教师转变课堂教学模式，把课堂还给学生。高中数学作为一门基

础学科，主要用来传播和再现前人研究、发现所积累的科学成果，虽然不再具有首创性，但是只要教师根据实际的教学内容创设一定的情境、氛围，搭建科学合理的平台，就可以引导、启发学生，以达到激活学生的主体意识，强化学生的自主精神的目的。同时教师在创设问题情境的过程中，要注意问题难度的阶梯性设置，既要让学生能够独立解决，又要培养学生的合作探究能力。例如在椭圆的定义教学中，让学生准备实验材料：一张白纸，一根没有弹性的绳子，两枚图钉。实验时让互为同桌的两位同学合作，其中一位同学负责固定绳子的两端，另一位同学绷紧绳子让笔尖运动一周，绳长大于两定点间距离及等于两定点间距离的情形，都让学生来实验。每一位学生亲历实验的过程，亲自操作、体验，受到最有效的外部刺激，这样就能帮助学生抓住椭圆定义的本质。再如安排学生活动时可以分成小组讨论，小组内选代表讲解问题；让学生自己编题，测试本节课的学习效果，自己布置作业，以及针对创设的问题组织各类数学兴趣小组继续研究等方式都可以激发学生的主动性。

（二）教学情境创设时，要做到与时俱进

现在的高中生思维活跃，接收信息的渠道广，善于接受新鲜事物，教师就要把握学生的这一心理特点，在进行问题情境的创设时，能够及时从报刊、网络等媒体上进行热点问题的捕捉，找准切入点，激发学生的积极性。比如讲直线与圆的位置关系时可以放一段夕阳西下的动画，看夕阳与地平面的关系，同时总结直线与圆的三种位置关系，借助现代教学技术，优化教学情景，发展直观想象素养。再如在角的概念推广这节课中，播放奥运会体操运动员的精彩表演视频，同时引导学生注意听解说词，在真实情景中产生问题，引发学生思考，有利于培养学生从实际生活中发现问题、分析问题、解决问题的能力，有利于提高学生的核心素养。

（三）教学情境创设时，要具有趣味性

高中数学难度较大，要想让学生真正提高对数学学习的兴趣，最重要的就是增强数学课堂的趣味性。教师在创设问题情境的过程中，设置新颖的问题，往往能够引导学生主动对问题进行探索和研究，充分调动学生的自主学习能力，

实现其对问题的关注和思考。比如通过展示数学的美，来使学生体会到学习数学的乐趣；构建有效问题让学生主动探究，培养他们的兴趣；通过"问题解决的过程"，培养他们的毅力；借助一题多解、一题多变培养学生反思的习惯和创新的精神；教师在课堂教学中还可以适时穿插一些数学史上的趣事、名人名言、数学文化史，以及数学在现代社会中具体的应用（如大数据）等学生感兴趣的例子。数学成语接力赛、数学猜谜等都可以作为情境教学的形式，提高学生参与学习的兴趣。为此，需要教师留心日常生活中的问题情境素材，并及时将这些素材进行整理，创设成生活化的问题情境，提升学生的学习兴趣，同时发展学生的数学建模素养。

（四）教学情境创设时，要面向全体学生

高中数学教学的目的是让每一名学生都能够实现全面发展，能够掌握基本的数学知识和数学技能。因此，教师在进行问题情境创设时，需要以全体学生的平均水平为立足点，进而根据教学内容和教学目标对教学任务进行精心准备，使其能够面向所有学生，从而引导全体学生积极参与其中，对问题进行分析和解决。在教学中，教师对每个学生的实际情况都要了解，师生关系要和谐。让每一个学生都积极地参与其中，加入到课堂的讨论和交流中来，以此提高数学课堂教学的有效性。

四、结语

良好的情境能充分调动学生的主动性和积极性，启迪学生的思维，是提高高中数学教学实效、培养学生数学素养的重要途径。因此，我们在教学的道路上将继续研究，努力提高教学水平。

参考文献：

[1] 彭兵. 数学课堂教学中拓展延伸的技巧和策略[J]. 考试周刊，2013（11）：72-73.

[2] 景跃军. 基于问题生成的高中数学动态课堂教学策略[J]. 考试周刊，2013

（12）：67-68.

[3]唐孝菊.新课程高中数学课堂教学有效性的研究[D].沈阳：辽宁师范大学，2011.

"生活化教学"练就"情境解题"思维

郝路锋

《2023年河北高考蓝皮书》中明确提出"无情境不命题",那么,在高中物理教学过程中怎样才能提高学生从情境中抽象出物理模型的思维呢?那就是在平常教学过程中注重"生活化教学"。

在高中物理课堂教学的过程中使用生活化的教学模式,指的是教师根据课堂教学内容的需要在实际生活中寻找物理的影子,从而为学生营造形象、熟悉的学习情境,让他们得以借助生活经验来快速地掌握学习内容,以此引导学生展开高效的物理学习。不过生活化的教学模式具有不确定性,教师在创设生活化的学习内容时常常会因为过分注重与生活的联系,进而忽略了所创设的内容是否符合学生的学习需要。在此基础上,我将对高中物理课堂教学如何有效渗透生活化的教学方式展开探讨,并为此提出相关的策略。

一、高中物理教学中生活化教学模式运用的必要性

1. 学科的具体要求

现阶段,物理作为高中阶段学生必修的课程之一主要是研究物质的具体结构和物体的运动规律。在学生逐渐认识世界的过程中,物理学科的知识必不可少,尤其是对很多专业技巧的掌握至关重要。物理教学的效果可以直接影响学生认识世界的过程,同时直接关系学生认识世界的能力和逻辑思维的养成。为此,在物理教学中,需要老师重视生活化教学方式的运用,将物理知识和日常的生活细节相关联,从而让学生在不断积累生活经验的过程中,掌握一些物理知识,并且将生活化的元素融入学习细节中,从而提升学习效率。

2. 新课改的具体要求

新课改针对高中物理教学提出了全新的要求。在具体的教学过程中，教师应该适当地选择与生活联系密切的内容，确保教学内容和学生的日常生活可以产生紧密的联系，促使学生提升学习物理的积极性，并且在日常的生活中学会运用更多的物理知识解决生活中的难题，锻炼自身的实践能力。

二、高中物理教学中生活化教学模式的运用

1. 增加实验，激发学生的学习热情

物理学科是一门实验学科。所以，创造物理情境教学的必备途径就是物理实验。物理实验具体操作的过程就是情境教学的过程，在实验的过程中学生可以通过实验来验证课本中的结论和一般规律。实验的基本方式有两种，一种是基于课本上的实验过程，一种是探究的实验。基于课本的实验能够使学生将课堂上学到的物理知识付诸实践，而探究性的实验有利于调动学生的学习积极性，突破教学重难点，构建知识体系的框架。例如人教版高一物理必修一"摩擦力"中的静摩擦力，学生容易理解静摩擦力可以是阻力，但是对静摩擦力也可以是动力这一点很难理解。将笔放在书上慢慢推，发现不仅是书在动，笔也在动。分析笔在动，从而可以发现静摩擦力也是动力。

2. 创设教学情境，优化物理问题

比如，在学习物理"圆周运动"这一章节的内容时，需要重点分析离心运动，由于很多学生反映这一内容理解起来较为抽象，所以需要老师们采取正确的方式加以巩固，老师可以利用家家户户拥有的洗衣机加以说明，让学生思考洗衣机是如何让衣服脱水的。在此过程中，老师还需要引入相应的原理和知识，使学生不断地总结其中蕴藏的力学原理。通过分析力学原理，发现竖向重力和摩擦力的方向相同，摩擦力和支持力之间也存在着一定的联系，所以也就是支持力提供了向心力。在洗衣机被启动的时候，可以让里面的水做圆周运动，转速越快，需要的向心力就越大，衣服对水的附着力不足以提供水需要的向心力时水脱离了衣服。这种与学生生活息息相关的现象，可以让学生产生极大的学

习兴趣，并且会学以致用，适当地解释生活中的某些现象。

3. 教学方式多样化及生活化

物理知识和理论的抽象是高中物理教学中普遍存在的问题，教学方式的革新是提高教学质量，完成教学任务的重要条件。改变传统的教师课堂传授、理论讲解以及习题训练的教学方式，主要是选用图表、漫画、照片等形象生动的方式，并结合一定的多媒体技术进行教学，比如幻灯片、Flash课件、动画视频等，从而实现教学方式的多样化和生活化。另外，联系生活实际进行教学方式的革新，如通过乘坐电梯、过山车来体验失重和超重的物理现象，调查日常生活和生产中的静摩擦现象，用常见的生活器具做家庭物理实验等，来促进学生物理知识的掌握。

4. 师生生活互动

课堂教学中的互动是教师在教学中必须要面对的教学环节，传统的教学方式仅仅依靠单纯的提问进行互动，无法提高学生的学习主动性。将生活化的教学方式与师生互动连接在一起，则可以让学生的大脑高速运转起来，可以让学生从知识点上进行延伸，能够更好地解决生活中遇到的问题，让学生能够感受到物理学习的"有用性"。比如，笔者在进行力的分解的时候便给学生举了一个生活中的例子：为什么我们生活中的水总是往低处流？这个问题一出，看似平常的问题一下子变得不平常起来。并且，笔者还组织学生对此问题进行深入讨论，让学生通过自己的智慧对问题进行研究。笔者在进行生活课堂教学的时候，还让学生对老师进行提问，通过让学生提问的方式转换师生之间的角色，充分发挥学生的主体地位。

三、结语

总之，通过分析生活化教学在高中物理教学中的运用，发现物理知识涵盖的内容多种多样，同时与日常的生活紧密相连。在实际教学的过程中，需要教师充分联系生活实际，揭示生活中隐藏的物理元素，并且将这些物理元素引入课堂，帮助学生发现生活中的奥秘，促使他们更加积极地观察生活，从而锻炼出自身的物理思维，学会运用物理方法解释生活中的各种现象，以便更好地认识周围的世界，真正落实学以致用的根本目标。

参考文献：

[1] 黄荣周. 高中物理力学生活化教学质量提升策略[J]. 才智，2016，（2）：177.

[2] 沈化旺. 浅谈如何做好高中物理力学的生活化教学[J]. 读与写（教育教学刊），2015（11）：164.

[3] 陈娟. 试论高中物理力学的生活化教学[J]. 中学课程辅导（教师通讯），2015（2）：25-26.

高中物理教学中学生兴趣的培养

孙海峰

兴趣是指个体在探究某种事物或者进行某种活动的过程中，所产生的一种积极的情绪体验的心理倾向，学习兴趣则是指学生对学习活动，产生的心理上的爱好和追求的倾向，是学生求知欲的源泉，是学生思维的动力。根据《2013版普通高中物理课程标准》的要求，教师要根据学生情感丰富、思维活跃、好奇心强等心理特征，充分运用各种教学手段，关注每一个学生，培养他们的学习兴趣，使每个学生的个性都得到发展。因此，在物理教学中，对学生兴趣的培养至关重要。

一、巧妙设计，精心导课，激发学生的学习兴趣

在课堂教学中良好的开端是成功的一半。如果我们一开始能紧紧抓住学生求知欲强的学习心理，让他们身临其境，就可以像磁石一样吸引他们的注意力，激发他们的学习兴趣，这样我们就能使整个教学活动顺利展开，使教学任务有效落实，达到理想的教学效果。要做到这一点，就要求我们教师在备课时根据教学内容和学生实际，精心设计每一堂新课的导入方式。

1. 通过创设教学情境激发学生的学习兴趣

任何学科的教学，要想创造最佳的教学效果，都离不开良好的教学情境。对于内容比较抽象的物理课来说更是如此，教学实践告诉我们：教师在课堂教学中越能有意识地创设引人入胜、妙趣横生的教学情境，就越容易激发起学生的学习兴趣。创设教学情境的手段和方法多种多样，往往要因人而异、因课而异。在讲授"内能的利用"一节时，我首先利用多媒体设备向学生播放了"神州七号"发射升空的片段，又辅以绘声绘色的解说："同学们，你们知道是什么神奇的

力量将'神六''神七'人造卫星送上太空的吗？你们想做一名航天科学家吗？那么今天我们学习的'内能的利用'这节课就会告诉大家答案，学好这一课也将帮助你们实现这一理想。"通过"神七"飞天的壮观场面及生动形象的语言描绘，一下子吸引了学生的注意力，极大地调动了他们的情绪，学生们个个都很激动、思维活跃，深深地感受到物理知识的神圣，投入到本课的学习中。

2. 利用新教材中的实例、现象、实验，激发学生的学习兴趣

新教材中有许多来源于生活又便于探究的物理实例、现象、实验，教师要善于利用教材中的这些素材，激发学生学习物理的兴趣，使学生在熟悉的教学环境中自主构建物理知识。例如：在讲授"机械能守恒定律"时，可精心设计一个单摆实验引入本课。实验时让一个学生站在墙角，后面无退路，在他正前方挂一个单摆，此时将摆球拉出一个较大的角度贴近该学生的眼睛，然后放手，此时单摆开始摆动，当摆球摆向这位同学时，很多学生都屏住呼吸，生怕摆球碰伤他的眼睛。实验结果却超乎学生的意料。这样很快使全体同学的注意力高度集中，激发了学生学习本课的浓厚兴趣。

二、尽量满足学生"发现的欲望"，让探究和寻求真理的活动保持他们的学习兴趣

新课程改革提倡探究性的学习方式。让学生在探究、合作、自主学习的过程中发现问题、探究问题，并获得知识，发展能力。虽然教材中呈现的知识，通常是科学家早已发现已经成为定论的知识，但根据学生的认知规律，学习过程应该是一个学生用自己的头脑独立思考、亲自获得知识的探究过程。在教学中教师要尽可能创造条件，改演示实验为学生分组实验，改验证性实验为探究性实验，使学生的学习过程成为自己"重新发现"的过程，而不是教师向学生输送真理的过程。当发现和创造的乐趣伴随着学生学习时，同学们将会对所学知识产生浓厚的学习兴趣。

三、采用创造性的评价方式，稳定学生的学习兴趣

新的物理课程标准倡导"立足过程，促进发展"的教学评价思想，突出重视学生的自我评价，强化活动表现评价，改变过去单纯以笔试成绩高低来评价学生的做法。新课程标准倡导多元化评价方式，除了考试以外，更注重对学生学习过程的评价，强调评价目标的多元化，倡导不同的目标领域（认知领域、行为领域、情感领域）采用不同方法对学生进行评价，要求我们既要评价学生物理知识的掌握情况，更应重视对学生科学探究能力、情感态度与价值观等方面的评价。在这些方面只要有值得表扬的地方就应适时进行表扬和鼓励，并做好记录。课堂记录定期与学生本人及家长进行交流，帮助学生总结自己的长处和优点，增强其自信心，稳定其学习物理的兴趣。同时帮其找出美中不足之处，勉励他们改正，促使学生健康成长。

四、让学生体验成功，使兴趣不断升华

首先，每个人都有自我实现、获得承认、取得成功的愿望和需要。成功时，会情绪高昂、兴趣倍增；多次努力仍然失败时，就会产生畏难情绪，影响做事的积极性。其实，学生感到物理难学，并不都是学生的智力问题，相比之下，非智力因素的影响更大。因此，给学生创造成功的机会，让学生体验成功是提高学生学习兴趣的有效方法。在教学中可结合教材和学生实际，设置教学内容的层次与梯度、适应不同层次的学生，让每个学生都能学有所成，使他们获得心理上的满足。

基于物理课本身的特点，把握新课程理念，最大限度地激发和培养学生学习物理的兴趣，进而唤起他们强烈的求知欲，形成良好的思维品质，就一定能获得令人满意的教学效果，达到全面提高学生素质的目的。

参考文献：

[1] 李娟. 浅议高中物理教学中如何提高学生的学习兴趣 [J]. 教育教学论坛，2013（03）：99-100.

[2] 杨晓翠 . 兴趣：浅议如何在高中物理教学中提高学生的学习兴趣 [J]. 教育教学论坛，2012（01）：119-120.

[3] 张建喜 . 浅析如何在高中物理教学中提高学生学习兴趣 [J]. 学周刊，2012（05）：38.

[4] 孟昭辉，云云 . 物理学习困难的认知因素分析 [J]. 课程教材教法，2003（08）：54-56.

[5] 薛钰川 . 试谈在物理教学中学生学习兴趣的激发 [J]. 延安教育学院学报，2007（2）：59-60.

体育游戏在教学实践中的应用

王凤丽

游戏是人类自我娱乐的一种重要方式,从总体上可分为两大类:一类是智力游戏;一类是发展体力的游戏,被称为体育游戏。体育游戏是体育教学和训练以及开展群众性体育活动的重要内容,它对全面发展学生身体素质、增强体质、增进健康、提高基本活动能力和掌握知识技能等有积极的作用。通过游戏,还能培养学生遵守纪律、团结互助的集体主义精神和勇敢、顽强、机智、果断等优良品质和作风,加之游戏生动活泼、丰富多彩、形式多样、竞赛性强,能充分调动学生练习的积极性和提高学生对参加体育活动的兴趣,所以游戏越来越受到体育工作者特别是体育教师的重视和青少年学生的欢迎,在体育教学与训练中被广泛运用。

一、体育游戏的特点

体育游戏融思想教育、意志品质培养、身体锻炼、智力发展、文化娱乐为一体,是一项综合性的、集体性的体育活动,其主要特点如下。

(1)具有思想性、教育性。
(2)具有广泛性、普及性。
(3)具有趣味性、娱乐性。
(4)具有体力性、智力性。

二、体育游戏的价值

体育游戏是一种寓教于乐,融育人、锻炼、娱乐为一体的综合性体育活动,对全面培养人的道德品质、陶冶情操、开拓思维、发展和改变身体机能状况、增强体质都有良好的教育意义。同时体育游戏在提高人们对自然环境的适应能力，调节体育课堂教学气氛，促进知识技能形成等方面都有实用价值。

三、体育游戏在实践中的运用

（一）体育游戏的运用原则

1. 教育性原则

在运用体育游戏教学时，应把体育游戏的教育性放在首位，使体育游戏为培养德、智、体、美、劳全面发展的社会主义建设者和接班人发挥应有的作用。

2. 针对性原则

选择针对性强，能取得较好锻炼效果的游戏教材，是保证游戏在运用中达到预期目的的重要因素。

3. 趣味性原则

游戏的趣味性是游戏的本质特点，其趣味性表现在它的多样性、生动性和竞争性等方面，符合参加者生理和心理的需要。

4. 科学性原则

游戏的组织要考虑学生原有的知识、技能，身体素质和训练水平，根据由易到难、由浅入深的循序渐进的原则，对不同年龄、性别的学生要区别对待，科学组织。游戏时要密切观察学生身体状况的变化，掌握运动密度和运动量。

5. 安全性原则

游戏的安全性既有选择游戏时的安全程度又包括游戏过程中的安全保障。特别是游戏过程中必须加强组织性和纪律性，这是游戏顺利进行的保证，做到有顺序、有步骤，秩序井然地进行，否则易出现混乱，甚至出现伤害事故，影响教学的正常进行。

（二）体育游戏在体育教学与训练中的运用

体育游戏可作为体育教学与训练的重要内容运用于课堂的各个部分，对提高教学与训练效果有显著的促进作用。

（1）在准备活动中，一味地使用固定形式的慢跑、行进操、定位操，会使学生感到枯燥无味，直至厌倦，而且课堂气氛也会呆板沉闷，不能充分调动学生的积极性。如果在准备活动中穿插一些体育游戏将会取得很好的效果。

比如在快速跑的教学课中，准备活动可采用提高奔跑速度的游戏"快传快跑""三角接力""换物赛跑"等，既可以提高学生快速奔跑的能力，又能培养学生的集体主义精神。

（2）在教学与训练中正确地运用体育游戏，改变单一枯燥的练习形式，提高学生的兴趣，可起到诱导、辅助的作用，从而促进教学与训练效果的提高。

在素质训练中，为了发展上下肢力量,可采用"跳人马接力赛""两人蹲跳""圆圈传球"等游戏。

（3）体育游戏运用于整理活动有助于消除疲劳，促进体力快速恢复，从而达到充分放松的目的。

如千篇一律的摆臂练习、鞭打练习,容易使学生产生不良情绪,如果在整理活动中选择一些趣味性强的游戏，就可以在轻松活泼的氛围中达到放松的目的。

四、体育游戏的教学方法

（一）游戏的选择

虽然体育游戏的形式多样，但并不是任何形式都适合教学活动，游戏的选择应与教学计划相吻合，要有计划、有目的地进行，教材内容应多样化。而且要考虑学生的自身特点，游戏难度要适当，同时要注意安全。

（二）场地器材的准备

认真做好场地器材的准备工作，是提高游戏课教学质量的必要条件之一。游戏时应该离固定器械或建筑物有一定距离，以免碰伤；场地大小，所用器材都应根据游戏内容、参加人数、场地器材条件而定，并明确地划出场地的界线。

（三）游戏的讲解

讲解关系到体育游戏质量的好坏。教师讲解要简明扼要，生动形象，让学生听得明白，在短时间内将游戏的名称分布、方法、规则与要求以及游戏结果交代清楚并对关键和难度大的动作加以示范。学生因不明白而提问时，教师应向全体学生解答，只有使学生对游对建立起整体概念，游戏才能顺利进行。

（四）游戏分组的方法

（1）固定分组法。

（2）报数分组法。

（3）"点将"分组法。

（五）游戏的裁判

裁判员要严肃认真，公正准确地进行裁判工作，严格执行规则，保证游戏者的公平竞争，以达到游戏的教育作用，游戏的裁判员通常是由教师担任，但最好是由办事公道、有威信的学生担任，给他们锻炼机会。教师作为游戏课的引领者要全面观察游戏的全过程，保证游戏顺利进行。

（六）游戏的结束与总结

游戏应在规定的时间结束，提前或延迟其效果都不好，最合适的时机是当学生感到较满足，又不太累，处于"兴趣保留"的状态。教师要对游戏的结果做出明确、公正的评定，对整个游戏和个人做出讲评，指出各组在发挥集体力量和遵守纪律、执行规则以及在技术、战术的运用和发挥上的优缺点。对在游戏中表现好的，要给予表扬和肯定。对游戏中的失败者，应积极鼓励，帮助其分析失败的原因，争取下次取得胜利。

参考文献：

[1] 王圣奎. 浅谈体育游戏在体育教学中的运用 [J]. 科教文汇（下旬刊），2007（06）：113.

[2] 许耀锋. 论体育游戏在体育教学中的运用 [J]. 杨凌职业技术学院学报，2007（02）：83-84.

第三章　课例研究

《旅游资源开发条件的评价》课例

杜杏忍　刘金金　薛辉

一、案例背景

（一）教学内容

《旅游资源开发条件的评价》是高中地理湘教版选修Ⅲ《旅游地理》第三章第二节的内容，属于高考高频考点，旅游资源评价是进行旅游规划的基础，是旅游规划的一个重要环节。对旅游资源进行全面分析和综合评价，为其合理开发利用和规划建设提供科学基础，以确定其是否值得开发、如何开发及开发方向如何。本案例我们选取了旅游地理《旅游资源开发条件的评价》，运用基于广义思维导图课堂教学重构"三图六构五环节"教学模式，以身边的白洋淀为例进行课堂重构。

（二）学情分析

本部分内容属于高二下学期的课程，通过两年的高中地理学习，学生能够对地理现象和成因做简单的分析，具备了一定的读图、析图和分析能力，即具备了基本的人地协调观、区域认知和综合思维的地理素养。但大部分学生旅游经历较少，生活经验欠缺，而这部分知识的理论性相对较强，学生无从下手。所以我们用学生熟悉的白洋淀为例做分析，让学生更好地理解和应用。

（三）教学目标

（1）人地协调观：了解旅游资源评价的意义。

（2）综合思维：结合实例，分析旅游资源开发条件评价的基本内容。

（3）区域认知：结合实例，简析旅游资源游览价值。

（4）地理实践力：对家乡的旅游资源进行评价。

（四）教学思路分析

本节课以思维导图为抓手进行课堂重构。首先，为达到充分的自学效果，让学生结合课前导学图有目标地预习并绘制感知图。其次，教学过程中，教师以课中"五环节"为思路引导学生通过对感知图、精细图、凝练图的自构和互构，进行课堂小测，完成本节课的学习任务。最后，利用量规再次对学习效果进行自评。

一、教学过程

（一）课前自学

课 前 导 学 图

课题：旅游资源开发条件的评价

学习目标：
见课堂学习目标量规（自评）的记忆、理解、运用部分。

看
1. 回顾课本旅游资源的游览价值
2. 阅读《导与练》237页旅游资源开发条件的评价内容

思
1. 旅游资源的游览价值与旅游资源的开发有什么关系？
2. 有哪些外部条件影响旅游资源的开发？它们与旅游资源的开发有什么关系？
3. 什么是客源市场，评价它的基本指标是哪两项？
4. 什么是旅游环境承载量？
5. 以白洋淀为例，评价其旅游资源开发的条件。

拓
假如暑假你有机会出去看看祖国的大好河山，你最想去哪儿？请阐述理由

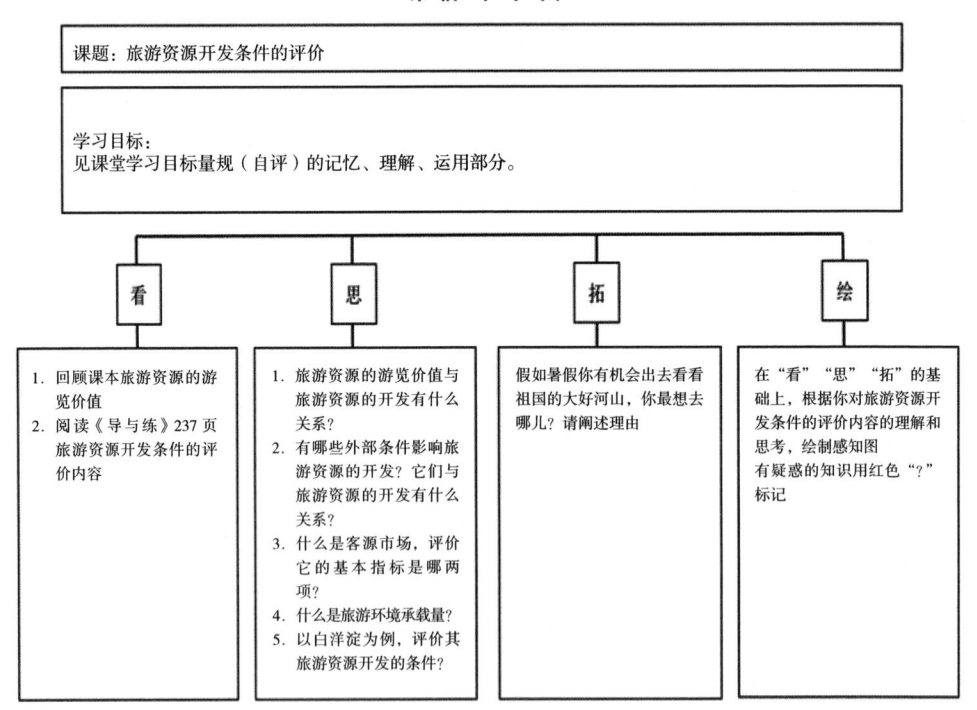

绘
在"看""思""拓"的基础上，根据你对旅游资源开发条件的评价内容的理解和思考，绘制感知图
有疑惑的知识用红色"?"标记

图1　课前导学图

结合教师给出的白洋淀视频资料和制作的课前导学图及量规，学生进行充分的课前预习并独立完成感知图。

表 1 课堂学习目标量规

《旅游资源开发条件的评价》课堂学习目标量规（自评）

班级_____ 姓名_____

学习目标	A 独立完成	B 经同伴帮助完成	C 经教师点拨完成	D 未完成（未完成的关键问题）
回顾：旅游资源的价值表现				
再认识：旅游资源开发条件的评价内容				
解释：旅游资源的价值对旅游资源开发的影响				
说明：地理位置与交通通达度、客源市场、基础设施、环境承载量与旅游资源开发的关系				
执行：利用课堂小测对旅游资源开发条件的评价进行巩固提升				
结构化：绘出《旅游资源开发条件的评价》的感知图				
解构：旅游资源开发条件的评价方法和思路				
辩证：评价白洋淀旅游资源开发的条件				
假设：假如暑假你有出去看看祖国的大好河山，你最想去哪？请阐述理由。				
建构：画出《旅游资源开发条件的评价》凝炼图				
其他（根据学科特点增设的项目，没有可不填）				

【设计意图】以白洋淀视频创设学生身边的教学情景，营造一种学习氛围，参与所学知识的探索、发现和认知过程；以课前导学图创设问题情景，引导学生做有目的的预习，提高预习效果；以绘制感知图的形式，帮助学生构建知识结构。

（二）课中建构

本部分主要是思维导图课堂重构模式中的课堂五环节，引导学生完成本节课的学习任务并对学习效果进行评价。

1. 学习目标（预设2分钟，实际用时2分钟）

教师活动：指导学生明确学习目标。

学生活动：浏览目标，明确方向。

具体实施：教师念量规，学生会的打"√"。实施结果发现，大部分学生能够独立完成课前导学单中的学习目标：在"旅游资源的游览价值""旅游资源游览价值与旅游资源开发条件的关系""说明地理位置、交通通达度、基础设施与旅游资源开发的关系"对应栏目处打了"√"。这说明，课前学习效果已经达到预期，为课中学习的推进打下了良好的基础。

【设计意图】引导学生对课前预习效果自我评估，明确本节课的核心知识和疑难问题，使学生学会思辨、质疑，从而提高课堂学习效率。

2. 小组讨论（预设10分钟，实际用时15分钟）

教师活动：组织学生进行小组交流。

学生活动：组内交流，自构、互构、重构。

具体实施：组内交流讨论，答疑解惑。

（1）依据量规记忆、理解部分自评结果，两人相互交流感知图和课前导学图中思、拓的问题，各自完善感知图。（红笔）

（2）两人组未解决的问题由四人组再次讨论解惑，再次完善感知图。（红笔）仍有疑问的问题做好记录并由组长贴在黑板上，待全班讨论时解决。

其中第三组、五组、七组、八组的组长把问题做好记录贴到黑板问题栏上，主要有：旅游资源的外部条件与旅游资源开发有什么关系？什么是客源市场？评价客源市场的基本指标是什么？第六组薛孟宇等同学还提出：不同类型旅游资源的客源市场有什么不同？组内生生交流充分发挥了学生的创造思维，碰撞出的智慧火花。

【设计意图】通过二人组和四人组的合作探究，互相帮助解决问题和完善感知图的过程，提高学生参与课堂学习的广度，学生不但要独立思考并形成自己的观点和见解，而且要设计如何表达自己的观点，使学生养成独立思考和语言表达的能力。

（3）没有问题的小组，领取核心问题条。（其中优生组第一组、二组、四组的同学领取了核心问题条）

核心问题条：

①你认为白洋淀的游览价值有哪些？

②白洋淀的客源市场在哪儿？

③如果白洋淀旅游开发的规模超过其环境承载量会有哪些影响？

【设计意图】核心问题条的设置主要是为了提高小组合作探究的深度，为优等生留出充分的发展空间，最大限度地挖掘其自身的内在潜能，真正做到分层次教学。

3. 全班交流（预设15分钟，实际用时26分钟）

教师活动：引导全班交流。

学生活动：全班交流，深入探讨。

具体实施：依据量规运用、分析、评估部分完成学习，生成《旅游资源开发条件的评价》的精细图。

（1）小组派代表领取问题，帮助其他小组解决，由提出问题的小组成员复述。

第二组领取的问题：旅游资源的外部条件与旅游资源开发有什么关系？温博、郑浩坤同学上台解答：地理位置优越、交通便利、距客源市场近，基础设施完善、环境承载量大有利于旅游资源的开发，并提出"政策因素是否也是影响因素？"这一问题。

教师点拨：先肯定了两位同学答案的准确性，后解答了提出的新问题，并拓展出旅游资源开发条件的另外两个因素：投资条件（政策）和施工难度。

由提出问题的第三、八组代表复述答案。

所有同学完善感知图。

第四组领取的问题：什么是客源市场？不同类型旅游资源的客源市场有什么不同？张静涵、周佳瑶同学上台解答：客源是旅客的来源地，主要是经济发达地区。不同类型的旅游资源面对的游客群体不同，比如探险、冒险类旅游项目面向的是富有冒险精神的年轻人。

教师点评：本组同学回答完整准确，掌声鼓励。

由提出问题的第五组、七组同学复述。

（2）领取核心问题条的小组讨论后，派两名同学上台解答。

第一组王屹、刘宇凡两名同学解答问题：你认为白洋淀的游览价值有哪些？白洋淀的游览价值体现在美学价值、科学价值、经济价值和康体娱乐价值。

教师点拨：回答正确但不够完整。还有历史文化价值（嘎子村），集群组合状况好、地域组合状况好，具有独特性（华北明珠）。

全班组内相互复述。

第二组崔子艺、付明涵同学上台解答问题：白洋淀的客源市场在哪儿？雄安新区成立之前，白洋淀的客源市场主要是景区周边及京津冀其他经济发达地区；近几年客源市场扩大到全国经济发达地区，未来白洋淀的客源市场会扩大到世界范围。

回答完毕后全班师生给予两名同学热烈的掌声。

教师点评：两位同学的回答非常漂亮，从时空角度阐释了客源市场的动态变化，验证了政策（投资条件）对旅游资源开发的影响。

第四组侯莹莹、石梦蕊同学上台解答问题：如果白洋淀旅游开发的规模超过其环境承载量会有哪些影响？会引起环境污染和生态恶化，生物多样性减少。

教师点拨：两位同学回答正确但不够完整，当白洋淀出现环境污染和生态问题会对旅游资源带来什么影响呢？

学生受到引导得出结论：会对旅游资源本身的美学、科学、历史文化等游览价值造成不利影响。

全班组内互相复述。

（3）未被认领的问题由教师答疑解惑，小组成员相互复述。

问题：评价客源市场的基本指标是什么？

由教师答疑：客源市场调查的内容包括客源地、最低限度容量和游人的年、月、日变化等。不同风景区，依其景观特色、地理位置、交通条件，吸引着不同国度、不同地区、不同年龄和不同职业的游人，而不同的游人数量，决定着该风景区的市场规模。总结起来就是：基本指标为客源地和距客源市场的距离。

全班组内相互复述。

全班同学再次完善感知图并生成精细图。

（4）老师精选出学生的优秀感知图和精细图并和自己的作品同步展示。

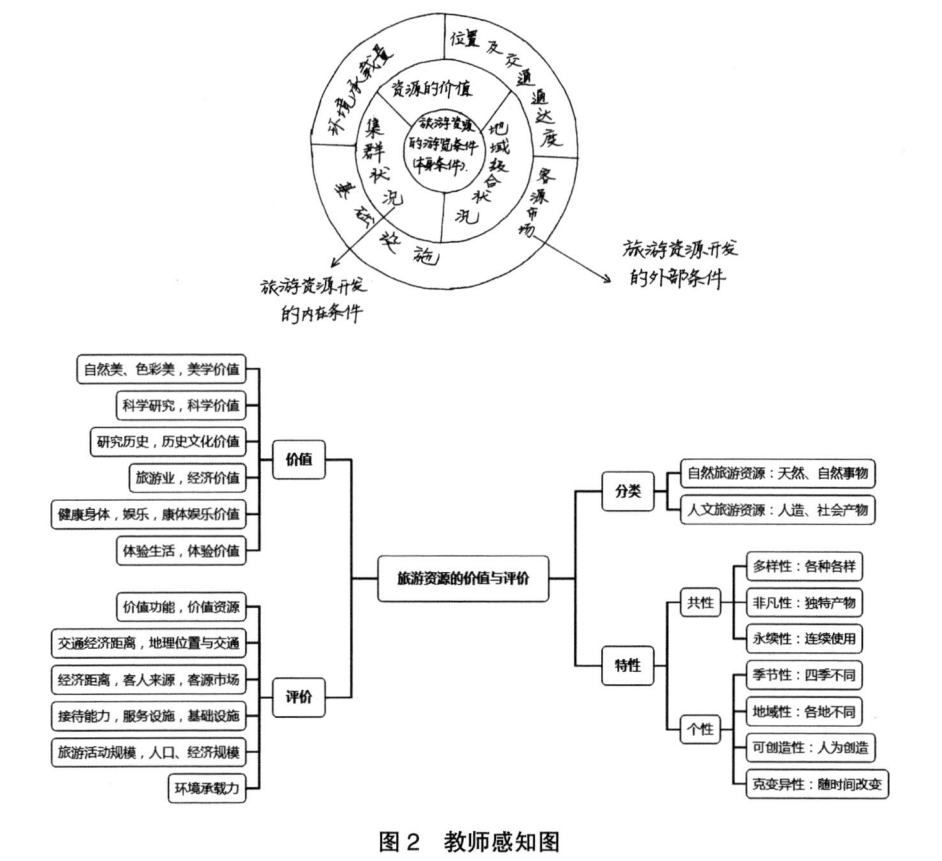

图 2　教师感知图

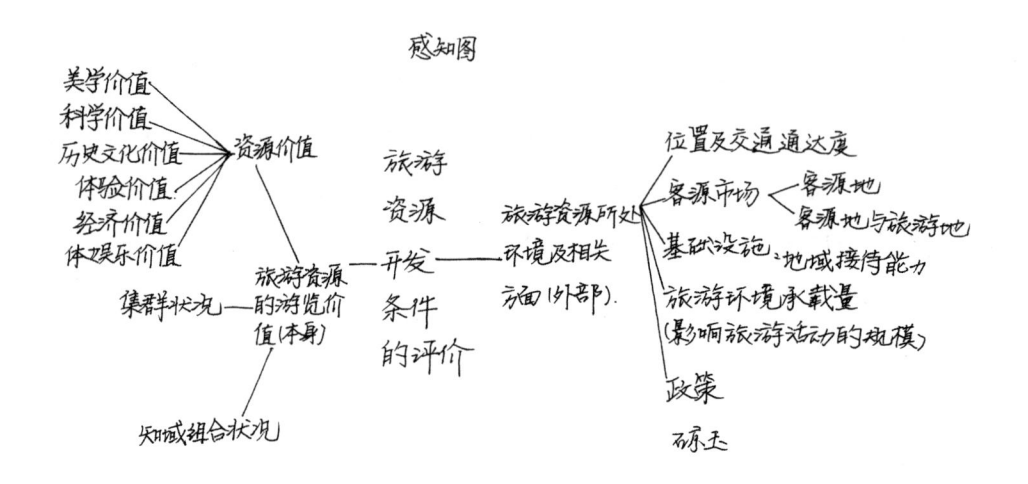

图 3　学生感知图

【设计意图】全班交流突出学生的主体地位，使学生在学习的过程中各司其职，小组内以合作为主，组间以竞争为主，全班交流以小组形式展开，突破旅游资源开发条件中难点问题，在不断的探索中培养学生各方面的能力，提高学生的合作能力、组织能力，从而使学生获得科学的思维方法和学习方法，提高学生的综合素质。

4. 凝练小结（预设 8 分钟，实际用时 12 分钟）

教师活动：指导学生凝练提升。

学生活动：反思总结，凝练建构。

具体实施：建构《旅游资源开发条件的评价》凝练图

（1）绘制旅游资源开发条件评价的凝练图，学生用 5 分钟的时间自主建构，教师从内容的准确性、完整性和图形的美观性等角度精选出两幅优秀的凝练图并展示。

（2）教师利用多媒体展示凝练图并进行小结。

第三章 课例研究

旅游资源开发条件的评价
凝练图

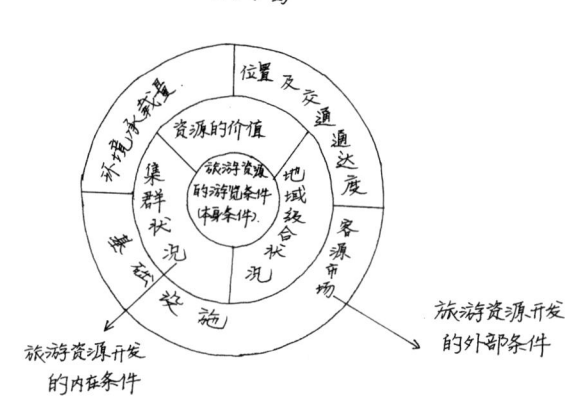

图4 教师凝练图

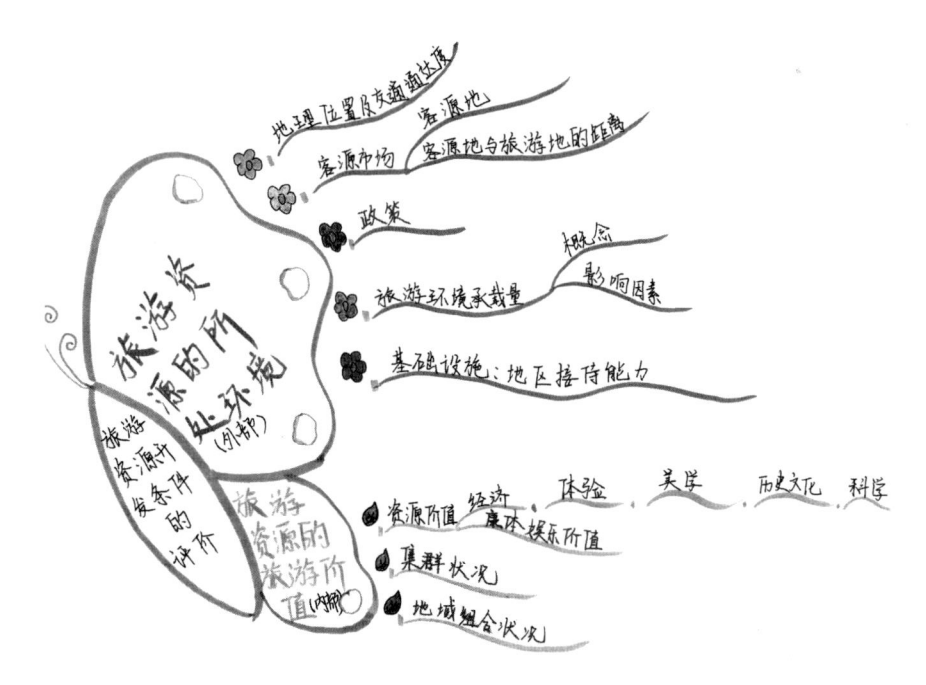

图5 学生凝练图

课堂小结：本节课我们学习了旅游资源开发条件的评价即旅游业的区位条件，主要从两部分分析：内部（核心）条件即旅游资源游览价值，包括旅游资源的价值（美学价值、科学价值、历史文化价值、康体娱乐价值、经济价值等）和旅游资源的集群状况、地域组合状况、旅游资源的独特性；外部条件即所处环境和相关方面，包括地理位置、交通、基础设施、客源市场、环境承载力、投资条件、施工难度等。

【设计意图】指导学生把新旧知识联系起来，形成知识结构，促进学生知识内化，引领学生透过现象看本质，找到知识的精华所在，这有利于我们突出重点，突破难点，使学生的地理知识和思维得到升华，使地理核心素养落地。

5．巩固提升（预设5分钟，实际用时8分钟）

教师活动：指导学生评估学习效果。

学生活动：训练反馈，对标再评。

具体实施：完成课堂小测，最后拿出量规，再次评价。

课堂小测：多媒体展示问题。

近年来，随着人们生活水平的提高，沙漠旅游成为旅游的新热点。沙漠既是一种旅游吸引物，又是旅游活动开展的空间范围，其范围内的湖泊、生物、建筑、民俗等自然文化事象共同构成了沙漠旅游资源，发展沙漠旅游产业需要投入大量的人力、物力。

分析发展沙漠旅游产业需要投入大量人力、物力的原因。

学生自主解答，生成答案，小组讨论完善，学生代表郭坤、石梦想主动上台解答：沙漠地区地理位置偏僻，自然环境恶劣；交通不便，距客源市场远；基础设施不完善，接待能力差；环境承载力小。

教师点拨：两名学生思路基本完整、地理语言规范，掌声鼓励。那么从投入大量人力的角度还能考虑到哪个方面？

学生通过引导得出沙漠地区人口稀少，劳动力短缺。

多媒体展示参考答案：沙漠地处偏远，距离客源市场远；人口稀少，劳动力短缺；经济落后，基础设施不完善，地区接待能力弱；对外交通闭塞；气候恶劣，生态环境差，环境承载力小。

通过检测题反馈，大部分学生都能总结出3至4个采分点，得到6至8分，说明学生对旅游资源开发条件的评价相关知识的掌握可以达到灵活运用的程度。

全班组内相互复述。

最后量规再评。

【设计意图】量规目标是教学的出发点和落脚点，证明目标的达成情况需要相关证据，通过巩固提升和量规再评获得证据，既能有利于目标的进一步落地，又能促进学生自我反思；课堂检测后，教师可发现学生对知识掌握得怎样，能力提高到何种程度，哪些同学已达到了目标，哪些同学还有待于进一步提高，之后教师可制定出相应的措施予以帮助。

三、案例反思

通过对这种新教学模式的深入学习，地理学科核心素养的不断研究，教学案例的精心设计、反复打磨，最后在高二465班进行了课堂教学重构的展示，其间有收获和惊喜，亦有不足和遗憾。

（一）收获与惊喜

1. 教师的专业素养和教育理念得以提升

该教学模式符合现代先进的教育理念，转变传统的以教师为中心的教学模式，使教师由知识和技能的传授者成为学生发展的引导者。

课中五环节的生生交流、师生互动、相互建构，使学生充分发挥创造性思维，碰撞出智慧的火花。例如第二组温博等同学提出了政策因素对旅游开发条件的影响；第六组薛孟宇等同学提出了不同性质旅游资源拥有不同的客源。它不仅是一种教学活动方式，更是一种教育情境和精神氛围，使学生自觉地担负起学习的责任，成为课堂的主人。

2. 因材施教做到实处

此教学模式根据学生的个体差异性合理安排教学内容，使不同层次的学生都能得到相应的进步，尤其是给优生更多的发展空间，真正做到因材施教，如：

依据量规的两次自我评价，问题栏中各种疑难问题的提出和领取，核心问题的领取和解答。

3. 学生地理学科核心素养的落地和提升

通过核心问题"如果白洋淀旅游开发的规模超过其环境承载量会有哪些影响？"的思考和解答过程，帮助学生更好地分析、认识和解决人地关系问题，提升学生人地协调观的地理核心素养。

以大家熟知的白洋淀为案例，使学生能够运用空间—区域的观点认识地理环境的思维方式和能力，并让学生设身处地感受真实的世界，领悟地理的魅力，从而激发其学习热情与求知欲望。比如学生在解答"白洋淀的客源市场在哪儿？"这个问题时学生就表现出一定的区域认知和地理实践力的地理核心素养。

从辩证的角度评价白洋淀旅游资源开发的条件，有助于学生从整体的角度，全面、系统、动态地分析和认识地理环境，培养学生的综合思维。

（二）有待提升之处

由于对课堂上学生呈现的问题预设不全，导致小组讨论和全班交流环节的预设时间把握不准，例如在小组讨论中，第六组薛孟宇等同学提出"不同类型的旅游资源客源市场有什么不同？"和第二组温博、郑浩坤同学在全班交流时提出的"政策因素是否影响旅游资源的开发？"与课堂内容相关的问题，但超出教师的预设范围，在学生讨论和教师解答过程中历时延长15分钟，明显影响教学进度。

白洋淀景区是我们身边的景点，但有很多同学都没有全面游览过，甚至有的同学没有去过。虽然在教学过程中我们播放了白洋淀景区的相关视频，也给了学生大量的图片资料，大部分同学仍不具备考察、实验、调查等地理实践活动的行动意识和行动能力，没能更好地在真实情境中观察和感悟地理环境与人类活动的关系，学生的地理实践力的核心素养有待进一步提升。

（三）改进建议

在今后的课堂教学重构的实施过程中，提出以下建议。

1. 以章、节为单位，选取合适的地理知识进行思维导图的课堂重构，使学生建构系统的知识体系，提升学生的地理核心素养，提高复习质量。

2. 课堂重构模式难度较大，建议备课组全体成员共同参与、各尽所能，充分发挥集体智慧，使教学环节更细致和全面，不仅要生生互构，师生互构，还要有教师与教师之间的相互建构，在提升教师整体业务水平和专业素质的同时，能够更好地为教学服务。

3. 在今后教学过程中我们会适当组织一些地理研学、游学活动，让学生感受自然，体验人文，尊重自然规律，认识地理环境，提升学生地理实践力等地理核心素养。

空间向量与立体几何总复习

李巧敏

一、案例背景

（一）学情分析

本部分内容属于高二上学期的课程，通过前面必修2的学习，学生掌握了传统的几何推论证明方法，并且具备了一定的归纳、类比、自主探究及合作交流的能力，经历一个章节的学习之后，学生迫切需要对本章知识进行高度的概括，参与本节学习的积极性会比较高。

（二）教学内容

本案例我们选取了《空间向量与立体几何》，运用基于广义思维导图课堂教学重构"三图六构五环节"教学模式进行课堂重构。

（三）教学目标

（1）了解空间向量的基本概念和基本定理，掌握空间向量的运算。

（2）能用空间向量的运算解决立体几何问题，从而体会转化及数形结合的思想。

（四）教学思路分析

本节课以思维导图为抓手进行课堂重构。首先，为达到充分的自学效果，让学生结合课前导学图有目标地预习并绘制感知图。其次，教学过程中教师以课中五环节为思路引导学生通过对感知图、精细图、凝练图的自构和互构，进行课堂小测完成本节课的学习任务。最后，利用量规再次对学习效果进行自评。

二、教学过程

（一）课前准备

第一，备课环节：充分解读教材，了解学生认知水平，确定学习目标，制定出较为合理的课前导学图、课中导学图、量规，教师结合教材和核心素养的要求，画出感知图和凝练图，尽量多从学生的思维角度设置问题。制作含金量高的问题条，拓展学生思维。制定合适的课后小测，巩固提升学生的运用水平。

第二，将课前导学图发给学生，指导学生画出感知图。

课前导学图

课题：第一章 "空间向量与立体几何"复习课

学习目标：
见"量规"的记忆、理解、运用部分

看
1. 空间向量的概念及运算
2. 空间向量基本定理
3. 空间向量及其运算的坐标表示
4. 空间向量的应用

思
1. 如何建立空间直角坐标系？
2. 基底法与坐标法的使用原理与条件是什么？
3. 用空间向量解决立体几何问题的"三部曲"是什么？

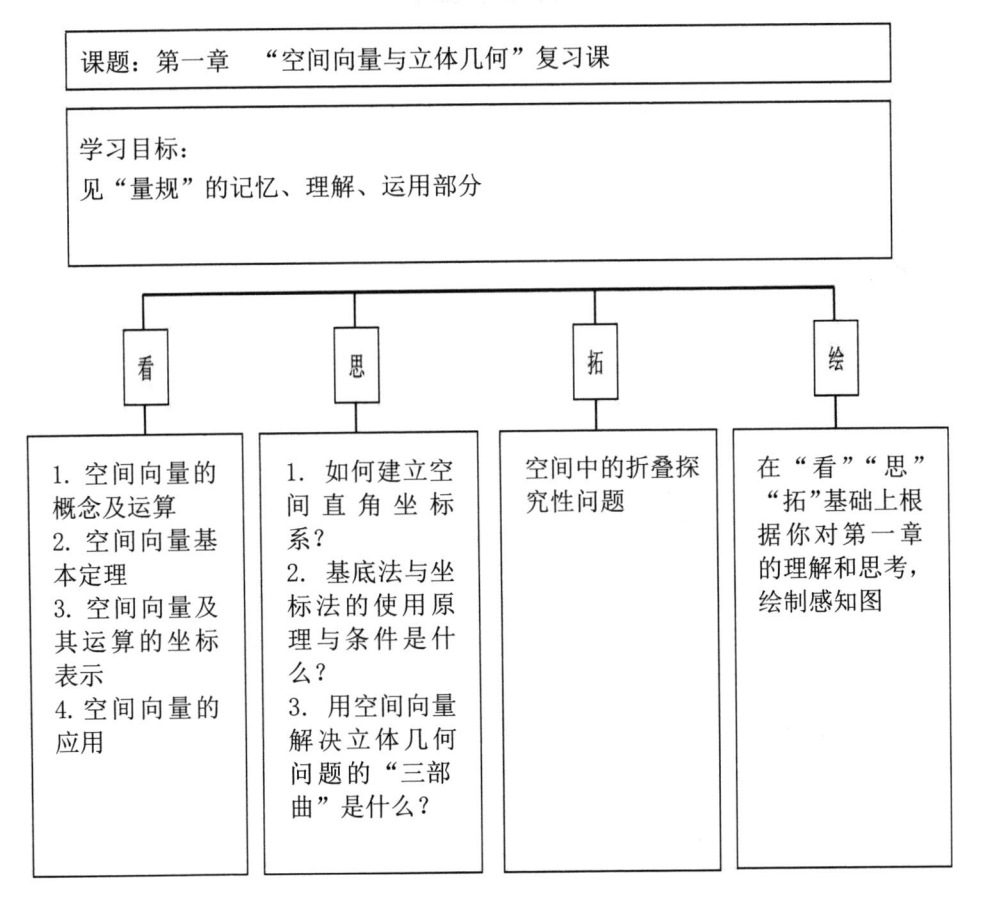

拓
空间中的折叠探究性问题

绘
在"看""思""拓"基础上根据你对第一章的理解和思考，绘制感知图

图 1　课前导学图

表 1　课堂学习目标量规

<table>
<tr><td colspan="6" align="center">_____抛物线_____课堂学习目标量规（自评）
班级_____ 姓名_____</td></tr>
<tr><td colspan="2" rowspan="2" align="center">学习目标</td><td colspan="4" align="center">达成评价</td></tr>
<tr><td align="center">A
独立完成</td><td align="center">B
经同伴
帮助完成</td><td align="center">C
经教师
点拨完成</td><td align="center">D
未完成
（未完成的
关键问题）</td></tr>
<tr><td rowspan="2">记忆</td><td>回顾：空间向量的有关概念</td><td></td><td></td><td></td><td></td></tr>
<tr><td>再认识：解决空间向量问题的"三部曲"</td><td></td><td></td><td></td><td></td></tr>
<tr><td rowspan="5">理解</td><td>解释：如何建立空间直角坐标系</td><td></td><td></td><td></td><td></td></tr>
<tr><td>举例：长方体、三棱锥、四棱锥等</td><td></td><td></td><td></td><td></td></tr>
<tr><td>概要：建立空间直角坐标系的步骤</td><td></td><td></td><td></td><td></td></tr>
<tr><td>推论：所有题目都适合建立空间直角坐标系吗？</td><td></td><td></td><td></td><td></td></tr>
<tr><td>比较：基底法与坐标法的使用原理与条件</td><td></td><td></td><td></td><td></td></tr>
<tr><td rowspan="4">运用</td><td>执行：空间向量的应用</td><td></td><td></td><td></td><td></td></tr>
<tr><td>实施：结合题目解决夹角、距离、最值问题</td><td></td><td></td><td></td><td></td></tr>
<tr><td>结构化：绘制空间向量与立体几何的感知图</td><td></td><td></td><td></td><td></td></tr>
<tr><td>解构：完成复习参考题一</td><td></td><td></td><td></td><td></td></tr>
<tr><td rowspan="2">评估</td><td>辩证：解决立体几何问题方法的选择</td><td></td><td></td><td></td><td></td></tr>
<tr><td>建构：绘制空间向量与立体几何的凝练图</td><td></td><td></td><td></td><td></td></tr>
</table>

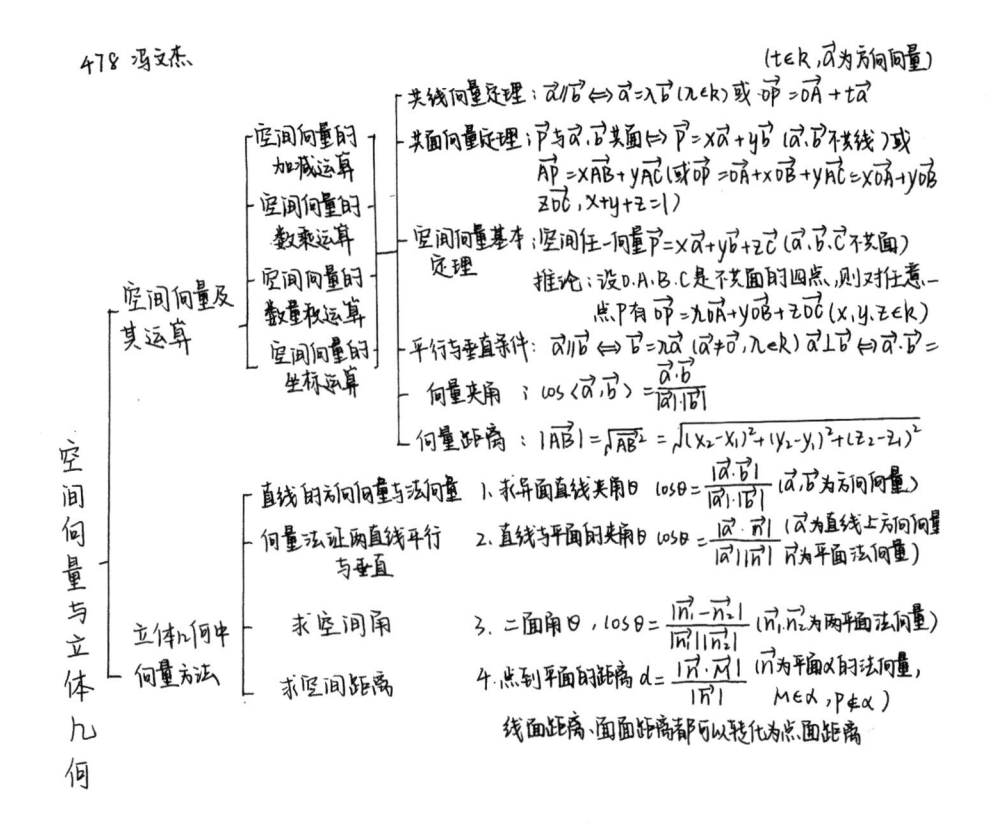

图2 学生感知图

（二）课中建构

本部分主要是思维导图课堂重构模式中的课堂五环节，引导学生完成本节课的学习任务并对学习效果进行评价。

1. 学习目标（预设2分钟，实际用时2分钟）

教师活动：指导学生明确学习目标。

学生活动：浏览目标，明确方向。

具体实施：教师念量规，学生会的打"√"，不会的用"?"做标记。让学生学会思辨、质疑，从而提高听课质量。

2. 小组讨论（预设10分钟，实际用时12分钟）

教师活动：组织学生进行小组交流。

学生活动：组内交流，自构、互构、重构。

具体实施：组内交流讨论，答疑解惑。

（1）依据量规记忆、理解部分自评结果，两人相互交流感知图和课前导学图中思、拓的问题，各自完善感知图。（红笔）

（2）两人组未解决的问题由多人组再次讨论解惑，再次完善感知图。（红笔）仍有疑问的问题做好记录并由组长贴在黑板上，待全班讨论时解决。

其中第三组、五组、七组、八组的组长把问题做好记录贴到黑板问题栏上，主要有：基底法与坐标法的使用原理与条件是什么？章末复习检测题第13题如何解答？

（3）没有问题的小组，领取核心问题条。（其中优生组第一组、二组的同学领取了核心问题条）

核心问题条：

已知矩形 $ABCD$，$AB=20$，$BC=15$，沿对角线 AC 将 $\triangle ABC$ 折起，使得 $BD=\sqrt{481}$，则二面角 $B-AC-D$ 的大小是 _____。

3. 全班交流（预设15分钟，实际用时20分钟）

教师活动：引导全班交流。

学生活动：全班交流，深入探讨。

具体实施：依据量规运用、分析、评估部分完成学习，生成《空间向量与立体几何》的精细图。

（1）小组派代表领取问题，帮助其他小组帮助，由提出问题的小组成员复述。

第二组、七组代表段鹏举提出问题：基底法与坐标法的使用原理与条件是什么？杨文萱同学上台解答：基底法就是选择三个不共面的向量，空间中其他的向量都能用它们表示，坐标法就是用坐标表示其他向量。教师提问：其他同学有补充吗？朱鑫尧同学上台补充：基底法的使用原理是空间向量基本定理，若存在三个不共面的向量 a，b，c，那么对于空间中任一 p，存在唯一有序实数组 $\{x, y, z\}$，使得 $p=xa+yb+zc$. 坐标法是基底法的代数表达形式，使用原理相同；基底法适用于任何题目，而坐标法更适用于能够建立两两相互垂直的空间直角坐标系，所求坐标比较好求的情况下。

教师点拨：先评价杨文萱的回答不太完整，表扬朱鑫尧的回答完整准确，掌声鼓励两位同学。

最后由提出问题的第二、七组代表复述答案。

所有同学复述并完善感知图。

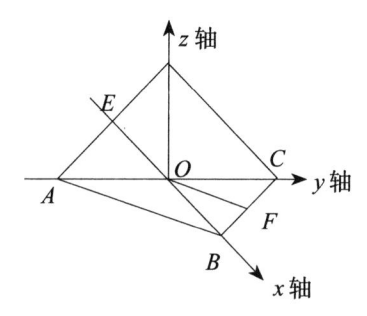

第五组、八组领取问题：章末复习检测题第 13 题如何解答？耿佳爽同学上台解答：

如图，连接 OB，OD，则 $OD \perp AC$，$OB \perp AC$.

$\because$ 二面角 $D\text{-}AC\text{-}B$ 为直二面角 $\therefore OD \perp OB$

以 O 为坐标原点，OB，OC，OD 所在直线分别为 x 轴，y 轴，z 轴建立空间直角坐标系。

设原正方形边长为 1，则 $A\left(0, -\dfrac{\sqrt{2}}{2}, 0\right)$, $B\left(\dfrac{\sqrt{2}}{2}, 0, 0\right)$, $C\left(0, \dfrac{\sqrt{2}}{2}, 0\right)$, $D\left(0, 0, \dfrac{\sqrt{2}}{2}\right)$

$\because$ 点 E，F 分别为 AD，BC 的中点，$\therefore E\left(0, \dfrac{\sqrt{2}}{4}, \dfrac{\sqrt{2}}{4}\right)$, $F\left(\dfrac{\sqrt{2}}{4}, \dfrac{\sqrt{2}}{4}, 0\right)$

$\therefore \overrightarrow{OE}=\left(0, \dfrac{\sqrt{2}}{4}, \dfrac{\sqrt{2}}{4}\right)$, $\overrightarrow{OF}=\left(\dfrac{\sqrt{2}}{4}, \dfrac{\sqrt{2}}{4}, 0\right)$, $|\overrightarrow{OE}|=\dfrac{1}{2}$, $|\overrightarrow{OF}|=\dfrac{1}{2}$

$\therefore \cos <EOF> = \dfrac{\overrightarrow{OE} \cdot \overrightarrow{OF}}{|\overrightarrow{OE}||\overrightarrow{OF}|} = -\dfrac{1}{2}$, $\therefore <EOF = 120°$

教师点评：耿佳爽同学回答完整准确，掌声鼓励。

由提出问题的第五组、八组同学复述解题思路。

（2）领取核心问题条的小组讨论后，派两名同学上台解答。

第一组王一泽上台解答：过点 D，B 分别做 $DE \perp AC$，$BF \perp AC$，则二面角 B-AC-D 即为 $<\overrightarrow{ED}, \overrightarrow{FB}>$。

由 $AB=20$，$BC=15$ 可求 $AC=25$，$DE=BF=12$，在 $Rt\triangle DEC$ 中，可求 $CE=16$，在 $Rt\triangle BCF$ 中，可求 $CF=9$，$\therefore EF=7$。

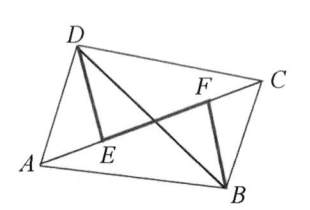

以 $\{\overrightarrow{DE}, \overrightarrow{EF}, \overrightarrow{FB}\}$ 为一组基底，则 $\overrightarrow{DB} = \overrightarrow{DE} + \overrightarrow{EF} + \overrightarrow{FB}$，$= (\overrightarrow{DB})^2 = (\overrightarrow{DE} + \overrightarrow{EF} + \overrightarrow{FB})^2$，$481=144+49+144+2\times 12 \times 12 \times cos<\overrightarrow{ED}, \overrightarrow{FB}>$。

$\therefore cos<\overrightarrow{ED}, \overrightarrow{FB}> - \dfrac{1}{2}$，$\therefore$ 二面角 B-AC-D 的平面角为 $120°$。

回答完毕后全班师生给予王一泽同学热烈的掌声。

教师点评：王一泽同学的回答非常漂亮。

全班组内相互复述，全班同学再次完善感知图生成精细图。

（3）教师向学生们展示精细图。

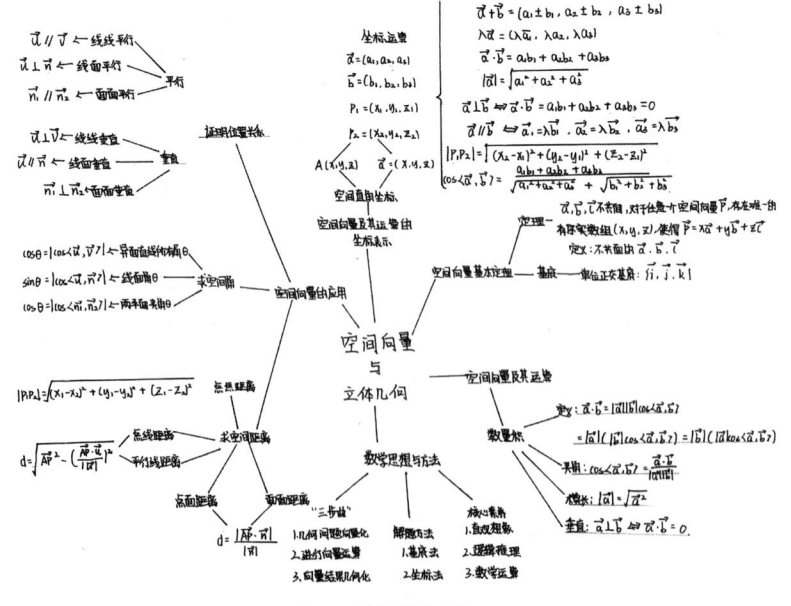

图3 教师精细图

4. 凝练小结（预设 8 分钟，实际用时 12 分钟）

教师活动： 指导学生凝练提升。

学生活动： 反思总结，凝练建构。

具体实施： 建构《空间向量与立体几何》凝练图

学生用 5 分钟的时间自主建构，教师从内容的准确性、完整性和图形的美观性等角度精选出优秀的凝练图并展示。

教师利用多媒体展示凝练图并进行小结。

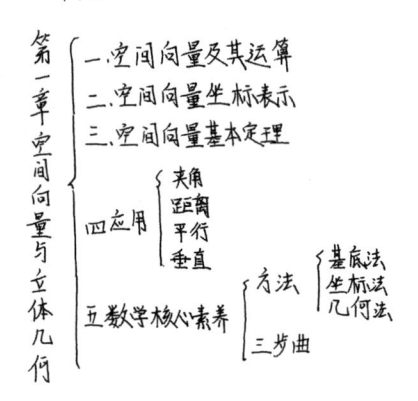

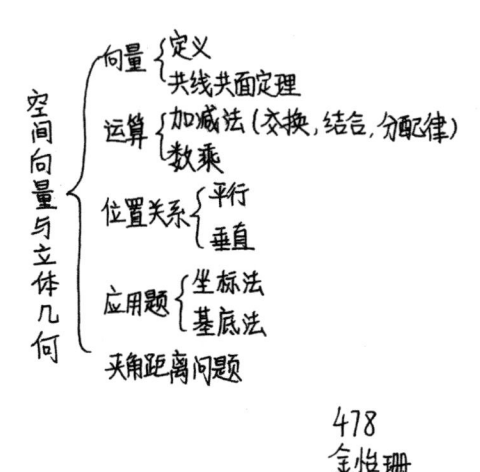

图 4　学生凝练图

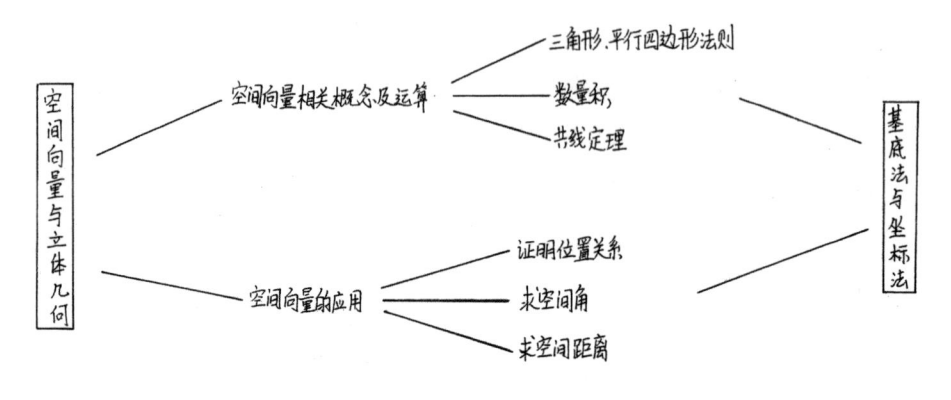

图 5　教师凝练图

5. 巩固提升（预设 8 分钟）

教师活动：指导学生评估学习效果。

学生活动：训练反馈，对标再评。

具体实施：完成课堂小测，最后拿出量规，再次评价。

课堂小测：多媒体展示问题。

学生自主解答生成答案，小组讨论完善。

王一凡同学上台解答：如下图，建立空间直角坐标系，则 $A(0,0,0)$，$B(2,0,0)$，$C(0,2,0)$，$B_1(2,0,3)$，$A_1(0,0,3)$，$P\left(1,1,\dfrac{3}{2}\right)$

设 $Q(m,m,3)$，$M(1,m,2)$

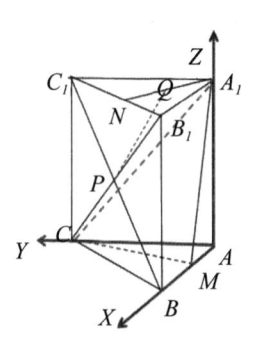

∴ $\overrightarrow{PQ}=\left(m-1,m-1,\dfrac{3}{2}\right)$，$\overrightarrow{MC}=(-1,2,0)$，$\overrightarrow{CA_1}=(0,-2,3)$

设面 A_1CM 的法向量 $n=(x,y,z)$，则有 $n\cdot\overrightarrow{MC}=0$，$n\cdot\overrightarrow{CA_1}=0$

故 $\begin{cases}-x_1+2y_1=0\\-2y_1+3z_1=0\end{cases}$ 令 $z_1=2$，则 $=n(6,3,2)$

若 $PQ\parallel$ 面 A_1CM，则 $\overrightarrow{PQ}\cdot n=0$

∴ $6(m-1)+3(m-1)+3=0$，∴ $m=\dfrac{2}{3}$ ∴ $Q\left(\dfrac{2}{3},\dfrac{2}{3},3\right)$

则 Q 为 A_1N 上的三等分点（靠近 N）

教师点拨：王一凡同学思路基本完整、书写规范，掌声鼓励。

全班组内相互复述，最后量规再评。

三、案例反思

通过运用这种新教学模式进行深入学习，教学案例的精心设计、反复打磨，最后在高二 478 班进行了课堂教学重构的展示，其间有收获和惊喜，亦有不足和遗憾。

（一）学生的反思

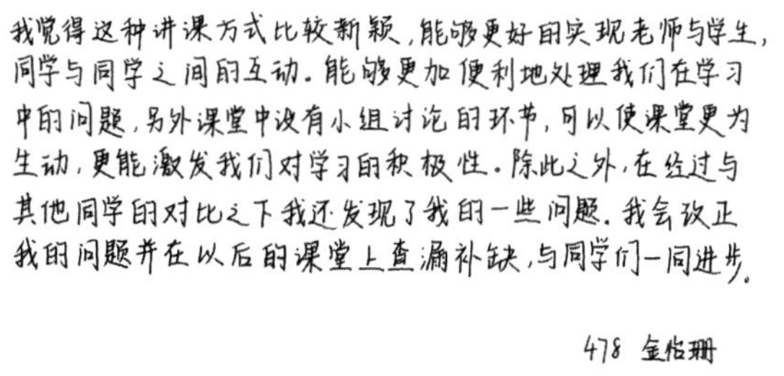

> 我觉得这种讲课方式比较新颖，能够更好地实现老师与学生，同学与同学之间的互动。能够更加便利地处理我们在学习中的问题，另外课堂中设有小组讨论的环节，可以使课堂更为生动，更能激发我们对学习的积极性。除此之外，在经过与其他同学的对比之下我还发现了我的一些问题。我会改正我的问题并在以后的课堂上查漏补缺，与同学们一同进步。
>
> 478 金怡珊

图 6　学生的反思

（二）教师的反思

1. 教师的收获

（1）教师的专业素养和教育理念得以提升

该教学模式符合现代先进的教育理念，转变传统的以教师为中心的教学模式，使教师由知识和技能的传授者成为学生发展的引导者。

课中五环节的生生交流、师生互动、相互建构，使学生充分发挥创造性思维，碰撞出智慧的火花。它不仅是一种教学活动方式，更是一种教育情境和精神氛围，使学生自觉地担负起学习的责任，成为课堂的主人。

（2）因材施教做到实处

此教学模式根据学生的个体差异性合理安排教学内容，使不同层次学生都能得到相应的进步，尤其是给优生更多的发展空间，真正做到因材施教，如：

依据量规的两次自我评价，问题栏中各种疑难问题的提出和领取，核心问题的领取和解答。

2. 有待提升之处

首先，时间不充足，一堂课50分钟上下来还是觉得紧张，个别问题解决得还不够透彻，因此在各个环节的时间设置要更合理，做好预设。其次，备课环节应该更加充分，以前只是注重如何备教材，但是在课堂重构中，每一个学生都参与其中，应该给他们更多的发挥空间，而不是几个人的发言。所以备课过程中也要充分备学生，给更多学生发挥的空间。学生能够发现问题非常可贵，但是能够从合理的角度以恰当的方式加以阐述，还是一个有待提升的过程。最后，课堂重构让学生有更多自主性，但是同时给教师提出了更高的要求，要求教师不光要吃透教材，在设置问题方面，更要多考虑如何有效落实核心素养的理念，如何提升学生的思维发展、提高鉴赏能力，将课堂延伸到课外，与生活实际相联系，与立德树人的教育理念相契合，这是在以后的教学中应该多侧重思考的问题。

3. 改进建议

课堂重构模式难度较大，建议备课组全体成员共同参与、各尽所能，充分发挥集体智慧，使教学环节更细致和全面，不仅要生生互构，师生互构，还要有教师与教师之间的相互建构，在提升教师整体业务水平和专业素质的同时，能够更好地为教学服务。

《世界的物质性》课例

马海莲　赵同　杨欢

引言

《世界的物质性》是高中政治人教版必修4《哲学与文化》第一单元第二课的内容，属于高考高频考点。世界的物质性是学习马克思主义哲学的基础，此部分属于唯物论范畴，论证了世界物质性原理的合理性，以及物质决定意识的原理。对于上承唯物主义观，下启辩证法以及历史唯物主义，有着重要的作用。

一、案例背景

（一）学情分析

本部分内容属于高二上学期的课程，通过一年多的高中政治学习，学生能够对政治材料做简单的分析，具备了一定的理解、分析问题的能力。但大部分同学缺乏对生活的思考，且这部分知识的理论性、抽象性相对较强，学生无从下手。所以我们用学生熟悉的日常生活为例做分析，让学生更好地理解和应用。

（二）教学内容

本案例我们选取了必修4《哲学与文化》，运用基于广义思维导图课堂教学重构"三图六构五环节"教学模式，以身边的日常生活为例进行课堂重构。

（三）教学目标

1. 通过自主预习，识记物质的定义。

2. 通过互动探究，正确理解世界的真正统一性在于它的物质性。

3. 通过互动探究，学会运用马克思主义科学的物质观分析宇宙间的一切事物和现象，正确认识世界的本质。

4. 通过本课时的学习，坚定地树立马克思主义的辩证唯物主义科学的物质观，鲜明地反对上帝或神灵创世说。

科学精神：物质的唯一特性是客观实在性，世界的真正统一性在于它的物质性；承认世界的物质性，反对神灵创世说。

公共参与：尊重自然，保护环境。

政治认同：坚持马克思主义的指导，树立科学的世界观、人生观和价值观。

（四）教学思路分析

本节课以思维导图为抓手进行课堂重构。首先，为达到充分的自学效果，让学生结合课前导学图有目标地预习并绘制感知图。其次，教学过程中，教师以课中五环节为思路引导学生通过对感知图、精细图、凝练图的自构和互构，进行课堂小测完成本节课的学习任务。最后，利用量规再次对学习效果进行自评。

二、教学过程

（一）课前自学

结合教师制作的课前导学图和量规，学生进行充分的课前预习并独立完成感知图。

表1 课堂学习目标量规

_____课堂学习目标量规（自评）						
班级_____ 姓名_____						
学习目标		达成评价			
		A 独立完成	B 经同伴帮助完成	C 经教师点拨完成	D 未完成（未完成的关键问题）
记忆	回顾：唯物主义的概念				
	再认识：物质的含义，世界的真正统一性在于它的物质性				
理解	解释：如何理解哲学上的物质概念，唯一特性				
	举例：举例说明物质和具体物质形态的区别				
	推论：有人脑就一定有意识吗？				

续表

学习目标		达成评价			
		A 独立 完成	B 经同伴帮 助完成	C 经教师点 拨完成	D 未完成（未完 成的关键问题）
理解	比较：客观存在和客观实在的区别				
	说明：意识是物质世界长期发展的产物				
运用	执行：从自然界，人类社会，意识产生 理解世界的物质性				
	结构化：绘制《世界的物质性》的感知 图				
	解构：从自然界，人类社会，意识产生 理解世界的物质性				
评估	辩证：总结世界的物质性原理及方法论				
	建构：绘制《世界的物质性》的凝练图				
其他（根据学科特点增设的项目，没有可不填）					

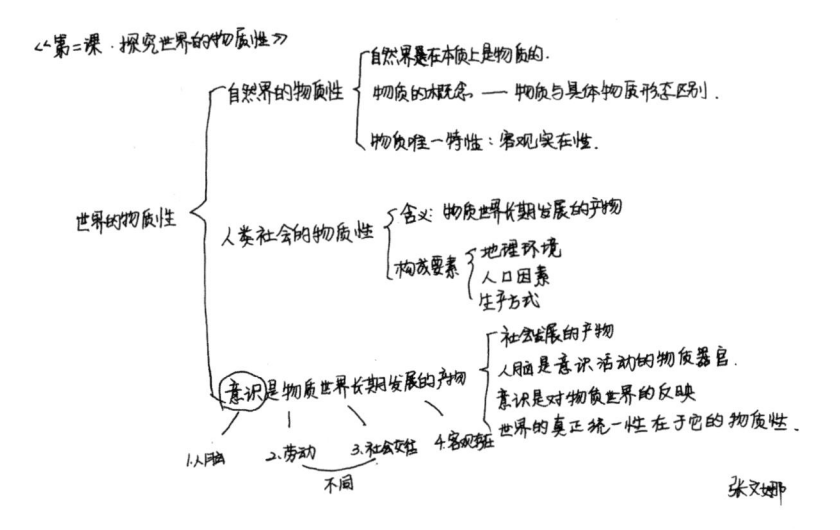

图 1　学生感知图

（二）课中建构

本部分主要是思维导图课堂重构模式中的课堂五环节，引导学生完成本节课的学习任务并对学习效果进行评价。

1. 学习目标（预设 2 分钟，实际用时 2 分钟）

教师活动：指导学生明确学习目标。

学生活动：浏览目标，明确方向。

具体实施：教师念量规，学生会的打"√"，不会的用"？"做标记。让学生学会思辨、质疑，从而提高听课质量。

2. 小组讨论（预设 10 分钟，实际用时 10 分钟）

教师活动：组织学生进行小组交流。

学生活动：组内交流，自构、互构、重构。

具体实施：组内交流讨论，答疑解惑。

（1）依据量规记忆、理解部分自评结果，四人相互交流感知图和课前导学图中思、拓的问题，各自完善感知图。（红笔）

（2）四人组未解决的问题做好记录并由组长贴在黑板上，待全班讨论时解决。

其中第三组、五组、七组、八组、九组的组长把问题做好记录贴到黑板问题栏上，主要有：社会存在和社会实在有什么区别？物质和具体物质有什么区别？第九组李瑞泽同学提出了是不是只要有人脑就一定会产生意识？这是对意识产生条件做的深度思考和追问，与我核心问题条上的第一个问题相似。

（3）没有问题的小组，领取核心问题条。（其中优生组第一组、六组的同学领取了核心问题条）

核心问题条：

①狼孩有意识吗？为什么？

②错误的意识是人脑对客观存在的反映吗？

③意识的内容和形式都是客观的吗？

3. 全班交流（预设 15 分钟，实际用时 20 分钟）

教师活动：引导全班交流。

学生活动：全班交流，深入探讨。

具体实施：依据量规运用、分析、评估部分完成学习，生成《世界的物质性》

的精细图。

（1）小组派代表领取问题，帮助其他小组解决，由提出问题的小组成员复述。

第二组领取的问题：社会存在和社会实在有什么区别？孙灿灿同学上台解答：社会实在是对世界万事万物和现象的共同特征的抽象和概括。相对于意识来说，它是第一性的东西，不包括精神意识层面。社会存在是不管人们喜不喜欢，承认不承认，它都不依赖人的意识而实实在在地存在着。

教师肯定其答案。掌声鼓励。

由提出问题的第三、五组、七组代表复述答案。

所有同学完善感知图。

第一组领取的问题：物质和具体物质有什么区别？刘大为同学上台解答：物质和具体物质的关系是共性和个性的关系，是对具体物质的概括和总结。并且刘大为同学现场发挥，以孙灿灿花季少女、政治老师青年女性为个性，女人是其共性，再联系生活中的一些具体物品来解释。其幽默的语言为课堂掀起了一个小高潮。

教师点评：刘大为同学回答完整准确，掌声鼓励。

由提出问题的第三组、五组、七组同学复述。

所有同学完善感知图。

第四组领取的问题：有人脑就一定会产生意识吗？李凯峰同学解答：意识产生条件包括人脑（物质器官）、实践、客观存在，缺一不可。

只有人脑不一定会产生意识。

教师点拨：肯定其回答准确性，引出核心问题条上的第一个问题，答案相同。

由提出问题的八组、九组同学复述。

所有同学完善感知图。

（2）领取核心问题条的小组讨论后，派同学上台解答。

第六组李婉萧同学解答问题：意识的内容和形式都是客观的吗？李婉萧认为意识的内容因为是客观存在，所以根据前面对社会存在的理解不难得出是客观的，但是形式对不太理解。

教师点拨：回答正确但不够完整。大家看我手里的东西（展示玩具狗）。大家回答我手上是个什么？红头白身子、三条腿、没尾巴等这都是大家对这个玩具狗的印象，是不相同的，会受到主客观条件制约，主观反映的形式不同，但是内容就是玩具狗这个客观存在。所以，意识的内容是客观的，形式是主观的。

全班组内相互复述。

全班同学再次完善感知图生成精细图。

（3）老师的精细图并展示，比较各自的优缺点。

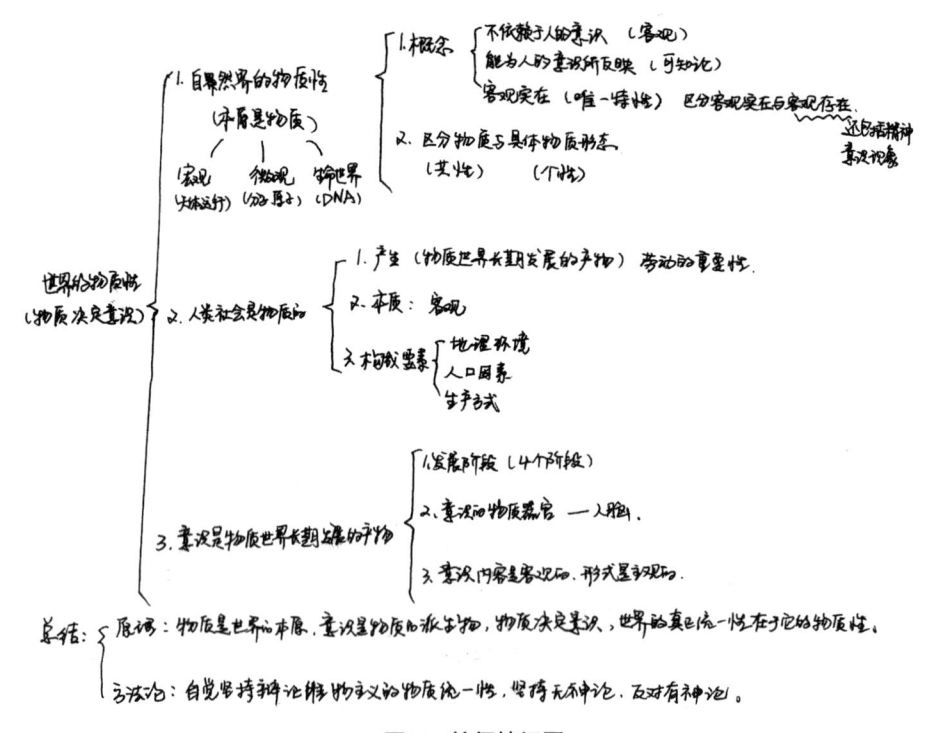

图2 教师精细图

4. 凝练小结（预设5分钟，实际用时3分钟）

教师活动：指导学生凝练提升。

学生活动：反思总结，凝练建构。

具体实施：建构《世界的物质性》凝练图

绘制世界的物质性的凝练图，学生用 5 分钟的时间自主建构，教师从内容的准确性、完整性和图形的美观性等角度精选出两幅优秀的凝练图并展示。

教师利用多媒体展示凝练图并进行小结。

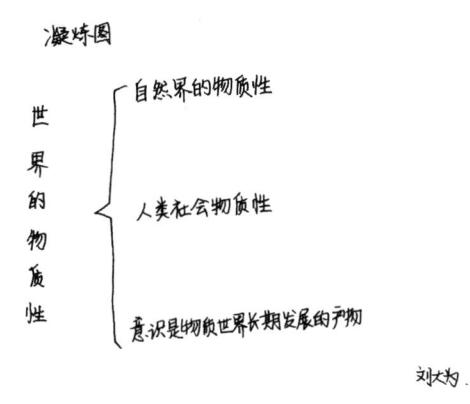

凝练图

世界的物质性
- 自然界的物质性
- 人类社会物质性
- 意识是物质世界长期发展的产物

刘大均

图 3　学生凝练图

世界的物质性
- 物质的概念、唯一特性。
- 物质与具体物质形态的区别。
- 客观存在与客观实在的区别。
- 有人脑一定有意识吗？
- 意识的形式是主观的，内容是客观的。

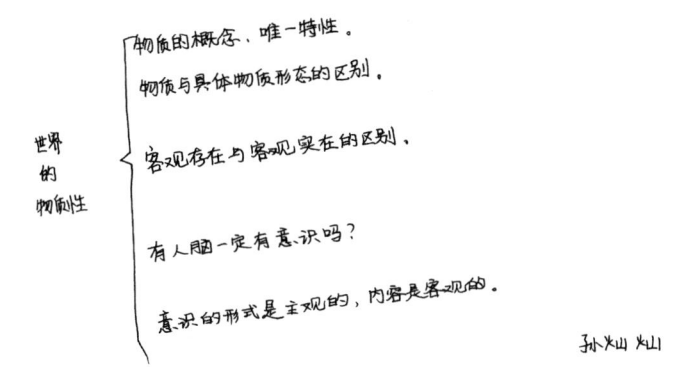

孙灿灿

图 4　学生凝练图

世界的物质性
- 自然界是物质的
- 人类社会是物质的
- 意识是物质世界长期发展的产物

图 5　教师凝练图

课堂小结：本节课我们学习了世界的物质性。本堂课分别从自然界、人类社会、意识的产生三个方面论证整个世界的物质性。因为整个世界主要是由自然界和人类社会以及精神世界三部分组成的，如果三部分都是物质的，就能得出整个世界真正统一性在于它的物质性。

5．巩固提升（预设 8 分钟，实际用时 5 分钟）

教师活动：指导学生评估学习效果。

学生活动：训练反馈，对标再评。

具体实施：完成课堂小测，最后拿出量规，再次评价。

课堂小测：多媒体展示问题。

人与自然是生命共同体，人类必须尊重自然、顺应自然、保护自然。当前，我国正在推进 14 亿人口整体迈入现代化社会，这在人类现代化历史上是前所未有的。在这一进程中，如何处理好人与自然也就是发展与保护的关系，形成人与自然和谐发展的现代化建设格局是我国亟待探索解决的问题。

绿色是生命的颜色，更是当代中国发展最鲜明的底色。《中华人民共和国国民经济和社会发展第十四个五年规划和 2035 年远景目标纲要》提出，推动绿色发展，促进人与自然和谐共生。到 2025 年，生态文明建设实现新进步，生态环境持续改善。到 2035 年，生态环境根本好转，美丽中国建设目标基本实现。"十四五"开局之年，建设美丽中国的新征程正在开启。

结合材料，运用"世界的物质统一性"原理分析我国提出"建设美丽中国"远景目标的合理性。

学生自主解答生成答案，小组讨论完善，学生代表孙灿灿主动解答：世界的真正统一性在于它的物质性，要求我们坚持辩证唯物主义的物质统一性原则，坚定无神论立场，反对一切有神论。建设美丽中国过程中要尊重自然界的客观规律，做到一切从实际出发，实事求是。人类必须尊重自然、顺应自然、保护自然。

教师点拨：孙灿灿同学把哲学主观题答题步骤彰显得很好。回答此类问题，要做到对哲学原理方法论表述准确，要符合设问范围，还要联系材料论证原理和方法论，最重要的是要落到设问解决问题，合理性要有意义作用类的表述论证，如"建设美丽中国"远景目标有利于什么。

多媒体展示答案：

（1）自然界在本质上是物质的，按自身固有的本质和规律形成和发展，人类社会的存在与发展具有客观的物质性，受客观规律的支配，人的意识本身就根源于物质。要求我们坚持唯物辩证的物质统一性原则，坚持一切从实际出发，实事求是。

（2）我国重视绿色发展，体现了国家尊重、顺应、保护自然，遵循自然界和人类社会发展的客观规律。在新时代，贯彻绿色发展理念，提出建设美丽中国目标，是对14亿人口整体迈入现代化造成环境压力的清醒认识，有利于推进我国人与自然和谐发展，顺利实现现代化。

全班组内相互复述。

最后量规再评。

三、案例反思

通过运用这种新教学模式进行深入学习，对政治学科核心素养的不断研究，教学案例的精心设计，反复打磨，最后在高二480班进行了课堂教学重构的展示，其间有收获和惊喜，亦有不足和遗憾。

（一）收获与惊喜

1. 教师的专业素养和教育理念得以提升

该教学模式符合现代先进的教育理念，转变传统的以教师为中心的教学模式，使教师由知识和技能的传授者成为学生发展的引导者。

课中五环节的生生交流、师生互动、相互建构，使学生充分发挥其主体地位，激发了学生的学习热情，提升了学生的学习能力，以及分析问题能力，如刘大为同学对物质和具体物质的区别形象生动的讲解，掀起了课堂学习小高潮，让学生在愉快的学习氛围中完成了对知识的理解。学生不再是被动的受教育者，而是主动的参与者，成了课堂的主人。

2. 因材施教做到实处

此教学模式根据学生的个体差异性合理安排教学内容，使不同层次的学生都能得到相应的进步，尤其是给优生更多的发展空间，真正做到因材施教，如：依据量规的两次自我评价，问题栏中各种疑难问题的提出和领取，核心问题的领取和解答。

3. 学生政治学科核心素养的提升

通过学习量规的完成，让学生了解世界的物质性，对客观存在和客观实在的区别使学生培养了物质的唯一特性是客观实在性，世界的真正统一性在于它的物质性；承认世界的物质性，反对神灵创世说的科学精神。课堂检测落实了公共参与，尊重自然，保护环境。最后课堂总结增强政治认同：坚持马克思主义的指导，树立科学的世界观、人生观和价值观。

（二）有待提升之处

1. 由于对课堂学生呈现的问题预设不全，导致对全班交流环节的预设时间把握不准，例如最后的课堂检测环节进行得比较仓促。一部分同学思维展不开，导致其巩固提升的效果打了折扣，一些细节处理不到位。

2. 丢落了核心问题条中的第二个问题的解决方案。

3. 由于学生第一次以这种形式上课，还是有点放不开，老师引导的相对较多，熟悉后，可以由学生自主主持其课堂环节，自己生成问题、讨论问题、解决问题，老师适时引导补充更好。

（三）改进建议

在今后的课堂教学重构的实施过程中，提出以下建议。

1. 以章、节为单位，选取合适的内容进行思维导图的课堂重构，使学生建构系统的知识体系，提升学生的政治核心素养，提高学习质量。

2. 课堂重构模式前期教师任务量大，建议备课组全体成员共同参与、各尽所能，充分发挥集体智慧，使教学环节更细致和全面，不仅要生生互构、师生互构，还要有教师与教师之间的相互建构，在提升教师整体业务水平和专业素质的同时，能够更好地为教学服务。

3. 在今后的教学过程中可以组织一些辩论赛，课堂模拟政协会等模式来丰富学生的学习生活，激发学生学习政治的热情。

《我与地坛》课例

任敏

一、案例背景

（一）教学内容分析

《我与地坛》是史铁生的散文代表作，出自统编版必修上册第七单元。史铁生的《我与地坛》追述了"我"的经历，写出了地坛这一古老的场景对"我"的意义，景物描写与对往事的回忆交织在一起，充满哲理意味，表达了作者对生命的思考和对母亲的怀念之情。

本单元是统编版必修教材中唯一的散文单元，属于学习任务群中的"文学阅读与写作"。这一任务群的主要学习目标与内容是：精读古今中外的优秀文学作品，使学生在感受形象、品味语言、体验情感的过程中提升文学欣赏能力。能根据不同文学体裁、不同的艺术表现形式，从语言、构思、形象、意蕴和情感等多个角度欣赏作品，获得审美体验，认识作品的美学价值，发现作者独特的艺术创造。

（二）学情分析

经过初中阶段的学习，学生具备了一定的知识储备，能够认真细致地观察，具备了一定的景物描写、人物形象分析的能力。为了解地坛和分析"我"的母亲打下了基础。另外，高一学生具有了一定的抽象思维能力，有助于学生理解其中的哲理和意蕴。

（三）教学目标

1. 语言建构与运用：品味文章沉静、深沉、绵密的语言特色，学习本文借景抒情、情景交融的写法。

2. 思维发展与提升：了解作者残疾后在地坛的启示下对生命产生新理解、新感悟的历程。

3. 审美鉴赏与创造：从把握文章的线索入手，理解母爱的深沉伟大和作者痛悔的心情。

4. 文化传承与理解：感悟作者由"死"到"生"的复杂情感，形成健康的生命观。体验母爱的崇高，形成正确的亲情观。

（四）教学思路

本节课以思维导图为抓手进行课堂重构。首先，让学生结合课前导学图有目标地预习并绘制感知图。其次，在教学过程中教师通过课中五环节，引导学生对感知图、精细图、凝练图进行自构和互构，接着以小练笔、制作散文MV的形式对本节课的学习进行巩固提升。最后，利用量规再次对学习效果进行自评。

二、教学过程

（一）课前自学

【设计意图】会听课的人成绩好一阵子，会自学的人成绩好一辈子。预习的过程，是主动探索的过程，在预习中可以发现并弥补自己的薄弱环节，扫清听课的障碍；在预习中可以明确本课的重点难点，让学生在学习时有的放矢。

让学生结合教师制作的课前导学图和量规，进行充分的课前预习并独立完成感知图。

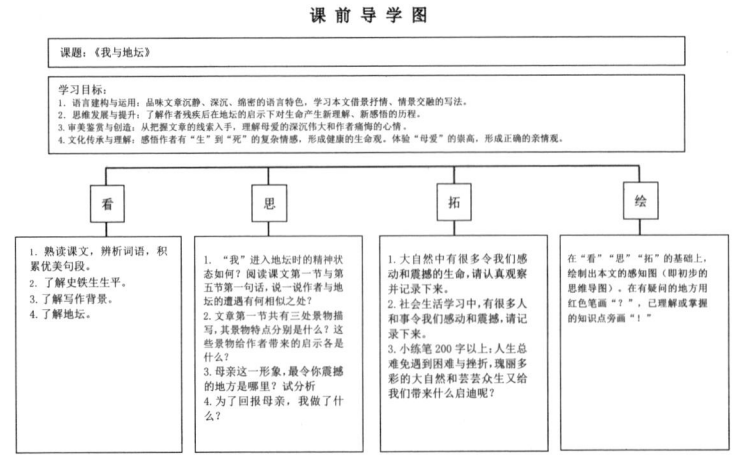

图 1　课前导学图

（二）课中学习

本部分主要是思维导图课堂重构模式中的课堂五环节，引导学生完成本节课的学习任务并对学习效果进行评价。

课前导入：人生不如意十之八九，我们总免不了苦痛。鲁迅在《呐喊》里说：痛苦不是人生的终点，而是人生的转折点。今天就让我们一起学习一位年轻人在失去双腿的苦痛中是如何抉择的。

环节一：浏览目标，明确方向

【设计意图】把一个大的目标分成若干个小目标，那你在实现的路上会充满成就感。

教师活动：指导学生关注学习目标，明确学习方向。

学生活动：对照量规进行初步的自我评判，清楚自己的认知起点、待提升处和努力方向。

具体实施：教师念量规，学生会的打"√"，不会的用"?"做标记。让学生学会思考、质疑，从而提高听课质量。

表1　课堂学习目标量规

《我与地坛》课堂学习目标量规（自评）					
班级＿＿＿＿　　姓名＿＿＿＿					
学习目标		达成评价			
^		A 独立完成	B 经同学帮助完成	C 经教师点拨完成	D 未完成（未完成的）
记忆	积累词语和优美句段。了解作者史铁生以及写作背景				
理解	作者残疾后在地坛的启示下对生命产生新感悟的历程				
^	理解母爱的深沉伟大				
运用	执行：生活中还有哪些身处逆境却顽强成长的人或物				

续表

学习目标		达成评价			
		A 独立完成	B 经同学帮助完成	C 经教师点拨完成	D 未完成(未完成的)
分析	结构化：画出《我与地坛》的感知图、精细图				
	解构：运用语言描述感知图、精细图				
评估	辩证：感悟作者由"死"到"生"的复杂情感，形成健康的生命观。体验母爱的崇高，形成正确的亲情观				
创造	假设：小练笔（200字）人生总难免遇到困难与挫折，瑰丽多彩的大自然和芸芸众生又给我们带来什么启迪呢？				
	建构：画出确定立意的凝练图				
其他（根据学科特点增设的项目，没有可不填）					

（本量规依据布鲁姆认知领域教育目标构建，具体课堂可根据需求自行调整）

环节二：小组交流，合作探究

【设计意图】五人团结一只虎，十人团结一条龙，学生就疑难问题在小组内进行交流合作探究，不但有利于倾听者解决疑难问题，也有利于促进讲解者对知识更加系统深入细致的理解，从而达到教学效果。

教师活动：组织学生进行小组交流。

学生活动：组内交流，自构、互构、重构。

具体实施：组内交流讨论，答疑解惑。

（1）依据量规记忆、理解部分自评结果，两人相互交流感知图和课前导学图中思、拓的问题，各自完善感知图。（红笔）

（2）两人组未解决的问题由四人组再次讨论解惑，再次完善感知图。（红笔）仍有疑问的问题做好记录并由组长贴在黑板上，待全班讨论时解决。

经过热烈的讨论各小组整理出的问题如下。

1. 作者的腿是怎样残疾的？

2. 文中连用六个"譬如"写古园的景物，有什么作用？

3. 第八段为何说作者总是独自跑到地坛去是给母亲出了一个难题？

（3）没有问题的小组，领取核心问题条。

环节三：全班交流，深入研讨

【设计意图】万人操弓，共射一招，招无不中。

教师活动：引导全班交流。

学生活动：全班交流，深入探讨。

具体实施：依据量规运用、分析、评估部分完成学习，生成《我与地坛》的精细图。

（1）小组派代表领取问题条，帮助其他小组解决问题，由提出问题的小组成员复述。

问题1：作者的腿是怎样残疾的？（第五组孙佳伟提出的问题）

第二组王天一同学上台解答：1971年，是史铁生高中毕业后下放陕北的第二年。那天他如常给生产队放牛，走到山里，突然天昏地暗，风沙四起，暴雨夹杂着冰雹劈头盖脸地砸了下来。回村之后，史铁生就病倒了，数日不退的高烧伴随着腰腿的剧烈疼痛折磨着他。当地医院治不好，他被送回北京友谊医院，治了一年多，还是控制不住病情。结果，史铁生从开始时还能自己一步一步走进医院，直到父亲用轮椅把他推回了家。

教师点拨：先肯定了王天一对作者了解的深入细致。后引领更多的学生了解史铁生生平，了解到史铁生曾经是运动健将，是跨栏高手，做一名专业运动员一度是他的梦想。从而更深刻地感受史铁生失去双腿后的痛苦。

问题2：文中连用六个"譬如"写古园的景物，有什么作用？（第四组陈鑫慧提出的问题）

第三组王宇航上台回答：连用六个"譬如"写古园的景物，六个"譬如"构成排比，从视觉、听觉和嗅觉的角度，从夕阳的灿烂、雨燕的高歌、孩子的脚印、苍黑的古柏、暴雨中的草木和泥土的气味，写到秋风里落叶的味道，博大与细微、沉静与轻盈、古老与年轻，都显示了生命的激情，处处洋溢着生命的律动。

教师点拨：人的生命又何尝不是如此！地坛给了作者一个生命的启示：生

命的力量和永恒。

问题3：第八段为何说作者总是独自跑到地坛去是给母亲出了一个难题？（第六组槐萌提出的问题）

第一组甄齐同学上台解答：她知道"我"心里的苦闷，知道不该阻止"我"出去走走，知道"我"要是老待在家里，结果会更糟，但她又担心"我"一个人在荒僻的园子里会自杀。她不但要想儿子今后的人生道路该怎样走，还要随时准备接受儿子自杀的噩耗。所以说这是一个难题。

教师点评：认识到了作者和母亲的痛苦，掌声鼓励。

（2）领取核心问题条的小组讨论后，派两名同学上台解答。

核心问题一：叙述作者残疾后在地坛的启示下对生命产生新理解、新感悟的历程。

引导学生在问题2的基础上感悟。

地坛"荒芜冷落"的具体景象：琉璃剥蚀，朱红淡褪，高墙坍圮，雕栏散落，但无法掩盖的是它的生气与活力。老柏苍幽，野草荒藤茂盛得自在坦荡。正是这些吸引了作者，使作者走进了地坛。

置身其中，作者看到了许多有生命的东西。蜂儿稳停，蚂蚁疾行，瓢虫升空，露水滚动、聚集，摔开万道金光。满园草木竞相生长，片刻不息。印证了"荒芜并不衰败"。作者终于明白了：生，是无可辩驳的事实；死，是不必急于求成的。

至于如何活的问题也将会在地坛的万千景象中找到答案。六个譬如：落日灿烂，雨燕高歌，脚印猜想，古柏永站，气味想起，播散味道。让人明白人生要靠自己去悟去品才能明了。

核心问题二：母亲这一形象，最令你震撼的地方是哪里？

引导学生在问题3的基础上深入分析人物。

第七组谢慧婷：如第二节中，写母亲无言地帮"我"准备，又目送"我"去地坛时，连用了五个"知道"和一个"不知道"，体现了母亲对"我"的理解和深爱，"无言"二字包含着浓浓的爱意，一切尽在不言中。

第五组李茵畅：开头这个细节很感人。（读）"有一回我摇车出了小院，想起一件什么事又反身回来,看见母亲仍站在原地,还是送我走时的姿势,望着我拐出小院去的那处墙角,对我的回来竟一时没有反应。""仍"表示站的时间长。"仍"字体现母亲对"我"去地坛不放心,还在出神地想事,对"我"的回来竟一时没有反应。一个"仍"字,我们可以看出母爱就是一份牵挂,一种担忧。这一细节看似平淡,可在这平淡当中蕴含着的是浓浓的爱意。

第五组槐萌:母亲爱"我",还体现在常常到地坛找"我"。

母亲因担心"我"到地坛去会做傻事,怕"我"自杀,虽然母亲在家已做了最坏的打算,但总是要担心的,所以要找嘛。怎么找?就是悄悄地找,不让"我"知道。找到了就悄悄、缓缓地离开,找不到就"四处张望""端着眼镜像在寻找海上的一条船""步履茫然又急迫"。

教师引导:母亲为什么不让"我"知道她在找"我"?因为母亲理解儿子,一方面担心儿子,另一方面又要顾及儿子的自尊心,不能伤了儿子。母亲懂得儿子的心理,可儿子在那时却不能体谅、回应母亲的心。有一回,"我"还故意不让母亲找到"我"。多年后,我听见两个散步的老人说"真没想到这园子有这么大"时,头一次意识到"这园中不单是处处都有过我的车辙,有过我的车辙的地方也都有过母亲的脚印"。

教师引导总结:

1. 母亲帮"我"上地坛:无言目送。
2. 母亲在家担忧"我":坐卧难宁。
3. 母亲到地坛找"我":悄悄缓缓。

"我"所承受的,是"我"自己的不幸;母亲不但要承受"我"的痛苦,还要承受不能将这种痛苦现于形色的痛苦。她不但要想儿子今后的人生道路该怎样走,还要随时准备接受儿子自杀的噩耗。因此,作者说"这样一个母亲,注定是活得最苦的母亲"。

全班组内相互复述。

(3)老师自己的作品展示。

《我与地坛》

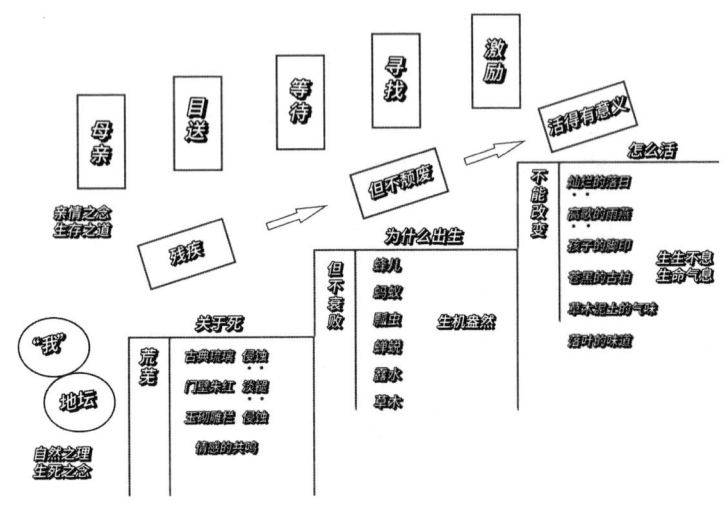

图 2　教师精细图

环节四：凝练小结，反思提升

【设计意图】举网以纲，千目皆张，振裘持领万毛自整。

教师活动：指导学生凝练提升。

学生活动：反思总结，凝练建构。

具体实施：建构《我与地坛》凝练图。

绘制《我的地坛》凝练图，学生用5分钟的时间自主建构，教师从内容的准确性、完整性和图形的形象性等角度精选出三幅优秀的凝练图与教师凝练图进行比拼。

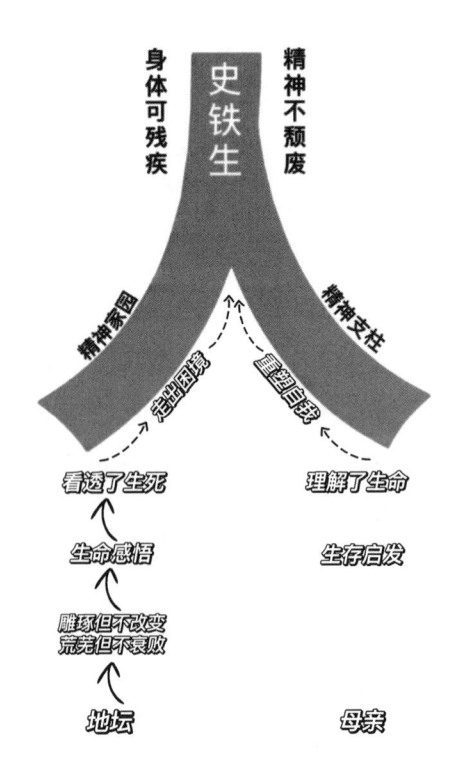

图 3　教师凝练图

学生1
凝练图

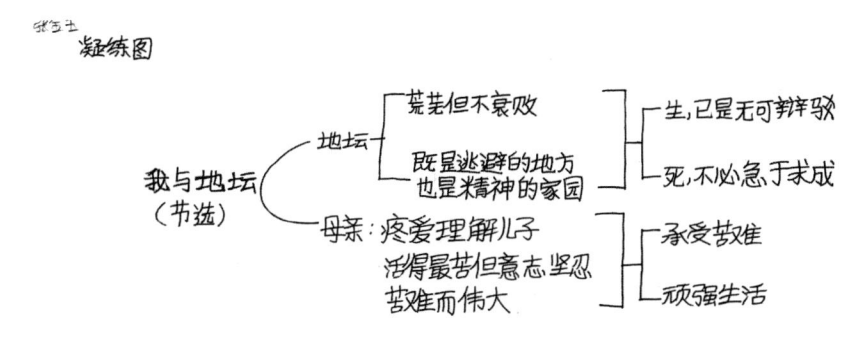

我与地坛（节选）
- 地坛
  - 荒芜但不衰败 — 生，已是无可辩驳
  - 既是逃避的地方也是精神的家园 — 死，不必急于求成
- 母亲：疼爱理解儿子 活得最苦但意志坚忍 苦难而伟大
  - 承受苦难
  - 顽强生活

图 4　学生凝练图

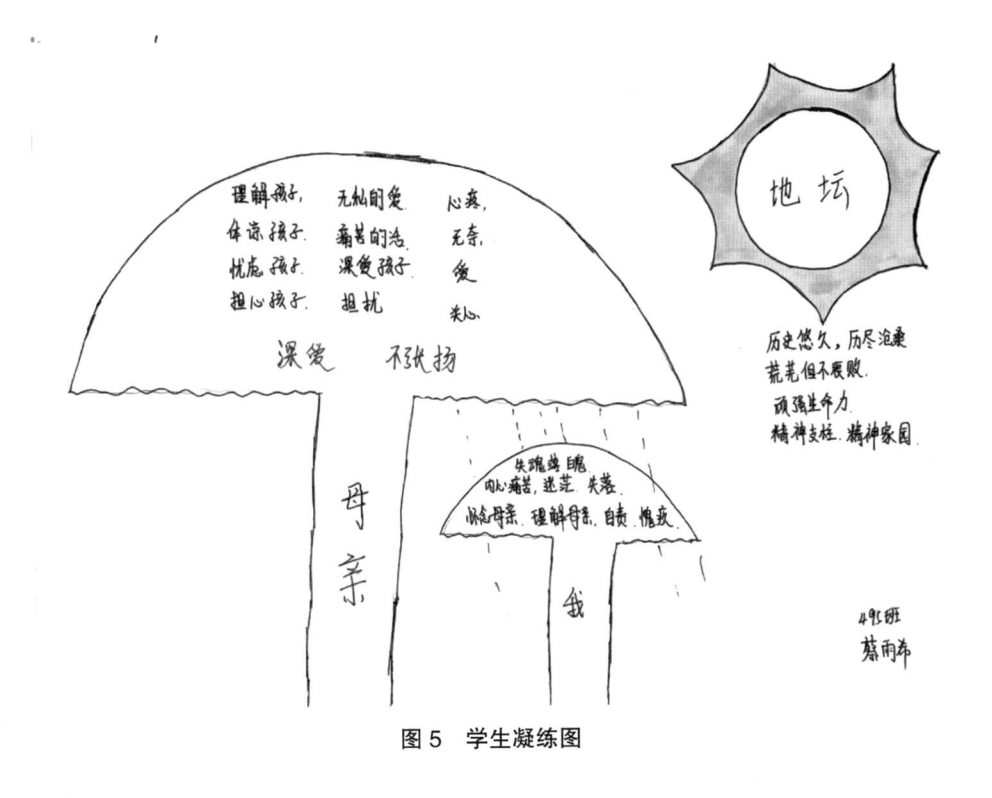

母亲：理解孩子、体谅孩子、忧虑孩子、担心孩子、无私的爱、痛苦的活、疼爱孩子、担忧、心疼、无奈、爱、关心　溺爱　不张扬

我：失魂落魄、内心痛苦、迷茫、失落、怀念母亲、理解母亲、自责、愧疚

地坛：历史悠久，历尽沧桑 荒芜但不衰败。顽强生命力。精神支柱，精神家园。

495班
慕雨霏

图 5　学生凝练图

图6 学生凝练图

课堂小结：作者以自己的经历为基础，叙述了自己多年来在地坛沉思流连所观察到的人生百态和对命运的感悟，讲述了人应该怎样看待生命中的苦难。文中母亲与地坛融为一体，地坛是"我"虚化了的母亲，母亲是"我"心中永远的地坛。文章借地坛抒发了作者关于生命、生存等问题的哲思，表达了对母亲无尽的思念。

环节五：效果检测，回扣目标

【设计意图】博学而不穷，笃行而不倦。操千曲而后晓声，观千剑而后识器。通过课后小练笔的形式，巩固本文借景抒情、情景交融的写法。发展和提升思维，对生命产生新的理解、新的感悟，回扣教学目标。

小练笔内容与要求：人生总难免遇到困难与挫折，回忆当你遇到的困苦的时候，瑰丽多彩的大自然和芸芸众生又给我们带来什么启迪呢？

（请在6分钟内完成200字左右的小片段）

经过小组评选，同学们的优秀作品在班内进行了展示。

小练笔一：

高中生的困难无非就是函数这座大山了，它令我们着迷，它又让我们从这里摔倒。它总是让我们捉摸不透，像是在诠释它美丽的同时不忘给我们保留神秘感。我在这美丽的函数面前伤坏了脑细胞。我常常在这里苦恼。每当我走在学校的小花园：寂静的光辉平铺的那一刻，仿佛每一个坎坷都被映照得灿烂；掉落在地上的毛毛虫，它们在躲避着我们庞然大物的脚丫，坚强地等待成蝶的双翅；败落的花儿，被风吹打着，也不忘把最后的美丽留下，将芳香传递。衰败的落日，泥泞的沟坎也是如此壮丽！我这点挫折又算得了什么？（作者：李双）

小练笔二：

人生在世，难免会与朋友闹出一点小小的矛盾，重要的是无论何时都要保持一颗宽容的心，我跟我的好朋友也有过分歧，当时我并不了解什么是宽容，我只认同我自己的观点，丝毫不接纳别人的想法，可后来我才发现这种行为是不可取的。正是天空宽容了云朵，才有烂漫的云霞；大海宽容了波浪，才有涌动的浪花；草地宽容了花种，才有美丽的鲜花。我便尝试站在他人的角度上看问题，不再那么绝对，不再那么自私，不再那么小气。人与人之间，多一分宽容、少一分计较，生活才会充满真诚和欢笑。（作者：边庚浩）

小练笔三：

有时，我会感受到自己渺小、无用，自己没有存在感，也不优秀。可是在那片草地上那棵大树下，忙忙碌碌地寻找宝藏的小蚂蚁，它们小小的身躯，但汇聚起了大大的能量。脆弱的、新鲜的小草，毫不吝啬地展示它们的舞姿，自信地、自由自在地在风中摇曳着。看茫茫林海中，我背后倚靠的这棵老树，几十年坚定不移、默默无闻，它不会表现自己却给人们荫庇。它们正和我们一样渺小、脆弱，在芸芸众生中没什么特殊的，可是世界上也不能没有这些小生命的存在。这样的小生命，我这样的人也一定有存在的意义。（作者：李姿莹）

课后活动提升：制作散文 MV

在本单元写景散文选择一段优美的文字，制作成有配乐、插图的朗诵视频，评选班级"媒介小达人"

评价项目（要求）	优 秀	良 好	合 格
文本选择（典型性）			
朗读情感（充沛）			
插图（准确性）			
配乐（协调性）			

最后量规再评。

三、案例反思

（1）课堂有限，生活无限，大自然中有很多令我们感动和震撼的生命，我要启发孩子们认真观察并记录下来。社会生活学习中，有很多人和事令我们感动和震撼，我要引领孩子们去感悟理解。让孩子们学会面对挫折和打击，要学会坚强、学会勇敢。珍爱生命、看重生命，不要承受不住时就想到以死亡来解脱。生，是我们每个人所需要承担的义务，苦难同样需要人承担。改变不了现实，那就改变自己，换一种心境，优雅面对现实。

（2）"不愤不启，不悱不发"是大教育家孔子论述启发式教学的重要名言，即学生如果不是经过冥思苦想而又想不通时，就不去启发他；如果不是经过思考并有所体会，想说却说不出来时，就不去开导他。在本课的教学中我充分地落实了孔子的这一教学思想：在预习阶段，学生在课前导学图的引导下看、思、拓、绘，充分调动了学生的学习积极性，引导他们独立思考、主动探索。在小组活动中学生就疑难问题在小组内进行交流合作探究，不但有利于倾听者解决疑难问题，也有利于促进讲解者对知识更加系统深入细致的理解，从而达到教学效果。班级交流中同学们的疑难问题和核心问题条的解决过程，就是典型的启发过程，就是孔子所强调的"愤"后"启"，"悱"后"发"。这时候同学的热心解答，教师的适机的点拨评改就如久旱后的甘霖滋润学生如饥似渴的心田。这样生动活泼的学习，让学生自觉地掌握了知识锻炼了技能，并提升了自己的能力。

（3）感知图和精细图的建立有利于同学们对其所思考的问题进行全方位和系统的描述与分析，让同学们对所研究的问题进行了深刻的和富有创造性的思考，系统地理清了作者残疾后在地坛的启示下对生命产生新理解、新感悟的历程。凝练图的绘制更是激发了同学们的丰富的想象力和联想力，他们把哲学层面的许多思考方式毫无障碍地表现出来，将抽象的母亲对"我"的影响比喻成了太阳、大伞。将地坛和母亲比喻成两个支撑。孙佳伟同学还将地坛对"我"的影响化成了根。同学们的精彩表现，让我感受到了思维导图的巨大魅力。

《专制时代晚期的政治形态》教学案例

田娜　杨燕

一、案例背景

（一）教学内容分析

本课是人教版高中历史必修一专题一第四课，包含四部分内容：明清时期加强君主专制的措施、明清时期加强中央集权的措施、清朝的边疆政策、专制主义中央集权制度对中国社会的影响。教学重点是明清时期加强君主专制的措施以及专制主义中央集权制度对中国社会的影响。这些内容在中国政治制度史上具有重要地位。同时，本课的学习也是对本专题的总结，学好本课利于从整体上把握中国古代政治制度的成就和消极影响。

（二）学情分析

本课的教学对象是高一学生。通过以往观看的影视剧，学生对本课内容有比较模糊但不太深入的了解，因而对明朝内阁、清朝军机处的职能理解上有一定难度，需要老师进一步引导。但学生通过以往的历史学习，已经初步掌握了历史学习的基本思路，具备一定的分析历史问题的能力。

（三）学习目标

了解明朝内阁、清朝军机处设置的史实，认识到这是中国专制时代晚期政治形态的新变化。

通过对明清皇权与以往各朝代皇权不同特征的比较，认识中国古代君主专制制度发展的趋势和对中国古代社会的影响。

通过对清朝边疆政策的了解，认识到正确处理边疆民族关系对巩固统一多民族国家的重要意义。

通过对中国古代政治制度发展历史的综合，锻炼对长时段的历史现象和历史特征进行概括的能力。

通过本课的学习,认识到制度建设和制度创新对国家稳定、发展的重要性;体会明清君主专制制度的强化,有助于统一的多民族国家的巩固,但君主专制制度的积弊也是造成中国近代落后的重要原因,初步形成正确的历史观。

(四)教学思路

本课教学重点阐释四方面问题。第一个方面讲明清时期加强君主专制的措施,分为明朝和清朝两个时期加以叙述。明朝加强君主专制的措施:(1)废除丞相、权分六部;(2)设置内阁;(3)用太监牵制内阁;(4)宰相制与内阁制的比较。清朝加强君主专制的措施,主要有两点:军机处的设置;密折制的实行。

第二个方面讲明清时期加强中央集权的措施。明朝时期主要是地方上废行中书省,设三司。清代时期主要是地方上督抚制的实行。这部分内容,教材没有涉及,但考试时常考到,通过出示课件、分发阅读资料,拓展学生的知识结构。

第三个方面讲清朝的边疆政策。学生阅读教材正文和教材里的资料卡片、清朝疆域图等信息,教师引导学生总结边疆统治的特点,主要包括:设置专职机构、政策灵活、行政管辖三个方面。通过学生阅读材料和教师的问题设置,有目的性的启发学生思维,锻炼学生的阅读理解和概括能力。

第四个方面讲专制主义中央集权制度对中国社会的影响。中国自秦朝建立起专制主义中央集权制度以来,经历了初步发展、强化和走向极端几个重要时期。这个制度既有其积极作用也有其消极影响。如果说它在初建时是适应社会发展的需要,积极作用占据主导地位的话,后来随着历史的发展,积极的一面便逐步下降,消极的一面逐步上升。到专制王朝晚期,消极的一面则占据主导的地位。本课主要内容在于讲述明清两朝君主专制加强的措施,以便为日后分析近代中国落后挨打的原因做铺垫。

二、教学过程

(一)课前学习

学生进行充分的课前预习,主要包括:梳理主干知识,依据课前导学图和量规了解本课学习目标和重难点，构建知识框架，独立完成感知图的绘制。

（二）课中学习

1. 浏览目标，明确方向

这一环节的主要任务是，教师宣读《专制时代晚期的政治形态》课堂学习目标量规，指导学生对照学习目标逐条进行自评。评估达到 A（独立完成）水平的内容，在相应栏目处打"√"。教师及时收集学生的评估结果。

教师在教室四下浏览学生的自评结果发现，70%以上的学生能够独立完成量规的学习目标：在"明清两代加强君主专制中央集权制度的具体措施""进一步了解专制主义中央集权制度的概念""专制时代晚期政治形态对巩固统一多民族国家的意义""明清两代加强君主专制、中央集权以及边疆政策的评价"对应栏目处打了"√"。

2. 小组交流，合作探究

本环节的目标是解决量规中记忆和理解的内容。

为了达成上述学习，第一个学习任务是，学生之间开始小组交流，先两两交流，交流各自的感知图和疑问点，倾听、提问和表达自己的理解，澄清概念和解决疑难问题。交流讨论过程中用红色笔不断修正自己的感知图，仍然不能解决的，用问号标记。

第二个学习任务是，两人组讨论告一段落以后，开始四人小组交流。将两人组未解决的问题放到四人小组进行讨论交流，继续用红笔完善修正自己的感知图。组内不能解决的问题做好记录，由组长写在便利贴上，贴到黑板左侧，等待下一环节全班讨论时解决。

【设计意图】学生就某个知识相互问答，不但促进讲解者对某个知识更加深入细致的理解，也有利于倾听者解决疑难问题，从不同于老师的角度去理解知识，达成理解的目标。

贴在黑板左侧的问题有：军机处的特点与职能有哪些？清朝加强专制主义中央集权的措施？你还知道哪些明清加强君主专制中央集权的措施？

通过观察贴在黑板左侧的便利贴，教师发现有些小组已经独立完成量规中的学习目标，并没有疑难问题需要解决。教师示意没有疑问的小组举手并派代表到讲台处领取核心问题条（教师预设问题条）。教师给出的核心问题条（教师预设问题条）只有一个：如何全面认识和评价专制主义中央集权制度？

3. 全班交流，深入研讨

这一环节的主要目标是达成量规中"分析"和"评价"部分内容的学习，采取的主要策略是，通过核心问题的探究，引导学生深入到现象背后的本质，得出全面认识和评价专制主义中央集权制度的核心知识，生成《专制时代晚期的政治形态》精细图。

教师组织进入全班讨论环节，小组派代表领取黑板左侧的问题帮助提问的小组解决，由提出问题的小组成员复述。

第二组学生领取问题：你还知道哪些明清加强君主专制中央集权的措施？第二组代表上台解答：设立东厂、西厂、锦衣卫等特务机构监察百官和百姓。

教师进行补充，首先肯定这位学生答案的正确，其次进行了补充，如思想文化方面：八股取士，控制思想。

由提出问题的第三、六组学生复述答案。

所有学生完善感知图。

第一组领取问题：清朝采取了加强专制主义中央集权的措施？第一组代表上台解答：政治方面，设立军机处，实行密折制、督抚制；思想文化方面，文字狱、八股取士。

教师进行点评，认可本组学生的回答完整正确。

由提出问题的第四、七组同学复述答案。

第五组学生领取问题：军机处的特点与职能有哪些？第五组代表上台解答：军机处特点是机构简单，人员精干，有官而无吏，地处内廷，外界干扰少，办事效率高。军机处的职能是处理军务和其他政务。

教师出示多媒体课件展示文字史料并展示军机处相关图片加以补充和概括。

材料一：军机处"直（值）庐初仅板屋数间……（属员）直舍仅屋一间半"。

——引自赵翼《檐曝杂记·军机处》

材料二：机务及用兵皆军机大臣承旨，天子无日不与（军机）相见……即承旨诸臣（军机大臣）亦只供传述缮撰，而不能稍有赞画于其间也。

——摘自《清史稿·军机大臣年序表》

材料三：军机处名不师古，而丝纶出纳，职居密勿……军国大计，罔不总揽，自雍正、乾隆后，百八十年，威命所寄，不予内阁，而于军机处，盖隐然执政之府矣。

——《清史稿·军机处》

教师指出，不管是材料二第一行中的"承旨"，还是材料二第二行中的"传述缮撰"，还是材料三中的"丝纶出纳"都体现了军机处的职能只是跪受笔录、承旨遵办、上传下达。丝纶出纳的意思是代皇帝草拟诏旨。而军机处的职能与材料三中的"盖隐然执政之府矣"又体现了军机处行政执行机构，无决策权，是辅助皇帝处理政务的中枢机构。

至于军机处的特点，特点往往不是具体的，具有高度概括性。可以将军机处的机构特点归纳为简、精、速、密。简即机构简单；精即人员精干；速即办事效率高；密即地处内廷，封闭性强。但是，不管是军机处的机构简单，还是人员精干均为皇帝亲近大臣，办事效率高，还是地处内廷，封闭性强，军机处的所有机构特点都是为它的本质特点服务的，那就是为皇权服务。

总结一下：军机处职能是跪受笔录、上传下达。军机处的特点：简、精、速、密。

全班学生组内相互复述。

复述完毕，全班学生完善感知图。

最后，领取核心问题条的小组讨论后，派两名学生上台解答：如何全面认识和评价专制主义中央集权制度？

第一名学生认为评价应该分为积极和消极两个方面。积极作用：有利于多民族国家的统一和巩固，社会安定，经济发展和文化繁荣。

消极作用：皇权的极度膨胀，又成为阻碍社会进步的重要因素。第二名学生认为消极影响还应该包括文化专制的内容。

教师认为两人客观全面地评价了专制主义中央集权制度，并加以点拨：专制主义中央集权制度在其形成初期，促进了统一多民族国家的形成和发展，巩固了国家统一，为封建经济的发展创造了条件，也有利于民族融合，使中国产生了高于同一时期世界上其他国家的物质文明和精神文明。但是它也加强了对人民的控制，影响了政治、经济、文化等方面的自由发展。这种制度又往往取决于君主个人政治品质的优劣，皇帝个人因素对政局影响巨大，统治集团内部的各种矛盾斗争可以说都是专制主义中央集权制度的副产品。在封建社会后期其消极作用越来越大，特别是明清以后，它阻碍了资本主义萌芽的发展和社会的变革，禁锢了人们的头脑，造成了生产力的停滞。这也是中国长期停滞于封建社会的重要政治原因，使整个民族裹足不前，落后于世界。总体来说，专制主义中央集权在我国两千多年的历史中所起的积极作用是不可磨灭的，它为辉煌灿烂的中华文明的创建和多民族统一国家的发展做出了卓越的贡献。

教师出示概括专制主义中央集权制度评价的多媒体课件：

积极作用：

①利于多民族封建国家的建立、巩固和发展，利于维护祖国统一与领土完整。

②能有效地组织人力、物力和财力从事大规模的生产活动和经济建设，利于社会经济的发展。

③在统一的环境下，利于各民族的融合，利于各地区的经济文化交流。

消极作用：

①皇权专制极易形成暴政、腐败现象，是阻碍历史发展的因素。

②在思想上表现为独尊一家，钳制了思想，压抑了创造力。

③在封建社会末期，阻碍了新兴的资本主义生产关系萌芽的发展，束缚了社会生产力的发展，阻碍了中国社会的进步。

④助长了官僚作风和贪污腐败之风。

全班组内互相复述，继续完善感知图生成精细图。学生精细图见图1，教师精细图见图2。

图 1　学生精细图

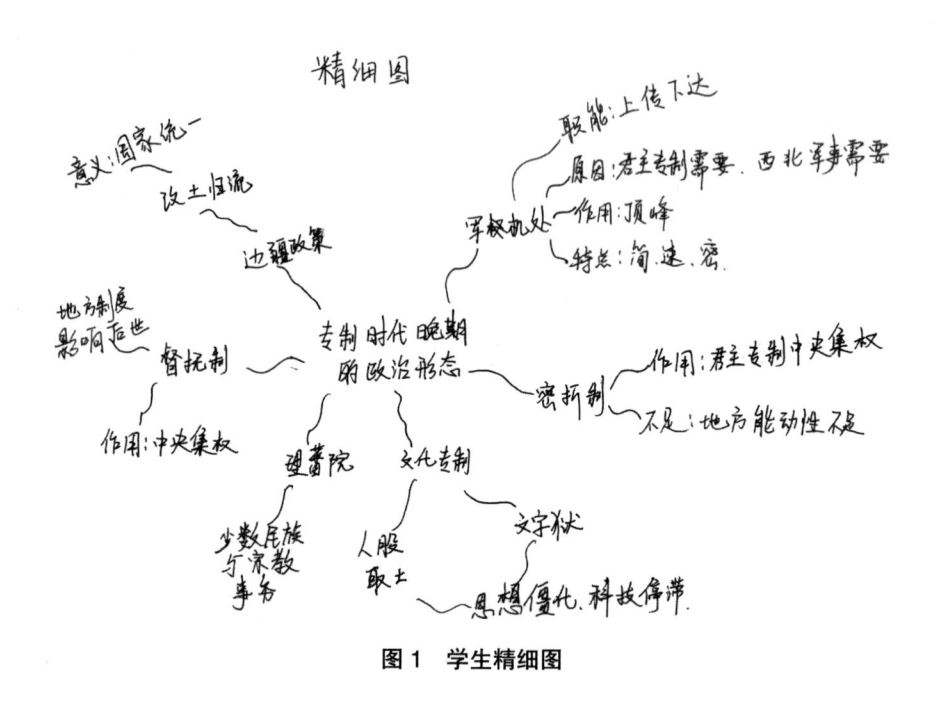

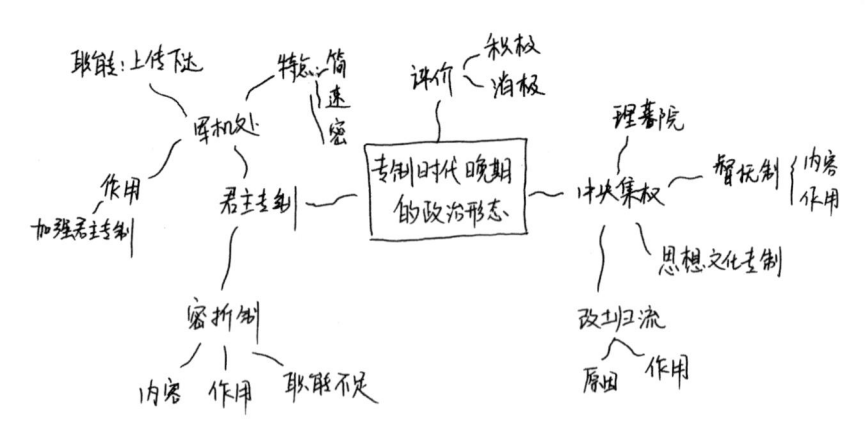

图 2　教师精细图

4. 凝练小结，反思提升

本环节任务，建构《专制时代晚期的政治形态》凝练图。

教师点拨要点，学生绘制《专制时代晚期的政治形态》凝练图。学生用3分钟的时间自主建构，教师从内容的准确性、全面性和图形的美观性等角度精选出两幅优秀的凝练图并展示。

本节课主要讲述明清时期君主专制中央集权制度的强化，其中，君主专制强化的措施包括明朝废丞相、设内阁，君主专制空前强化；清朝军机处的设置，使君主专制发展到顶峰；密折制的实行，又进一步加强了君主专制。清朝的边疆政策，以及明清的改土归流，不仅加强了对边疆的管辖，而且使我国在统一多民族国家的发展中又前进一步。

在教师的点拨下，学生画出凝练图。教师利用多媒体展示自己的凝练图，做必要的补充。

教师指出，需要注意的一点是，明清时期君主专制中央集权的加强对巩固统一多民族国家的重要意义。这一点必须在图上体现出来。学生凝练图见图3图4。

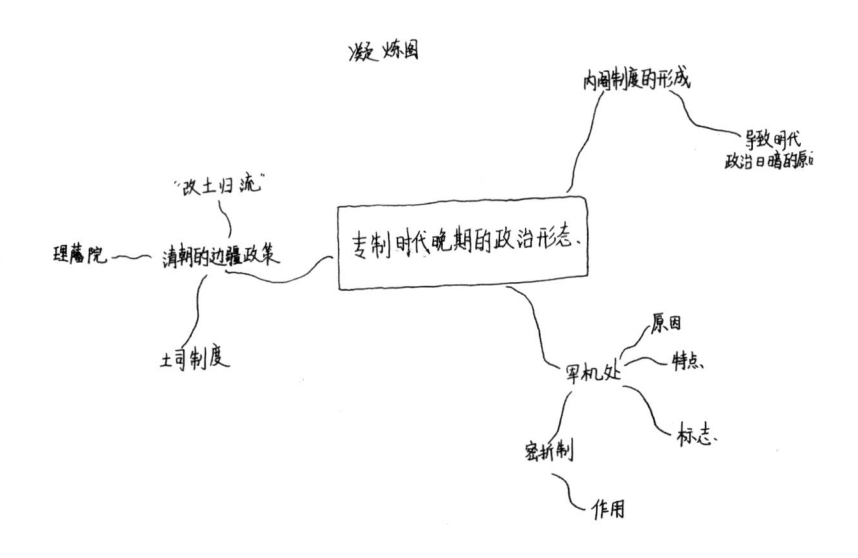

图3　学生凝练图

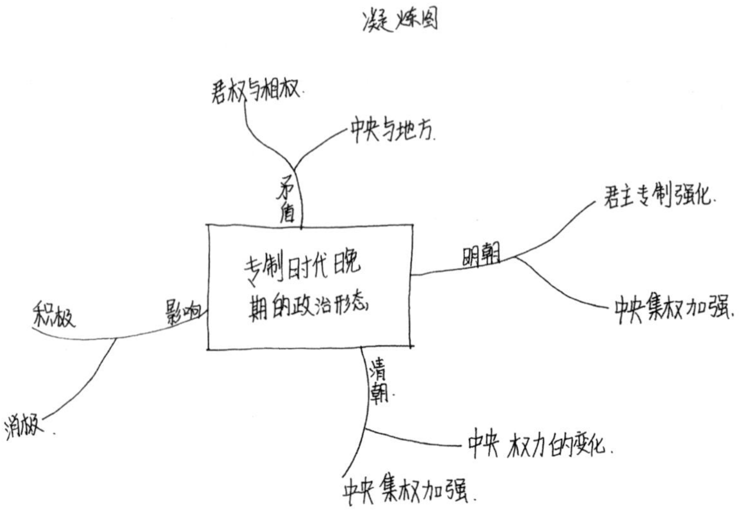

图 4　学生凝练图

5. 巩固提升，效果检测

本环节教师需要指导学生评估学习效果，学生通过训练反馈，对标再评，回扣量规目标。

学生独立完成课堂小测，检测学习效果。小测题目：根据本课内容和补充的材料信息如金瓶掣签制和督抚制，编一道题目并解答。完成小测以后，学生再次拿出量规，重新自评。

至此，量规未解决的问题基本解决。

三、案例反思

（一）惊喜之处

核心问题条的处理，学生表现出很强的逻辑性，角度全面，立意准确，学科语言使用准确，出乎意料的好！

（二）不足之处

史料是通向历史认识的桥梁。虽然学生能从课堂上现有的史料中提取有效信息，并据此提出自己对历史的认识，但课堂中出示的史料类型不够丰富。

（三）改进建议

课堂出示的史料除了图片、纸质阅读资料之外，可以加入一些影音资料，例如金瓶掣签制度纪录片或者是渥巴锡率领土尔扈特部回归祖国的纪录片，可以更好地激发学生的兴趣，增强学生对祖国和中华民族的认同感，增强民族自信心和自豪感。

《师说》复习课课例

王静

一、案例背景

（一）学情

《师说》属于部编版教材高一语文必修第六单元第10课的一篇古代议论散文，高中一年级的学生已经基本具备了解读文言文的能力，对于议论问题学生有了比较清晰的认识，但是在运用方面还存在欠缺；本文虽历经千年，但是所传达的道理、批判的弊端在学术界永不过时，本文对学生有很好的启迪作用，可以鞭策学生树立正确的师生观、学习观。

（二）教学内容和教学目标

考虑本文为一篇"古代议论性散文"，同时考虑落实语文核心素养的要求，作为复习课，教学内容如下：首先，培养学生深入自主解读该文章的能力，并积累文言知识，从通假字到特殊句式的运用，掌握其规律，建构起语料库，在写作和阅读中加以运用，并且要了解作者，了解写作背景；其次，分析本文的写作思路和文中所用到的议论手法，并将这些议论手法运用到实际的写作实践当中，提升思辨能力；最后，对本文所阐释的道理要有深刻的体会，要学会对人物进行审美鉴赏，或批判或赞扬，领悟人生哲理，并将自己的感受融入写作当中，传承优秀的传统文化，树立正确的价值观，增强为祖国奋斗的责任感、使命感。

（三）教学思路

教学的过程也是教学相长的过程，在教学过程中要充分发挥学生的主动性，调动其参与课堂的积极性和对思维提升、审美架构的自主性。为达到此目标，借助"三图六构五环节"的思维导图模式，开展教学，完成以下两个方面的工作。

一是课前准备阶段。指导学生借助课前导学图阅读课文,查阅相关资料。疏通文意,再次体会时代背景和作者的伟大,以及初步得出的对现实的启示意义。为课上对问题的深入探究做准备。二是课中学习阶段。教师创设科学问题的探究情境,引导学生开展合作探究学习,设计典型任务,让学生通过深入情境,在多角度和开放空间中完成对《师说》的复习,包括对语言的积累、方法的学习、情感的认知,并展示个性化的学习成果。

二、教学过程

按照"基于思维导图'三图六构五环节'的课堂重构"模式进行课堂架构。

(一)课前准备

给学生出示课前导学图和量规,让学生根据课前导学图再进一步研读课文,查阅资料,能够从本文的古代汉语语言层面、文章结构层面做好梳理,对文章内涵的理解,绘制初步感知图。

学生在充分预习的基础上,绘制出包含基础知识、文章结构、作者相关知识以及对文本感悟的感知图。

课 前 导 学 图

课题:《师说》复习课

学习目标:
1. 复习和韩愈相关的古代文化常识
2. 复习借鉴本文正反对比论证方法
3. 积累文言知识,掌握"师""传""从"等多义实词的用法,积累"则、于、乎"等虚词的用法
4. 树立尊师思想,培养谦虚的学风;培养敢于向世俗流弊挑战的精神和勇气

看	思	拓	绘
1. 熟读课文,结合注释疏通文意,梳理文言知识点,包括通假字、一词多义、词类活用、古今异义、特殊句式等 2. 了解作者韩愈及其写作背景 3. 积累文化常识	1. 概括段意,梳理论证思路 2. 总结论证方法 3. 作为作文素材,分析有哪些立意角度?(如主旨角度、人物角度等)	片段写作: 请恰当运用对比论证来论证"生命不息,奉献不止"这个论点,可综合其他论证方法,不少于200字	在"看""思""拓"的基础上绘制出本文的感知图(即初步的思维导图)。在有疑问的地方画"?",已理解或掌握的知识点旁画"!"

图 1 课前导学图

(二)课中环节(五环节):

1. 出示学习目标,明确方向

复习和韩愈相关的古代文化常识。

复习借鉴本文正反对比论证方法。

积累文言知识,掌握"师""传""从"等多义实词的用法,积累"则""于""乎"等虚词的用法。

树立尊师思想,培养谦虚的学风;培养敢于向世俗流弊挑战的精神和勇气。

这一环节的主要任务是,教师下发本节课的学习目标自评表,指导学生对照学习目标逐条进行自评。评估达到A(独立完成)水平的内容,在相应栏目处打"√"。教师及时收集学生的评估结果。

实施结果发现,90%以上的学生能够独立完成课前导学单中的学习目标:在"概括文章段意""梳理文章思路""举例说明论证方法""阐明细胞增殖的意义"对应栏目处打了"√"。这说明,课前学习效果已经达到预期,为课中学习的推进打下了良好的基础。

对照量规进行初步自我评判,清楚自己的认知起点、待提升处及努力方向。完成的要打"√",不明确的要画"?"。

表1 "师说"一课"学习目标"自评表

课堂学习目标量规(自评) 班级_____ 姓名_____					
学习目标		达成评价			
^	^	A 独立完成	B 经同伴帮助完成	C 经教师点拨完成	D 未完成(未完成的关键问题)
记忆	回顾:文言知识点,作者、写作背景以及文化常识				
理解	解释:概括段意,梳理论证思路				
^	举例:说明文中运用的论证方法及其作用				
运用	执行:进行对比论证方法的片段练习,巩固提升				

学习目标		达成评价			
		A 独立 完成	B 经同伴帮 助完成	C 经教师点 拨完成	D 未完成（未 完成的关键 问题）
分析	结构化：画出《师说》复习课的感知图、精细图				
	解构：运用提取的观点，确定立意的角度				
评估	辩证：正确使用正反对比论证的方法，从不同角度挖掘观点				
创造	假设：假设同学耻于下问，你该如何劝导？				
	建构：画出确定立意的凝练图				
其他（根据学科特点增设的项目，没有可不填）					

【设计意图】一是引导学生对课前学习效果进行自我评估，哪些目标通过课前自主学习已经达成，学习中的问题和疑惑还有哪些，通过评估让学生了解自己、提高自我反思能力，暴露出的问题还能够激发持续学习的内驱力。二是明确本节课的学习目标，让学生清晰地了解本节课学什么，即应该掌握的核心知识、生命观念、思维技能，以及这些目标应该达到的水平，促使学生带着一种目标感进入学习过程，学习会更持久。充分发挥了目标引领学习、促进学习的功能。三是教师了解学情的重要环节，为进一步的教学活动的安排和调整提供信息。

2. 组织小组讨论

这一环节的目的是达成记忆和理解部分的目标。

为了达成上述学习，学生要交流各自的感知图和疑问点，倾听、提问和表达自己的观点，澄清概念和解决疑难问题。例如有的同学基础比较薄弱，文言知识依旧不能形成体系，甚至对词类的活用、特殊句式的类型不能理解，或者内容无法罗列全面，可以借助小组讨论的形式，解决疑惑和进行知识补充；对文章结构进行梳理，可以小组成员每人阐释，其他人倾听并评价。

【设计意图】学生就某个知识相互问答，不但促进讲解者对某个知识更加深入细致的理解，而且有利于倾听者解决疑难问题，从不同于老师的角度去理解知识，达成理解的目标。

第一个学习任务：互相补充感知图中涉及的重要的知识点。作为复习课，学生必须有对知识整体把控的能力，即形成知识体系。在梳理了重点字词句的基础上，重点梳理虚词"则""于""乎"三个虚词的用法。找出本文中涉及的三个词的用法，以及关联到的其他文本中三次的用法，不断补充，形成体系。

位卑则足羞，官盛则近谀。（就）

于其身也，则耻师焉。（但是）

河内凶，则移其民于河东。（就）

此则岳阳楼之大观也。（表示判断）

第二个学习任务：理清本文的论证思路。

引导学生从整体到局部分析。即先提出论点，从老师的作用、择师的标准、择师的原则三个角度，指出"古之学者必有师"，进而运用对比论证，最后举例论证，以孔子为例，进一步论证观点。

学生在整理交流过程中，能从整体上梳理出结构，但是对对比论证不能阐释到位，例如为何达成对比，有何作用？这也是论证手法中的重点和难点，可以留待下个环节解决。

【设计意图】如果文言知识是血肉，本文的论证思路就是内在的骨架，需要完整搭建，才能在此基础上吸收精华，提升逻辑思维，灵活运用到写作当中去。

任务三：在进一步了解作者韩愈以及探索文中士大夫、孔子、李蟠等人物的特征后，发掘他们的特点，从不同的角度或批判或赞扬，所得出的一些心得体会，为下一步写作立意或者演讲表达做好训练。

【设计意图】如果文言知识是血肉，本文的论证思路是骨架，那么对文本文意的分析，对人物的评价就是魂。在此基础上，引导学生进行审美鉴赏和创造，形成能力，为文化的传承和理解做好铺垫。

要求：①两人互相介绍感知图，讨论有疑问的地方，各自修改。②四人交流。

两人未解决的问题在四人组再次讨论，仍未解决的问题，由组长写在小纸条上，留待全班讨论解决。用红笔修改自己的感知图。③无问题，提交的小组，找老师领取问题条。

此环节过后，学生留下了以下亟待全班讨论的问题。

①第二自然段的论证思路是什么？

②"句读之不知，惑之不解，或师焉，或否焉，小学而大遗，吾未见其明也。"这句话该如何理解？

③以"古之学者必有师"为论点合适吗？

④李蟠只是一位默默无闻的后生，为什么韩愈要为其写这样一篇流传千年的文章？

3. 引导全班探究

以下是交流探讨过程。

（1）关于问题①。一组代表答疑：第二自然段用了"总—分"的结构，先提出小论点"师道之不传也久矣，欲人之无惑也难矣"，接着通过三组形成对比的论据进行论证。

教师引导：回答得非常漂亮，这是我们高考题目中常见的一种题型，那么我们由点到面，想一想这篇文章的整体论证思路是怎样的。

本组其他人员补充。

（2）关于问题②。二组代表答疑："之"字作为宾语前置的标志，这句话可以翻译成"不了解句读，不能解决心中大的疑惑，有的人跟老师学习，有的人不跟老师学习，小的方面学习了，大的方面遗失了"。

教师引导："或"的含义可是不止于"有的人"，如果翻译成"有的人"，联系后文"非吾所谓传其道解其惑者也"，意思有点说不通哦。所以两个"或"应该翻译成什么更准确？

二组代表答疑：我认为应该翻译成"有的……有的……"

教师引导：对了，这句话是说同一个人对待不同知识时是否从师的态度，不是不同的人，所以在翻译的时候可以注意语境。

续表

（3）关于问题③。三组代表答疑：通过复习发现本文的论点应该强调"古之学者必有师"的"学者必有师"，之所以加上"古之"，是为了抨击当代社会不从师、不尊师重教的恶劣现象。首先提出问题：作者在第一段提出论点，然后用一个疑问句"人非生而知之者，孰能无惑？"来进一步论证，并且指出应该如何做，即无论身份高低，年龄大小，只要他有做老师的资本，都要以他为师。接着分析问题：第二段针对现实状况，从反面提出小分论点"师道之不传也久矣"，通过三组对比论证了这个观点。最后得出方法：第三段从"圣人无常师"的小论点论证如何从师。最后一段交代写作缘由。

教师引导：回答得很好，而且再一次梳理了文章的结构，对于论点的合理性能够自圆其说。既然对以"古之学者必有师"作为观点有质疑，就说明作者有自己的想法，你们这一组来说说理由。

（4）关于问题④。四组成员答疑：我们组认为论点应该是"无贵无贱，无长无少，道之所存，师之所存也"。针对韩愈写作的背景，是为了抨击当时扭曲夸张的不从师学习的现象，在第二段很清楚地写到士大夫阶层考虑到年龄、地位甚至不从师也能为官的现实，认为从师是可耻的现象；第三段再一次从圣人的角度出发，论证要从师学习的道理，最后交代李蟠能行古道，不拘于时，从师学习。再次论证了这一观点。

教师引导：说得也很有道理，甚至到后来学者们对这篇文章的论点众说纷纭，没有定论，但是同学们这种敢于质疑、敢于挑战的精神不就是韩愈所提倡的吗？所以我们接着解决问题④：韩愈为何要为李蟠写《师说》呢？

四组成员回答：李蟠本身固有的高贵品质，六艺经传皆通习之，很难得；同时能"不拘于时"向作者求学，于是韩愈作了这篇文章赠送给他。也是借助这篇文章给对当时不尊师重教现象的一种批判。

同学们再次修改感知图，老师拿出感知图和同学们做对比。

师说

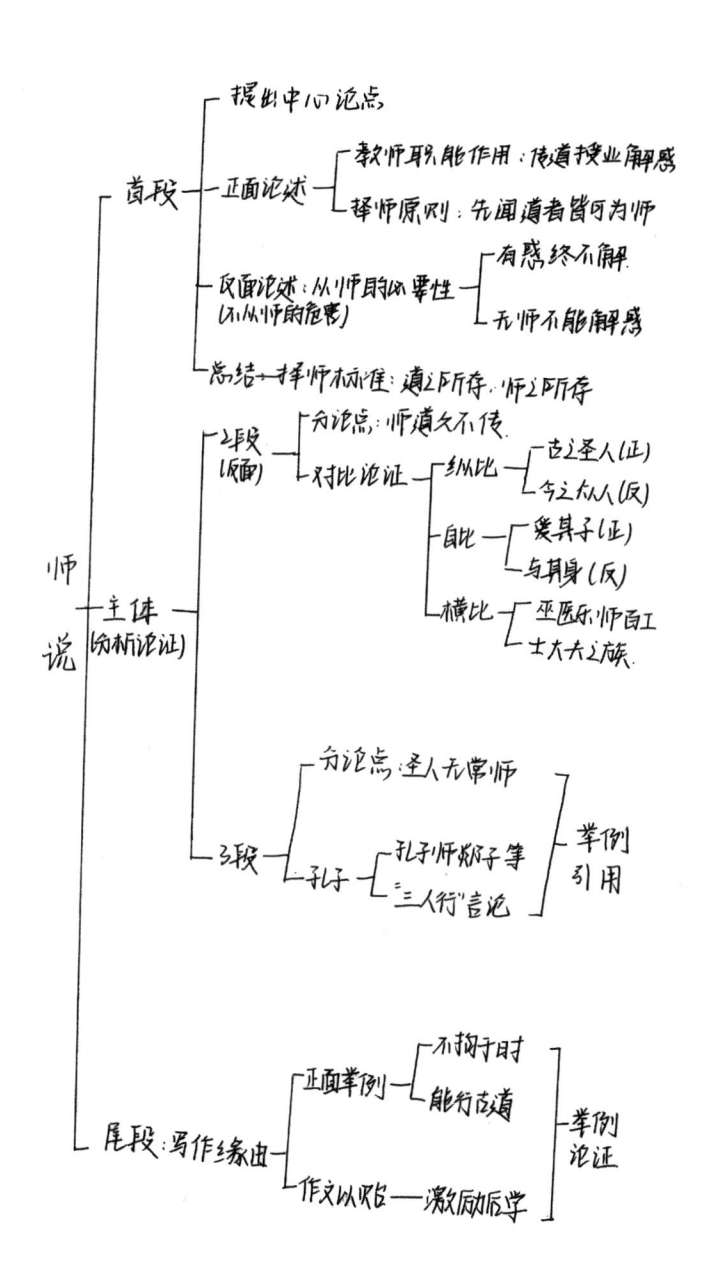

- **首段**
  - 提出中心论点
  - 正面论述
    - 教师职能作用：传道授业解惑
    - 择师原则：先闻道者皆可为师
  - 反面论述：从师的必要性（不从师的危害）
    - 有惑终不解
    - 无师不能解惑
  - 总结：择师标准：道之所存，师之所存

- **主体（分析论证）**
  - 2段（反面）
    - 分论点：师道久不传
    - 对比论证
      - 纵比
        - 古之圣人（正）
        - 今之众人（反）
      - 自比
        - 爱其子（正）
        - 与其身（反）
      - 横比
        - 巫医乐师百工
        - 士大夫之族
  - 3段
    - 分论点：圣人无常师
    - 孔子
      - 孔子师郯子等
      - "三人行"言论
    - 举例引用

- **尾段：写作缘由**
  - 正面举例
    - 不拘于时
    - 能行古道
  - 作文以贻——激励后学
  - 举例论证

图 2　学生感知图

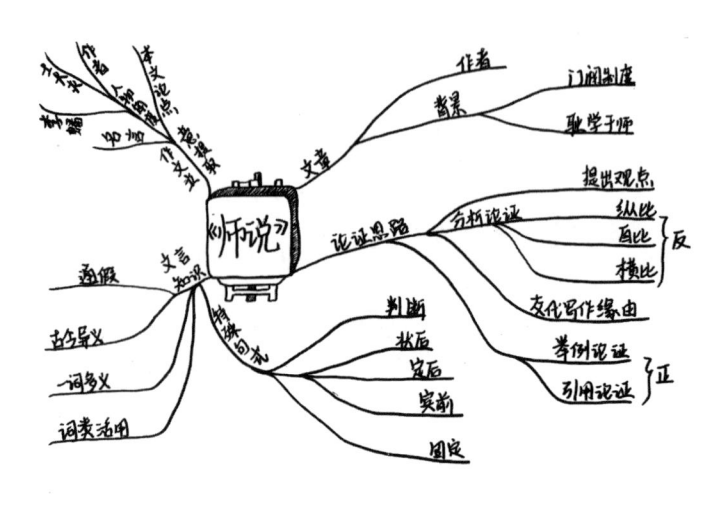

图 3　教师感知图

教师引导：修改完感知图，同学们对文章内容的理解更深一步，再加之刚才的讨论，有些同学甚至开始和韩愈感同身受。那么，我们就趁热打铁，探讨老师问题条里提出的问题吧！

问题条里的问题如下：

①概括段意，梳理论证思路。

②作为作文素材，分析有哪些立意角度？（如主旨角度、人物角度等）

教师引导：问题①我们在探讨中已经解决，问题②可以结合主旨（刚才我们探讨过）、人物（韩愈、李蟠、士大夫、圣人等）角度挖掘素材。

要求：①全班交流，各组将本组的问题条贴在黑板上，由其他小组帮忙解决；解决老师出示的问题条。②将重要的结论和知识点落实在书面上，所有同学第三次修改自己的感知图，形成精细图。③老师出示感知图，和学生的进行对比。

【设计意图】此环节是学生思维发展的重要过程，对于知识的建构上一环节已经基本完成，但是越深入挖掘文本，越会发现问题。把问题表达出来，其他小组成员对问题提出自己的见解，不仅答疑，也在训练自我、展示自我、提升自我。同时这是教学相长的过程，教师不只是站在自己的角度预设问题，而是给了学生进行思维发散的空间，使学生在鉴赏文本的过程中，能够树立正确的价值观，提升审美品位。

4. 指导凝练提升

根据对课文的理解和课堂习得画出凝练图，用时 3 分钟左右；展示凝练图；老师小结，生成凝练图。

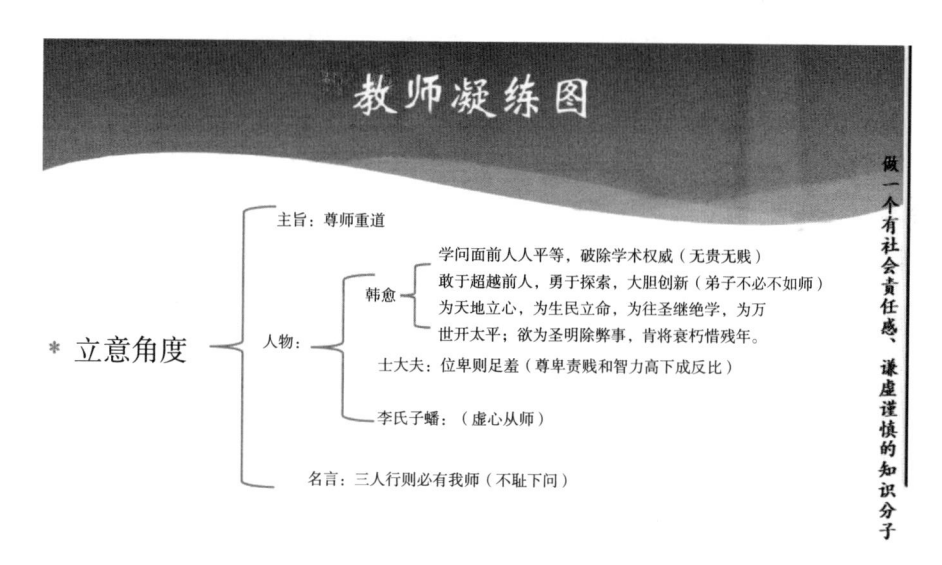

图 4　教师凝练图

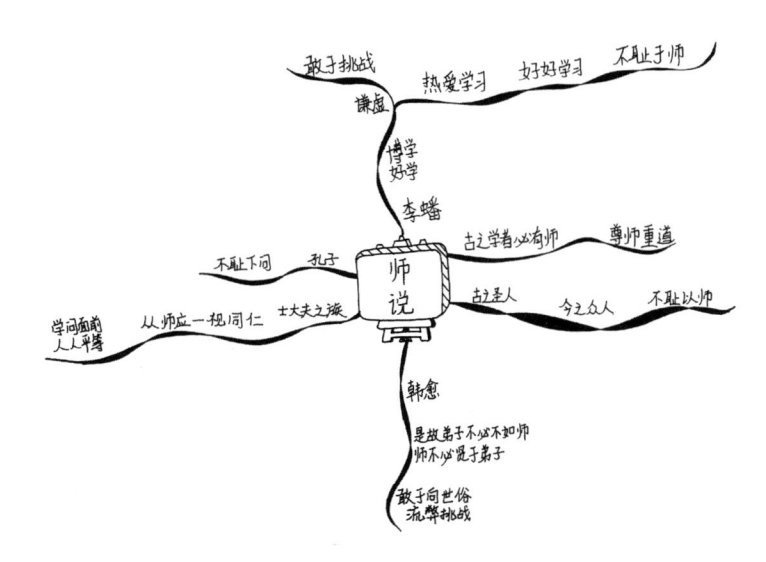

图 5　学生凝练图

小结：学习，本来就是一件很光荣的事情。站在学生角度，我们要谦虚努力，汲取知识的营养。但是就像《师说》里所讲的，我们不单是在单纯学习“句读”，我们还要学习做人的道理，树立正确的价值观，将个人命运与国家命运联系在一起，做一个有担当、有责任感的青年。站在老师的角度，我们不是传统的教书匠，而是学生人格的塑造者。对于不良现象，我们也要纠正，传递有益于学生发展的正能量，正所谓立德才能树人。我们要放低姿态，走进学生的内心，以一个聆听者的身份倾听他们的声音，和他们一起切磋，把书教活，在孩子的内心倾注阳光！接下来，我们布置了两个写作任务。第一个小片段当堂完成，大作文课下完成。在完成大作文时，我们要有意识地模仿韩愈在《师说》中运用到的方法。

【设计意图】凝练反思活动，目的是引导学生对本节课进行全过程探究。在一步步深入的基础探究之上，一步步挖掘文本的内涵、精华，语言是台阶是基础，思维是阶梯是过程，而到了此环节，学生已经捕捉到本节课的精华，即从这篇文章中所感悟的道理，在学习生活中应该秉持什么样的态度？具备何种精神？这为我们今后的学习生活具有重要的指导意义。

5. 效果检测，回扣目标

为了检测和巩固学习效果，呈现练习思考题和学习过程性自评。

练习思考题：

（1）恰当运用对比论证，论证“生生不息，奉献不止”这个论点。

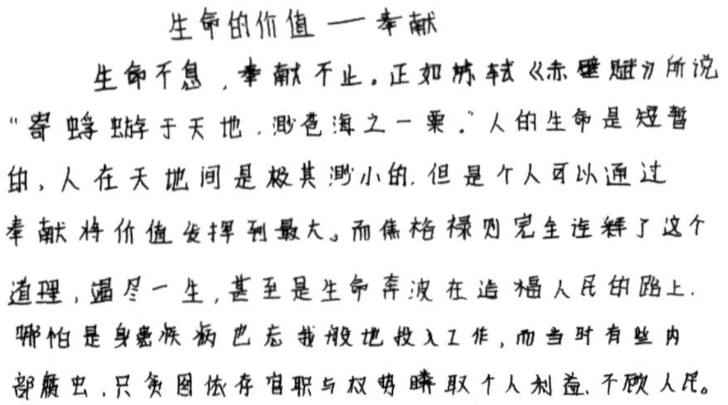
生命的价值——奉献

生命不息，奉献不止，正如苏轼《赤壁赋》所说"寄蜉蝣于天地，渺沧海之一粟。"人的生命是短暂的，人在天地间是极其渺小的，但是个人可以通过奉献将价值发挥到最大。而焦裕禄则完全诠释了这个道理，竭尽一生，甚至是生命奔波在造福人民的路上。哪怕是身患疾病也忘我般地投入工作，而当时有些内部蛀虫，只贪图依存官职与权势，赚取个人利益，不顾人民。

图 6　学生作品

（2）对照学习目标量规，再次评估学习效果。

（3）根据自己的实际表现，按照"三图六构五环节"课堂小组合作学习自评量表（表2）、参考自评标准（表3）对本课的学习情况进行评价。

表2 "三图六构五环节"课堂小组合作学习自评量表

评价维度	学习目标	小组讨论			全班交流				凝练提升		评价反思	
	独立完成	倾听	质疑	解疑	倾听	质疑	解疑	PK精细图	独立完成	分享	独立完成	效果优秀
等级												

表3 自评量表评价标准

等级	优秀	良好	待改进
学习目标	在规定时间内，独立完成目标自我检测，能够正确理解其内涵，并做出适合实际的判断	基本能够完成目标自我检测，能够理解其内涵，并做出判断	不能完成目标自我检测
倾听	非常专注、深入思考、积极回应（及时记录、发表观点），不打断对方	比较专注、有思考、不打断对方	不专注；基本没有回应
质疑	有证据的提问、提问与主题相关性强	有提问，提问与主题相关	没有提问或提问与主题无关
解疑	针对性强的回应，清晰表达观点，观点合理	有回应，不能清晰表达观点	不能针对问题作出回应
精细图	中心词反映核心概念、框架全理，层次清晰，逻辑性强；内容全面、概括精准，无科学性错误；效果美观。在PK环节，亮点突出有启发	中心词反映核心概念、框架合理，层次清晰；呈现了主要内容，有提炼概括，无科学性错误	有中心词、层次间逻辑不清晰；主要内容不够全面，欠提炼概括或存在科学性错误
凝练图	内容聚焦可迁移的观念、思想或方法，概括准确。在分享时，能够清晰表达其观点	内容聚焦可迁移的观念、思想或方法，概括和表达不太精准	不能领悟到思想或方法，不能绘制出凝练图
评价反思	在规定的时间内独立完成检测题和评价任务、客观公正；检测题目正确率达到85%及以上。或教师评定为优秀等级的	能够独立完成大部分检测题目，正确率达到75%及以上。或教师评定为良好等级的	大部分检测题目不能独立完成。或教师评定为待改进的

【设计意图】目标是教学的出发点和落脚点，证明目标的达成情况需要证据，通过学习评价任务获得证据。学习评价活动既能有利于目标的进一步落地，

又能促进自我反思。

三、案例反思

1. 成功之处

本堂课是一节复习课，加之学生对文本已经有了初步认知，所以课堂推进得比较顺利，能够按照预设的环节有序开展。课前导学图和目标量规使学生有了比较明确的学习方向，学生可以根据要求绘出初步感知图，对文言知识、文化常识等进行自主梳理，初步奠定语言建构的基础，打破传统课堂老师讲授、学生被动接受的枯燥模式；对课前导学图提出的问题进行初步思考，在探索过程中发现新的问题，充分发挥了学生的主观能动性。在课堂进行中，学生讨论、发言表达，又是一个解决问题的过程，在不断的探索中进行思维的提升和审美鉴赏。学生乐在参与其中，在自构互构的过程中不断突破瓶颈，达到新的高度。我在聆听和引导中得到新的发现，比如学生对本文中心论点到底是什么的质疑、讨论。这是一个教学相长的过程，也是我认为的惊喜之处。

2. 不足之处

首先，时间不充足，一堂课50分钟上下来还是觉得紧张，个别问题解决得还不够透彻，因此在各个环节的时间设置要合理，做好预设。其次，备课环节应该更加充分，以前只是注重如何备教材，但是在课堂重构中，每一个学生都参与其中，应该给他们更多的发挥空间，而不是几个人的发言。所以备课过程中也要充分备学生，给更多学生发挥的空间。学生能够发现问题非常可贵，但是能够从合理的角度以恰当的方式加以阐述，还是一个有待提升的过程，我想除了学生的语文表达能力之外，和积累也有极大的关系。最后，课堂重构让学生有更多自主性，但是同时给教师提出了更高的要求，要求教师不光要吃透教材，在设置问题方面，更要多考虑如何有效落实核心素养的理念，如何提升学生的思维发展，提高鉴赏能力，将课堂延伸到课外，与生活实际相联系，与立德树人的教育理念相契合，这是在以后教学中应该多侧重思考的问题。

"Wildlife Protection 野生动物保护"教学案例

王丽娜

一、案例背景

（一）教学内容分析

野生动物保护这一话题内容对应《普通高中英语课程标准（2017版2020年修订）》第四章课程内容之主题语境模块三《人与自然》中的四个主题群下的7个子主题中的第3个：人与环境、人与动植物，旨在引导学生深刻理解保护野生动物是维护生态系统平衡的重要环节。野生动物、植物与周围的各种生物组成了食物链，只有食物链平衡，才能保证整个生态系统的平衡。要求学生懂得野生动物是文明发展的试金石，文明的发展与自然有着密切的关系，我们需要保护野生动物，不违法捕杀野生动物，可以培养学生尊重生命、热爱自然、喜欢动物的价值观，对提升社会生态文明发展有着重要的意义。

本节课是一节高三年级的英语写作课，课题源自人民教育出版社普通高中英语必修2第4单元Wildlife Protecting。主要学习内容包括：了解野生动物现状，重视野生动物保护，明确倡议书的写作意图，熟知倡议书的模板，有效搭建倡议书的框架结构，独立写出一篇符合高考要求的关于野生动物保护话题的倡议书。

（二）学情分析

经过两年的学习，高三学生积累了一定数量的词汇和短语搭配，掌握了基本的句型表达方法，综合语言运用能力有了较大的提升，为写好倡议书打下了基础。另外，高三学生具有了一定的鉴别和判断能力，这使得培养学生的逻辑思维和批判性思维，引导学生建构多元化的文化视角成为可能。

（三）学习目标

在以主题语境——人与自然（人与野生动物保护）为引领的课堂上，通过创设与主题意义密切相关的语境，充分挖掘特定主题所承载的文化信息和发展学生思维品质的关键点，基于对主题意义的探究，以解决问题为目的，整合语言知识和语言技能的学习与发展，将特定主题与学生的生活建立密切关联，鼓励学生学习和运用语言开展对语言意义和文化内涵的探究。

提高学生的鉴别和判断能力，培养学生的逻辑思维和批判性思维，引导学生建构多元化的文化视角。在野生动物保护主题探究活动的设计上，激发学生参与活动的兴趣，调动学生已有的基于该主题的经验，帮助学生建构和完善新的知识结构，深化对该主题的理解和认识。

能够深刻理解保护野生动物的重要性，树立正确的世界观、人生观和价值观，实现知行合一，丰富人生阅历。

（四）教学思路

学习是学生建构和解构的过程，借助"三图六构五环节"思维导图模式设计本节课教学过程，发现问题、解决问题。一是课前准备阶段，借助课前导学图指导学生阅读教材相关内容，透过阅读材料中的词汇思考文章的主题语境。为下一环节打下好的基础。二是课中学习阶段。教师创设科学问题的探究情境，引导学生开展合作探究学习，层层深入，引领高阶思维的形成，完善精细图。围绕野生动物保护的话题开展学习，通过阅读、发现、分类、推理、质疑、讨论、交流、反思等活动，构建自己新的认知，并画出凝练图。同时领悟写作方法，发展学科的核心素养。

二、教学过程

（一）课前学习

课前，准备一篇关于野生动物保护的阅读文章，提前发给学生。并给学生提供课前导学图（见图1）。根据课前导学图的要求，学生阅读教材相应内容，结合导学图提供的思考问题和拓展问题提前绘制思维感知图。

学生在认真阅读教材内容的基础上，以野生动物保护为核心词，课前绘制思维感知图（见图2）并在课上逐步完善。将野生动物的现状、处境，濒危的野生动物种类，野生动物保护措施等概念关联起来，呈现出本节课知识的基本框架，为完成倡议书的写作做好铺垫。

课 前 导 学 图

课题：读写课

学习目标：
1.阅读文章，弄清文章的文体。2.分析四道阅读理解题的考察内容，做好四道阅读题，理解文章大意。3.深层分析，直击高考主题语境-人与自然（人与动植物之野生动植物保护）。

看	思	拓	绘
阅读文章，理解如下词汇：rare, creature, adorable, breeding delighted, obviously, absolutely. explore, eager, candidates, fantastic, There is no doubt that … 思考如下四个问题，选出正确答案。Which of the following best describes the breeding programme? What does Paul Beer say about the new-born rhino? What similar experience do Solio and Kisima have?	Endangered Breeding Programme Reserve World Wildlife Fund 思考文章的主题语境	关于野生动物保护的倡议书（三方面：现状描述，具体措施，提出呼吁）	参考课本28页，画出关于野生动物保护的思维导图 绘制野生动物保护倡议信的凝练图

图1 野生动物保护课前导学图

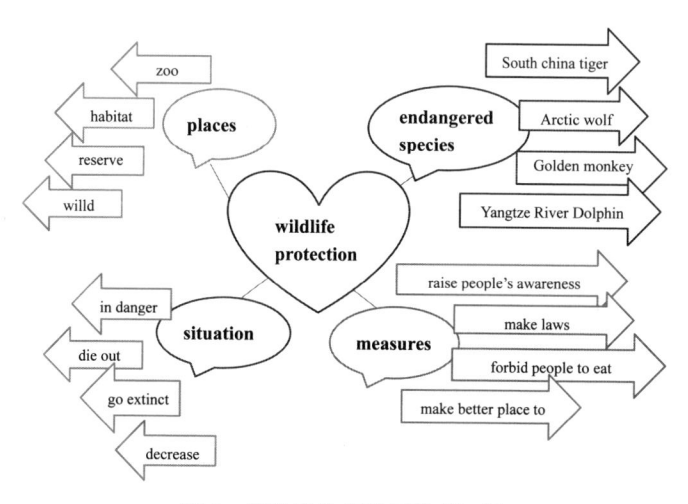

图2 野生动物保护思维感知图

（二）课中学习

1. 浏览目标，明确方向

这一环节的主要任务是，教师下发本节课目标学习量规自评表（见表1），指导学生对照学习目标逐条进行自评。参考量规中的记忆、理解和运用环节的学习目标，进行勾画，评估达到A（独立完成）水平的内容，在相应栏目处打"√"。未完成的打问号。

教师及时收集学生的评估结果。实施结果发现，65%以上的学生能够独立完成课前导学单中的学习目标：在"回顾认识重点词汇""找出文章细节线索，理解文章主旨大意""推断作者写作意图和观点态度""探索文章背后的主题语境"对应栏目处打了"√"。这说明，课前学习效果基本达到预期目标，为课中学习的推进打下了良好的基础。

表1 "野生动物保护"一课"学习目标"量规自评表

英语 _____ 课堂学习目标量规（自评）
班级 _____ 姓名 _____

学习目标		A 独立完成	B 经同伴帮助完成	C 经教师点拨完成	D 未完成（未完成的关键问题）
记忆	回顾：rare, eager, fantastic, There is no doubt that				
	再认识：breeding obviously, absolutely, candidates				
理解	概要：文章主旨大意				
	推论：作者的写作目的及观点态度				
	比较：说明文所用的词汇和手法				
	说明：文章背后的主题语境				

续表

学习目标		达成评价			
		A 独立完成	B 经同伴 帮助完成	C 经教师 点拨完成	D 未完成 （未完成的 关键问题）
运用	执行：找出文中细节线索，做好阅读理解题				
	实施：写出倡议书初稿				
分析	结构化：在感知图基础上完善精细图，画出凝练图				
	解构：使用恰当的词汇和规范的结构，按照格式写出小文章				
评估	判断：是否合理运用了倡议书的模板				
创造	假设：完成倡议书				
	设计：构思一篇关于保护野生动物的倡议书				
	建构：完成凝练图，完善关于野生动物保护的倡议书				
其他（根据学科特点增设的项目，没有可不填）					

（本量规依据布鲁姆认知领域教育目标构建，具体课堂可根据需求自行调整）

【设计意图】一是明确本节课的学习目标，让学生清晰地了解本节课学什么，应该掌握的核心词汇、语言表达、思维技能，以及这些目标应该达到的水平，促使学生带着一种目标感进入学习过程，学习会更持久。充分发挥目标引领学习、促进学习的功能。二是引导学生对课前学习效果的自我评估，哪些目标通过课前自主学习已经达成，学习中的问题和疑惑还有哪些，通过评估让学生了解自己、提高自我反思能力，暴露出的问题还能够激发持续学习的内驱力。三是方便教师了解学情，为进一步的教学活动的安排和调整提供信息。

2. 同伴交流，互构重构

这一环节的主要目标是，达成学习目标中的"记忆""理解"和"运用"

水平的目标。

为了达成上述学习目标，第一个小组的学习任务是：透过词汇思考文章的主题语境。

交流各自的感知图和疑问点，倾听、提问并表达自己的理解，澄清概念和解决疑难问题。例如有的同学不能清晰地知道"濒危的野生动物有哪些"，通过相互交流，学生了解到东北虎、华南虎、扬子鳄、长须鲸、丹顶鹤、环尾狐猴等都处于这样的濒危状况。有同学提问，"保护野生动物的措施有哪些？"在学生的问答讨论中，深刻理解保护野生动物的重要性，我们需要保护野生动物，不违法捕杀野生动物，可以培养学生尊重生命、热爱自然，树立正确的世界观、人生观和价值观，实现知行合一。（见图3）

图3 同伴交流

【设计意图】学生就某个知识点相互问答，不但促进讲解者对某个知识点更加深入细致的理解，也有利于倾听者解决疑难问题，从不同于教师的角度去理解知识，互相分享，达成理解的目标。

第二个小组学习任务：完善精细图。

图 4　完善精细图

实施过程中，每个小组都能够规范完成交流研讨，可以对照"感知图"交流各自的感知图和疑问点，倾听、提问并表达自己的理解。（见图 4）

【设计意图】学生共同合作完成一项任务，激发学习兴趣、培养语言技能和思维能力。通过交流、提问、答疑解惑，了解自己在语言储备方面的差距和不足，明确改进的方向和目标。

第三个小组学习任务：组内共同研究"怎样写关于野生动物保护的倡议书"。

学生通过讨论、分享，初步写出倡议书所需要的一些词汇、短语和句型结构框架（见图 5），通过打造升级词汇和句型，让自己的表达更上一个台阶，完善思维（学生课堂作答情况如图 6 所示）。

图 5　学生分享小组汇总词汇

图6 学生课堂作答情况

【设计意图】学生通过小组交流和讨论，在已知词汇和短语搭配的基础上，形成了基本的句型表达方法，丰富了自己的词语储备量，综合运用语言的能力有了较大的提升，为写好倡议书打下了基础。同时让学生经历知识建构的过程，培养学生解构—建构的学习能力。

这个环节教师给出的思考问题条主要有两个。

No.1　What situations do wildlife animals face?

No.2　What measures should humans take to protect wildlife?

3. 全班交流，深入研讨

这一环节的主要目标是达成"分析"和"评估"层面要求，采取的主要策略是，通过对核心问题的探究，了解野生动物现状，重视野生动物保护，引导学生深入到话题语境背后的主要任务即明确倡议书的写作意图，熟知倡议书的模板，有效搭建倡议书的框架结构。

在学生初步罗列出倡议书简单表达结构的基础上，进一步组织全班讨论，引导学生丰富词汇、升级句型，思考怎样通过不断打磨、多次润色，独立写出一篇符合高考要求的关于野生动物保护的倡议书。

第一个小组的代表为大家提供了一些可用于野生动物保护类作文中的亮点词汇和固定短语搭配。（见图7）

图 6　第一个小组的代表做分享

第二个小组分享了对"倡议书的框架结构"这一问题的讨论和思考。学生总结出来的模式是：野生动物保护的倡议书用三段式来写，即现状描述、问题的严重性和可采取的措施。分享结束后其他小组纷纷进行补充，在全体师生讨论交流的基础上，达成了共识，在倡议书中又补充了提出呼吁这一部分，使其更加严谨、完整。（见图7）

图 7　学生总结出的倡议书模式

接下来，教师布置当堂课小组任务：写倡议书初稿。倡议书属于应用文的一种，由标题、称呼、正文、结尾、落款五部分组成，多使用将来时态或一般现在时态。题目常会给出标题、称呼、结尾、落款这四部分，学生只需完成正文即可，这类写作的正文包括现状描述及倡议的目的、具体倡议的内容和呼吁。（见图8）

图8　教师布置任务

教师追问、关联学生的不同观点，适时地进行补充、指导。为了发展学生的批判性思维，教师继续引导讨论：有没有写倡议书的模板句子，初稿写好后怎么润色来提升作文档次？在讨论过程中，有同学向全班同学提问：为什么我就想不出什么好的句型？有学生回应：我给你支个招。

在全班讨论的基础上，学生完善自己的感知图，将现状、措施、呼吁等知识进行关联，同时使知识结构更加精细化，形成精细图（见图9）。

【活动意图】引导学生在不同信息间建立关联，通过讨论，引导学生学会交流共享，领悟探究式学习的乐趣。让学生体验自主学习解构—建构的思路和方法，体验"三图六构五环节"的课堂学习模式对自己知识能力构建的推动作用。通过讨论问题，建立完善、严谨的知识框架结构，并让学生体会模板句型在文章中的应用。

(手绘思维导图：中心为 Letter of Initiative，分支包括)

- take action / work together / call on / advertise
- make a better place for... / make concerning laws / stop the illegal action / raise people's awareness
- measure
- current situation — It is reported that... / In danger, die out, go extinct
- template — It goes without saying that, the reason why... is that, In order to..., as is known to all, With the purpose of..., take measures to do, it would be better if..., it is generally considered, There is not doubt that..., It is said / reported that...

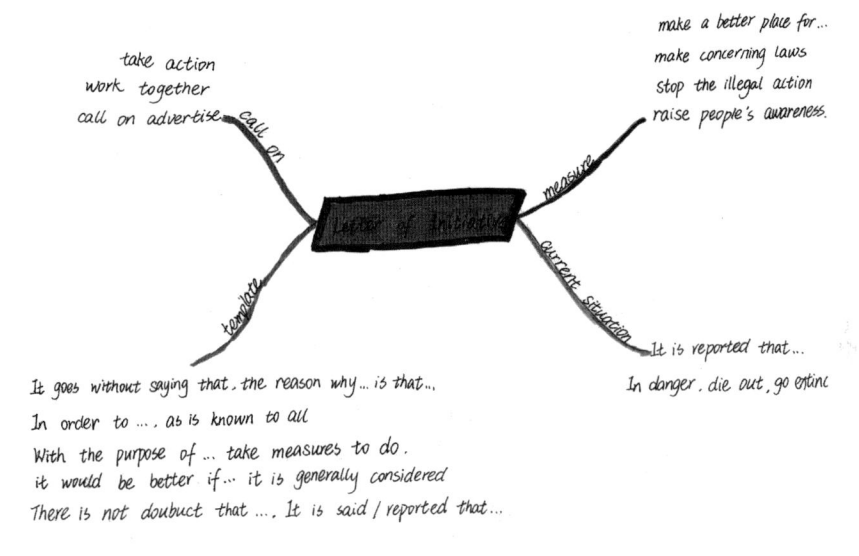

图 9　学生绘制的精细图

4. 凝练小结，反思提升

认识反思活动对理解学科思维模式、领悟学科本质是极其重要的。通过引导性问题可以引导学生关注学科思维方法，深入到学科本质层面，培养英语学科核心素养。通过凝练小结、反思提升，有利于学科思维方式和学科观念教育的外显化，有利于学生获得具有持续价值、迁移价值的知识。

引导性问题：通过本节课的学习，你学会了什么？用图的形式表达出来，形成凝练图（见图10、图11）。在教师的指导下，学生学会了从以下三个方面来组织一篇保护野生动物的倡议书，即现状描述，采取的措施以及如何进行呼吁，同时学生通过交流分享，梳理出了相关词汇，即 It is reported that…，in danger, die out, go extinct, decrease, damage, destroy, raise people's awareness, stop the illegal action, make concerning laws, make a better place for…, call on, advertise, work together, take action 等等，为进一步的英语学习注入了源动力。

为了让作文内容更加丰满，学生可以自由选择如下的黄金句型：

In order to…

as is known to all

with the purpose of…

take measures to do…

it is suggested that…

it would be better if…

it is generally considered/acknowledged that…

There is no doubt that…

It goes without saying that…

There in no need to do…

It is said/reported that…

The reason why…is that…

【设计意图】凝练反思活动，目的是引导学生回顾问题的探究全过程，从一个话题开始，通过发现、交流、分享、归纳、讨论、反思等活动，构建自己新的认知，寻找更多词汇、短语、句型，找出组建倡议书的规律，建构新的知识模块，培养创造性和发散性思维。让学生领悟到解构—建构的自主探究式学习的滋味。

现状：
It is reported that…,
in danger,
die out,
go extinct,
decrease,
damage,
destroy,

措施：
raise people's awareness,
stop the illegal action,
make concerning laws,
make a better place for…,

呼吁：
call on,
advertise,
work together,
take action

学生凝练图（472班黄禹涵）

图10　学生凝练图

凝炼图   保护野生动物的倡议信

- 现状 → It is reported that…, in danger, die out, go extinct, decrease
- Wildlife Protecting ↔ 措施 → raise people's awareness, stop the illegal action, make concerning laws
- 呼吁 → call on, advertise, work together, take action

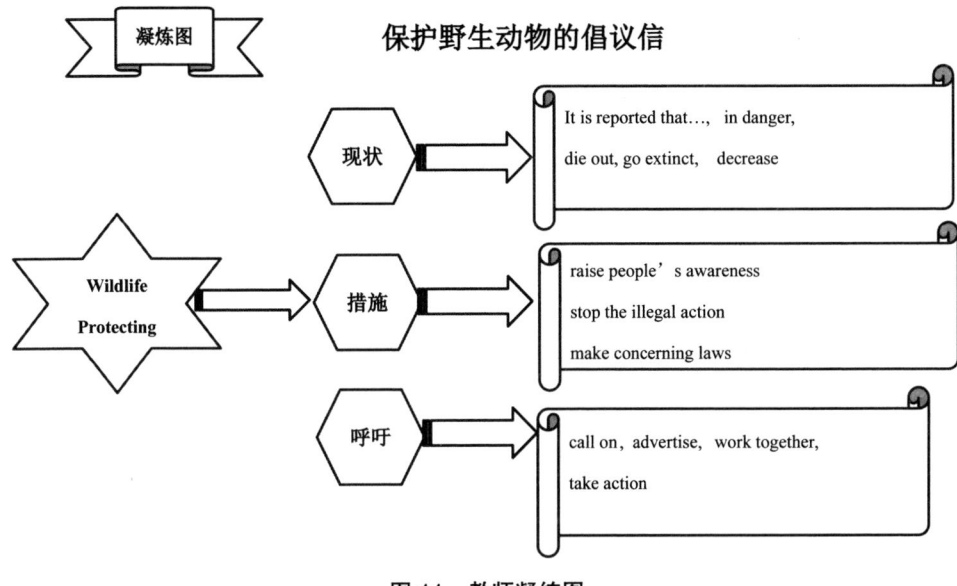

图 11　教师凝练图

5. 训练反馈，对标再评

检测和巩固学习效果，呈现仿真高考题和学习过程性自评。

假定你是李华，请以中国野生动物保护协会 CWCA（China Wildlife Conservation Association）的名义用英文给广大市民写一封倡议书。内容包括：

1. 野生动物的现状；

2. 可采取的措施（加大宣传力度、增加资金、选派志愿者等等）；

3. 对广大群众进行呼吁。

注意：

（1）写作用词数为 80 至 100 个；

（2）可根据内容适当增加细节。

保护野生动物的倡议信

  The animal is the friend of our human beings. We live in the same earth. Animal and human beings can't be separated from each other. But some animals are getting less and less. So it's necessary for us to protect animals, especially wild animals. Some people kill wild animals because of money. It's illegal. It's high time to take actions to protect wild animals.
  Firstly, people should try harder to make a better places for animals. Such as the establishment of wildlife reserves. Second, no buying, no killing. Some rich people like to wear fur coats as a status symbol.
  In sum, wild animals are our friends, we should give back and protect their homeland, and stop buying their body part, or our future generations will see them in zoo and museum.

图 12　学生写作情况（尹思竹）

Wildlife Protection Initiative Letter

  The wildlife animals is the friend of our human people hunt wild animals can't be separated, but some animals are in danger or even on the verge of extinction
  In order to make wild animals no longer face to the survival crisis, I call on everyone to take action together to protect wild animals. The following measures may be helpful to everyone in protection wildlife:
  Firstly, we should raise people's awareness to protect animals and enviroment. Secondly, as far as I am concered animals and enviroment. Thirdly...
  Then, I hope everyone can join in the conservation of wild animals.

图 13　学生写作情况（王伊蕊）

表2 "三图六构五环节"课堂小组合作学习自评表

评价维度	学习目标	小组讨论			全班交流				凝练提升		评价反思	
	独立完成	倾听	质疑	解疑	倾听	质疑	解疑	PK精细图	独立完成	分享	独立完成	效果优秀
等级												

表3 自评量表评价标准

等级	优秀	良好	待改进
学习目标	在规定时间内，独立完成目标自我检测，能够正确理解其内涵，并做出适合实际的判断	基本能够完成目标自我检测，能理解其内涵，并做出判断	不能完成目标自我检测
倾听	非常专注、深入思考、积极回应（及时记录、发表观点），不打断对方	比较专注、有思考、不打断对方	不专注；基本没有回应
质疑	有证据的提问、提问与主题相关性强	有提问，提问与主题相关	没有提问或提问与主题无主
解疑	针对性强的回应，清晰表达观点，观点合理	有回应，不能清晰表达观点	不能针对问题做出回应
精细图	中心词反映核心概念、框架全理，层次清晰，逻辑性强；内容全面，概括精准，无科学性错误；效果美观。在PK环节，亮点突出有启发	中心词反映核心概念、框架合理，层次清晰；呈现了主要内容，有提炼概括，无科学性错误	有中心词，层次间逻辑不清晰；主要内容不够全面，欠提炼概括或存在科学性错误
凝练图	内容聚焦可迁移的观念、思想或方法，概括准确。在分享时，能够清晰表达其观点	内容聚焦可迁移的观念、思想或方法，概括和表达不太精准	不能领悟到思想或方法，不能绘制出凝练图
评价反思	在规定的时间内独立完成检测题目和评价任务，客观公正；检测题目正确率达到85%及以上。或教师评定为优秀等级的	能够独立完成大部分检测题目，正确率达到75%及以上。或教师评定为良好等级的	大部分检测题目不能独立完成。或教师评定为待改进的

【设计意图】目标是教学的出发点和落脚点。学习评价活动既能有利于目标的进一步落地，又能促进自我反思。

三、案例反思

思维导图是引导学生横向拓展思维、纵向延深思维的工具，更是撬动课堂深度学习的有效工具。按照知识发展和创造的过程设计探究学习活动，从课前阅读活动到课中学习的阅读、观察、思考、推理、提问、比较、描述、评估到反思活动，关联成一个完整的合作探究学习过程，基于广义思维导图的"三图六构五环节"课堂重构能够培养成长性思维，让学生能够直面问题、解决问题。学习活动是学生发展的基础，是促进学科思维养成、走向深度学习的重要途径。丰富的学习活动，促进了课堂的多重对话，让学生成为学习的主人，实现从教走向学的转变。通过课堂上思维的碰撞，让学生们逐步地进行深度思考、深度学习，进而培养高阶思维，提升学习能力。

思维导图在对文本内容的深刻理解、学科知识结构体系的构建方面有着极高的价值。学生以某个核心概念为中心主题绘制思维导图，可以展示学生对这一核心概念的整体理解。在这个过程中，学生通过交流、研讨、分享、质疑、解惑等过程，有效地对知识进行了解构和重新建构。学生绘图的过程就是知识网络化、概念内涵显性化的过程，也是知识内化和深度学习的过程。教师通过评判思维导图的结构层次、关键词的数量以及表述的科学性、完整性，对概念的独特认识和独到观点等方面，多维度地反映学生对这一中心主题的内涵和外延的理解深度和广度，形成多元文化知识，提高学科素养。

运用思维工具改变课堂教学方式，要重视学生的独立思考，给学生充足的时间阅读和绘图，重视对学生作品的展示、交流和反思，在展示交流中发现问题，修正完善思维导图。还要重视教师的引导，抓住学生认知障碍并精准点拨，使学生对概念的理解更加深刻，学科观念更加突显，学科方法更加清晰，促进学生深度学习的教学目标的达成。

阅读语篇教学设计
UNIT4 NATURAL DISASTERS
THE NIGHT THE EARTH DIDN'T SLEEP

沈增彩

一、文本分析

从文本叙述手法来看，这是一篇报告文学(literary journalism)。报告文学是一种介于新闻报道和文学作品之间的文体，其题材和所描述的人物是真实发生的历史事件和真实人物。报告文学与普通新闻报道的最大区别在于，前者对事物发生的环境和所涉及的人物有生动的描绘，并运用多种修辞手法来组织语言，这样能激发读者的情感，从而打动读者。本文没有报告文学中常见的中心人物，按地震前、中、后的顺序向读者整体描述了"唐山大地震"这场灾难。文中开篇描述了地震前乡村出现的一些异常现象，运用了排比的修辞手法，语言生动，富有画面感，营造出一种重大事件发生前的紧张氛围。从第二段开始，文章着力刻画了大地震发生时的惊人场景，以及灾难过后满目疮痍、让人绝望的画面。文本最后两段自然过渡到描写身处绝境但绝不放弃希望的灾区人民的生存意志和重建家园的决心。有了来自国家和人民军队的支持，唐山人民在废墟上重建家园。唐山这座被自然灾害损毁的城市重获新生。

从修辞手法来看，除了开篇的排比句外，文本还使用了文学作品中常出现的拟人、比喻、递进等修辞手法，让文章有了更多细节，也更有画面感。

例如标题"The night the earth didn't sleep"，以及文中的"Hard hills of rock became rivers of dirt." "Bricks covered the ground like red autumn leaves……"

"The city began to breathe again."

全文描写生动，饱含情感，体现了作者想要表达灾害无情人有情的思想感情。

二、学情分析

学生能读懂文章的基本信息，比如地震前的迹象，有提炼关键词的能力，能快速地找出文章中的数字信息，积极活跃。接下来要用思维导图指导其梳理篇章整体结构，理清上下文逻辑关系，学生还缺少主动总结概括的能力，比如这些数字凸显了什么？口语表达中使用词汇简单，需要扩充一些高级词汇，比如 destructive, 领悟文中修辞手法的使用有待指导。

三、学习目标

After learning this lesson, students can:

1. Obtain factual information about the Tangshan earthquake and the signs before the earthquake, as well as common sense to protect themselves;

2. Be able to analyze the structure of the discourse and summarize the main information with simple key words;

3. Master the language features and narrative features of the documentary reportage describing major disasters;

4. Sum up the Tangshan spirit, mutual aid between the army and the people in the face of major natural disasters and the firm confidence to rebuild their homes.

5. Answer reporters' questions as an earthquake survivor.

① Have a scientific attitude towards disasters and grasp more knowledge about how to deal with them.

② Realize the importance of protecting themselves before an earthquake and saving themselves when trapped in natural disasters.

③ Learn to respect nature and cooperate.

④ Cherish the people around us and express thanks to those who worked hard to rescue survivors and build a new city.

掌握重点的词汇和短语：

earthquake well pipe burst million event nation suffering extreme injure destroy brick dam track useless shock rescue trap bury mine miner shelter electricity disaster

as if at an end in ruins dig out a great number of

四、教学重点

1. Try to improve the ability of talking about past experiences by describing the big event in the textbook.

2. Try to develop the ability of speaking with the help of vivid pictures.

3. Try to know about the ways to survive in a disaster by discussing in groups.

4. Try to summarize Tangshan spirit.

五、教学难点

帮助学生掌握报告文学兼具文学性和纪实性的语言特征，让学生学会欣赏文章中所运用的修辞手法和写作技巧，理解作者在作品中所表达的情感和写作意图。

六、教学资源与方法

教材、多媒体课件、学案、白板。

Report the event by describing the pictures.

Discuss the questions in groups and solve the problem.

Role-play：interviewing

教学过程	活动设计目的
1. Prediction 　　　　Look at the title and the photos, 　　　THE NIGHT THE EARTH DIDN'T SLEEP If you can't go to sleep, how do you feel? Eg. I'm too excited to sleep. Excited, moved, touched, angry, upset, scared… Why didn't the earth sleep that night? shake, quake(move or shake violently)…	体会拟人化的表达，了解标题传达出的主旨，怎样的标题凝练又有吸引力？ 读完文章你会换标题吗？
2. Lead-in: 向学生展示尼泊尔、旧金山震前震后的图片，使学生直观地感受到地震的破坏性，引出新中国成立以来最大的一次地震——唐山大地震 　　提出问题，引导学生思考地震发生时城市会发生什么？结合本单元前面的内容，这个问题可以启发学生思考地震对城市造成的影响，从而激发学生的探究兴趣	关注阅读文本的标题和图片，引导学生将注意力转向文本将要描述的一场震惊中外的大地震这一历史事件
3. Fast reading Q1. Skim the passage and answer which night? Where? What? Q2. Find out the topic sentence of each paragraph. Q3. According to the five topic sentences, divide the whole passage into three parts.	用思维导图的形式先把文章三部分画出来，训练学生归纳和总结的能力，要求学生掌握文本五个叙述段落的主要内容，从而了解文本的组织结构
4. Detailed reading Part 1: signs. Find out the signs before the earthquake according to the verbs and expressions. 以时间为事件发展的主线，再次回顾课文内容，完成填空。 Para.1 _____ things were happening in the countryside of northeast Hebei. The water in the wells ____ and _____. A _____ gas came out of the cracks. The chickens and pigs were too _____ to _____. Fish _____ out of the bowls and ponds. Mice _____ out of the fields. At _____ am on July 28, 1976, people saw _____ _____ in the sky. Part 2: damage. Find out sentences from paragraph 2 and 3 to describe the following pictures.	借助图片认识单词 ruins、bricks、metal、shock、trap、bury、rescue 这样有直观形象的记忆，全方位调动感官，"听、说、读、看、写" 培养学生根据上下文猜测词义和运用本单元的阅读策略查读的能力

续表

教学过程	活动设计目的
Part 3: rescue and revival. **Read for the numbers, what do these numbers stand for?** Fill in the blanks with data. _____of the nation felt the earthquake. A huge crack that was _____kilometres long and_____metres wide cut across houses. In_____ terrible seconds a large city lay in ruins. _____of the people died or were injured during the earthquake. All of the city's hospitals,_____of its factories and buildings and _____ of its homes were gone.	These numbers show the **destructive**（毁灭性的）**effects** of earthquake directly to us which can help us gain more information about the earthquake. 用数字突出其触目惊心的毁灭性后果 对文本内容的深层理解，用来培养学生独立思考的能力，启发学生去探究事物现象背后的本质
Revival and lessons What does the writer mean by "Slowly,the city began to breathe again." Tangshan began to revise itself and get up on its feet again. With strong support from the government and tireless efforts of the city's people, a new Tangshan was built upon the earthquake ruins. The new city has become a home to more than 7,000,000 people, with great improvements in transportation, industry and environment. Tangshan city has proved to China and the rest of the world that in times of disaster, people must unify and show the wisdom to stay positive and rebuild for a brighter future.	品读文中语言表达，体会修辞手法
Thinking and discussion Q1. What are the warning signs before the earthquake? In paragraph one, many verbs or verbal phrases such as roads, fire, coming out of and ran out of are used .Why does the author use them here? Many sentences in the text give us a picture of the terrible earthquake in Tangshan. Which sentences impressed you most? why? Q2. How do you understand the title, do you think the title is a good one? If not, can you give another title to the text? Q3. What do you think helped in the revival of Tangshan city? Q4. What other cities or towns have gone through similar changes? What lessons can we learn from these events?	要求学生以小组的形式探讨、总结唐山甚至其他有类似经历的城市能够重建和复兴的多种原因，并总结出相应的经验和教训。该活动要求学生就同类事件进行横向和纵向对比，以培养学生分析、评价，以及对所学内容进行深度探究的意识和能力
6. Role-play：interviewing Imagine you were a survivor in Tangshan earthquake, what would you say to the reporters?	培养学生运用所学语言描述事实并表达情感的能力

评价表

	Contents(the expressions we have learnt in the text)（5分）	Pronunciation&intonation (accuracy, fluency, word stress, chunking)（3分）	Body language, speaking aloud（2分）
1			
2			

Discussion: Do you know how to protect yourself during the earthquake?

What shall we do if an earthquake happens at the moment?

In the classroom_____ At home_____

Outdoors_____ When we are driving_____

借助小视频和图片，让学生掌握面对突发灾难保护自己的常识。尊重自然，热爱生命。

Learn to respect nature and cooperate.

Cherish the people around us and express thanks to those who worked hard to rescue survivors and build a new city.

Let's love our lives. Let's love our world.

7. BLACKBOARD DESIGN

THE NIGHT THE EARTH DIDN'T SLEEP			
signs damage revival lesson	rise and fell crack and burst in ruins extreme shocked destructive breathe	numbers 3:42 15 seconds 1/3 400,000 75%…90% 150,000	Hope was not lost. Respect Cooperate Be grateful Cherish

Homework

Rewrite the discourse as a short article within 100 words.

教学反思

一、教学过程设计合理，突出阅读课的语篇功能

设置不同的教学活动，流畅衔接教学环节，使学生能更好地获取文本信息，深入理解文章所要表达的思想，锻炼了学生对文章理解的能力。

二、注重了语篇分析

用思维导图形式训练学生归纳和总结的能力，画出篇章结构，再填细节信息。抓住关键动词和形容词，感受通过数字表达的破坏力。

以动词为切入点，rise and fell、crack and burst 等等，串联地震前的迹象和过程，从形容词入手，重点突出 extreme、shocked、red autumn leaves 等词，体现 sad 的场景。突出 organize、built、rescue、breathe 等词 hopeful 的含义。对文章进行讲解时采用了画面对比、数据呈现、精彩句子分析、用词亮点等方式，引导学生贴近语境，产生情感上的共鸣。

三、学生学习活动安排紧凑，课堂效果反馈良好

本课学生活动有小组合作学习、个人发言、学生表演等形式，紧密配合课堂学案，务实有效地层层推进。观察生生互动、师生互动及课堂学案学生的完成情况以及从 role-play 环节的反馈来看，学生的掌握程度基本达到教学预期，效果良好。

四、不足之处

课堂安排的紧凑性需把握。引导学生借助图片描述事件过程，调动已学词汇和新课知识，用连贯形象的语言来表达。学生口语表达中的简单词汇较多，需要适时地升级和雕琢。比如文章中数字很多，呈现出地震毁灭性的后果，就要用到 destructive、shocking 这样的词。对于学生的评价还需拓宽方式。

理念指导思路，在今后的教学中，备课要充分利用好教学资源，精心设置教学各个环节，把培养学生核心素养落到实处。让学生从学习理解到应用实践，再到迁移创新。把握好时间，提高课堂教学效果。

第四章　教改探究

破解困境，课堂待重生

李永发

一、教学案例

教师：同学们上课，把昨天的练习题拿出来，根据答题情况反馈，我们讲一下出现问题较多的题。

学生准备好练习题。教师按照答题情况进行分析，认真地一边板书一边讲解。学生的目光跟随教师的板书笔触快速移动着，偶尔前边的学生也在齐声回应。

上课期间教师也会停一下对学生提问，但是由于要讲的内容很多，没等学生反应过来，教师就替学生做了回答。

教室现场：整堂课满满当当，教师几乎没有停歇，累并陶醉着；学生主要是以听和看的形式参与，活动单一，动笔较少。

二、案例分析

本节课是比较典型的以教师为主的课堂教学，一讲到底。教师的勤快培养了"不动手"的学生；教师的不放心、不放手培养了"不动脑"的学生；"讲授""观看"代替了"讨论""实践"。《普通高中课程方案》提到普通高中的培养目标之一：使学生具有自主发展能力和沟通合作能力。只有"师退生进"，我们的课堂才能腾出空间，实现上述目标。同时，教师也要转变"教师教过，学生就应该会"的观念。

有以下几点需要反思：教师没有展示学习目标；习题处理没有体现重点；

互动环节学生参与度较低，没有给学生启发、反思、质疑的空间；课堂总结、提升环节缺失。

三、课堂重构

我们采用"五环生本"或"先学后教，当堂训练"的课堂模式，先做学情调研，收取作业，总结、归纳学生在知识点掌握方面存在的问题。

第一环节：编写针对性导学案。导学案应根据学生在作业中出现的问题，梳理知识点，列出研讨问题，引导学生自学完成。第二环节：小组合作、探究反思。先由小组中本学科较弱学生提出疑问，小组长解答。小组未能解答的问题可以提交给全班。此环节，学生自己能看懂的不讲，小组能解决的不讲，这样就能保证教学进度。第三环节：小组展示任务、分享。小组代表在黑板上演示、讲解解题过程。第四环节：各小组可以相互补充、质疑。第五环节：教师点评、变式再练、建构、升华。

四、导学案编写的原则

（1）针对性原则。根据学情调研，总结、归纳学生在知识点掌握方面存在的问题，制定符合本班学情的导学案。

（2）导学性原则。要能够引导学生自学。

（3）一体性原则。知识点的梳理与研讨的问题、训练题成体系，前后一体化，围绕核心知识设置。

（4）层次性原则。要兼顾不同层次的学生，设置必做题、选做题、思考题。

（5）建构性原则。建构性原则是创设具有带入性的活动情境，在情境中学习思维方法，运用活动技巧，反思行为表现，主动建构并生成知识。

五、课堂改革是时代之需

目前我校的课堂教学环节中，学生参与度较低，学生展示大多以"说"答案的方式完成互动环节。对于很多细节问题，部分学生的答案得不到纠正。例如英语学科的填空题，当答案为 explores 时，学生以"说"答案的方式回答时，"S"的发音不容易读出来，语法薄弱的学生往往理解不到位，只能呈现"explore"的答案。

因为课堂上以教师讲解为主，教师满堂灌，从上课讲到下课，教师的"讲"充斥着整个课堂。因为教师的"讲"贯穿课堂教学的始终，学生始终处于被动的"学"。只有回答，没有发问；只有记录，没有思维；只有脑动，没有手动；只有自动，没有互动。所以学生学得疲倦，学得生硬，学得迁就。因为课堂上教师教学的手段是单一的，学生兴趣不浓，主动性和积极性不强，自然，学习的潜能不能得到充分的挖掘。这正是我们面临的困境，正如巴西教育家弗莱雷在《被压迫者教育学》中讲："教师教，学生被教；教师无所不知，学生一无所知。"

本学期，我校引入"五环生本""先学后教，当堂训练"的课堂模式，就是期望实现在课堂教学环节学生的"双动"，即思维动起来、身体动起来，通过学生自主学习、合作学习、探究学习，达到学生主动参与、积极思考、知识生成的目标。

从 2001 年开始，新课程改革就在国内试点有序进行。从 2011 年开始，从小学到高中全面进行新课程改革。如今新课程改革已经走到了 2024 年，"五环生本""先学后教，当堂训练"的课堂模式在全国很多地方已经落地生根、发展成比较成熟的课堂模式，而我们仍旧在按照课改前的节奏缓行。课堂教学改革就是要改变重教师教、轻学生学的错误倾向。先学后教，兵教兵，学生登台讲、教师坐下听是正常现象。

容城中学的发展正处在关键的十字路口，面对新时代国家对人才培养的要求，面对雄安新区对高质量教育的要求，面对县委县政府、教育局对容城教育的要求，我们必须下定决心，走课改之路。

参考文献：

[1][1] 思维智汇. 新学期，教师如何有效开展班级活动，提升学生的思维品

质 [OL].https://www.sohu.com/a/487000470_100194097，[2021-0901].

[2] 刘金玉. 课堂教学的革命 [M]. 武汉：长江文艺出版社，2016：7-8.

[3] 保罗·弗莱雷. 被压迫者教育学 [M]. 上海：华东师范大学出版社，2020：23.

[4] 袁贵仁. 中小学校管理评价 [M]. 北京：人民教育出版社，2014：7.

新课程下如何创设课堂设问情景

曹平君

一、问题情境在数学课堂教学中的重要性

1. 创设问题情境，激发学生学习数学的兴趣

心理学家认为：兴趣是一个人为了探索知识和认识事物的意识倾向，学生在学习中带有兴趣，才能表现出主动性、积极性和创造性。数学教学要想真正实现以学生为主体，就应当把激发学生的数学兴趣作为导向，使数学学习活动成为一个生动活泼的、主动的和富有个性的过程。在数学的课堂教学中，教师平铺直叙地讲解，一般是不会引起学生学习兴趣的。如果教师能够根据教学内容和学生的智力发展水平，创设趣味性、探究性的问题情境进行教学，常常能诱发学生的好奇心和求知欲，培育学生浓厚的学习兴趣，从而让学生主动地学习，有助于培养学生良好的情感态度和激发学生学习数学的积极性。

2. 创设问题情境，培养学生的合作探究能力

我们知道教学活动不是一种"授予—吸收"的简单过程。在课堂教学中，教师应成为学生学习活动的促进者，而不是知识的授予者。这就要求教师创设合适的教学问题情境，切实为学生养成合作意识与发展能力搭建平台，让学生在"合作"中学习新知识，在"探究"中建构知识。通过问题情境，切实让学生感到合作是一种学习的需要，探究学习是获取新知的有效途径，逐渐养成学生的合作探究意识。

3. 创设问题情境，培养学生的问题意识

所谓问题意识，指学生在一定的情境下，提出问题、质疑问题、变换问题和发展问题的一种思维习惯或心理状态。新课标把"是否具有问题意识，是否

善于发现和提出问题"作为评价学生能力的重要标准。心理学研究表明：学生思维活动是从问题开始的，在解决问题中得到发展。数学是一门极具逻辑性的学科，而发现问题和解决问题是学生思维活动的重要方面，所以培养学生的"问题意识"对培养学生的逻辑思维能力，造就富有创新精神的数学人才，具有极为重要的意义。创设问题情境就是要将学生置于问题研究的气氛中，使学生主动地发现问题、提出问题、分析问题和解决问题，以此来培养学生的问题意识。

4. 创设问题情境，培养学生的创新意识

随着新一轮课程改革的深入，提高学生的创新意识和创新能力是我们数学教师面临的重要课题，而且考查学生的创新意识也是高考命题的方向。创新思维是人脑运用与众不同的本质和规律，找出事物之间的新联系，形成新结论，是对求知事物进行有创见的思索过程。教师教学中，通过创设问题情境，调动每一位学生的参与意识，鼓励学生发表不同的见解，可以引导学生提出具有挑战性的新问题，为创新做铺垫，逐渐培养学生的创新能力。

二、创设问题情境的原则

问题情境教学是培养学生的合作能力与创新思维能力的十分有效的教学方法，要成功地实施问题情境教学必须遵循一定的原则。把课堂教学的有效性作为出发点，笔者认为创设问题情境应该遵循下面四个原则。

1. 针对性原则

教师在创设问题情境时，一定要紧扣本节课所讲内容，不要故弄玄虚，离题太远，要能揭示数学概念或规律，要直接有利于解决当堂所研究的课题，要有利于激发学生思维的积极性，体现出问题情境的典型性和代表性。

2. 适度性原则

问题情境的设计，要从实际出发，考虑到大多数学生的认知水平，应面向全体学生，切忌专为少数人设置。既要考虑教学内容又要考虑学生个体的差异，注意向学生提示设问的角度和方法，要让每位学生从教师的情境设计教学中得到发展和收获。

3. 启发性原则

问题并不在多少，而在于是否具有启发性，是否能够触及问题的本质，并引导学生深入思考。要给学生一定的思考时间和空间，必要时可做适当的启发引导或提示，教师的启发要遵循学生思维的规律，不可强制学生按照教师提出的方法和途径去思考问题。

4. 互动性原则

教师设计的问题情境，要能让学生不断提出新的数学问题，提出带有研究价值的新问题，让学生不断建构新知识，保持思维的持续性，真正做到让学生一直比较主动地参与课堂，而不是等待问题的出现。

三、创设问题情境的策略和案例

1. 利用趣味游戏，创设问题情境

如：二分法求方程的近似解。我们今天来玩个猜数字游戏，我手中这支圆珠笔的价格标签是 5~15 元中的某个整数，你们来猜它的准确价格，我将对你们的答案做"偏高""偏低"或者"正确"的提示，谁能既准确又迅速地回答出这支钢笔的价格呢？利用生活中的趣味游戏创设问题情境，激发了学生的学习兴趣，从而让学生主动地学习，在轻松愉快的教学情境中，发展学生的情感态度和一般能力。

2. 利用典故，创设问题情境

如：等比数列的前项的和。国际象棋起源于古代印度，相传国王要奖赏国际象棋的发明者，问他要什么。发明者说："请在棋盘的第 1 格子里放上 1 颗麦粒，第 2 格子里放上 2 颗麦粒，第 3 格子里放上 4 颗麦粒，以此类推，每个格子里放的麦粒数都是前一个格子里放的麦粒数的 2 倍，直到第 64 个格子。"国王欣然同意，国王是否能实现他的诺言呢？此案例利用典故发问，引起学生的好奇心，促使学生积极思考，产生探究的欲望，学生兴趣十分浓厚，很快就进入了主动学习的状态。

3. 联系实际生活，创设问题情境

如：均值不等式。某商场在节前进行商品降价酬宾销售活动，拟分两次降价，有两种方案：甲方案是第一次打 2 折销售，第二次打 3 折销售；乙方案是第一次打 3 折销售，第二次打 2 折销售。请问：哪一种方案降价较多？此案例的问题情境贴近生活，给学生创设了一个观察、联想、抽象、概括、数学化的过程，在这样的实际问题情境下，学生一定会想学，乐学，主动学。

大量的教学实践证明，问题情境教学是提高课堂质量的有效途径之一。在数学课堂教学中，教师灵活处理教学过程中出现的各种问题，精心创设各种教学问题情境，能够培养学生的学习兴趣，激发学生的求知欲望，调动学生学习的积极性和主动性，促使学生以探索者的身份去发现问题，总结规律，提高学生运用知识解决实际问题的能力，同时使课堂教学丰富多彩，生动活泼。

总之，在数学教学中创设恰当的问题情境，不但能激发学生学习的兴趣，充分发挥学生的主观能动性，提高课堂教学质量，而且能培养学生的实践操作能力和思维能力，使课堂真正成为学生自由发展的阵地。虽然目前我们的新课改还存在一些问题，但是只要我们吃透课改精神，准确把握新课改的本质，并在实践中不断探索和积极创新，相信我们一定能创设出既符合学生认知规律又贴近生活实际并紧扣学习主题的教学情境，从而提高数学课堂教学的效率。

利用时事地理元素　创设情境提高素养
——核心素养下的地理教学例谈

郭明英

学科核心素养是学科育人价值的集中体现，是学生通过某学科学习而逐步形成的关键能力、必备品格与价值观念。地理核心素养包括人地协调观、综合思维、区域认知和地理实践力。

过去的地理教学研究的目的是三维目标的达成，现在讲的是核心素养，这两者有什么区别呢？笔者以情景式的教学创设为例，谈谈自己的拙见。

所谓情境必须基于"真"的地理。可以包括：地理景观、地理分布、地理实验与活动。在这种条件下教师有意识地创设各种情境，促使学生去质疑问题。问题源于情境，学习者在一定的问题情境中，经历对学习材料的亲身体验和发展过程，才是学习者最有价值的东西。

春节联欢晚会《欢乐的节日》《我爱你中国》《同喜同乐》等，这些节目充满"一带一路"的国际元素。在此基础上教师提供真实的丝绸之路图片，让学生结合自己的知识储备，联系社会热点，分组讨论并归纳"一带一路"的相关基础知识，包括所经过区域的自然地理条件（位置、地形、气候、河湖、植被、土壤、灾害等），社会经济发展状况（资源、交通、产业、文化、经济基础以及与我国的友好合作伙伴等）。在此过程中，学生基于知识的有限性很有可能归纳不全面，教师必须给予必要的补充。

陆上丝绸之路起自中国古代都城洛阳，经长安（今西安），再经河西走廊、中亚国家、阿富汗、伊朗、伊拉克、叙利亚等而达地中海，以罗马为终点，全长6440千米。这条路被认为是连结亚欧大陆的古代东西方文明的交会之路，而丝绸则是最具代表性的货物。

海上丝绸之路是指古代中国与世界其他地区进行经济文化交流的海上通道。古代海上丝绸之路起自中国东南沿海，经过中南半岛和南海诸国，穿过印度洋，进入红海，抵达东非和欧洲，成为中国与外国贸易往来和文化交流的海上大通道，并推动了沿线各国的共同发展。

冰上丝绸之路是指穿越北极圈，连接北美、东亚和西欧三大经济中心的海运航道。2017年11月，中俄两国再次就打造"冰上丝绸之路"深入交换了意见，达成了新的共识。包括北极航道的试航，中俄极地水域海事合作谅解备忘录以及两国积极在北极地区尤其是勘探开发等方面的合作。

草原丝绸之路是指蒙古草原地带沟通欧亚大陆的商贸大通道，是丝绸之路的重要组成部分；主要路线由中原地区向北越过古阴山（今大青山）、燕山一带长城沿线，西北穿越蒙古高原、中西亚北部，直达地中海欧洲地区。

通过对以上4个丝绸之路的认识，以一个地区（中亚）为例，引导学生思考：中亚地区的位置、范围、区域特征、特征形成、传承与保护等。使学生运用地理的综合思维，联系地、发展地、全面地看待中亚地区的自然和经济特征，理解和解释人类生存的地理环境和人文环境的关系，比如荒漠化的发生发展过程，寻找其中的规律。引导学生树立人地协调的观念，在今后的开发过程中注重当地生态环境的保护，使学生初步具备地理实践力，将理论与实际密切结合，提升自我的全球视野，为未来学习和走向社会打下基础。这就对教师提出了更高的要求：要有明确的教育理念和课程意识，在教学过程中不断提升课程开发能力，转变自我角色，做好学生学习的组织者和帮助者，树立科学的评价观，保持持续的自我发展能力，做终身的学习者。

鱼·渔·渔场

任 敏

教学的日历翻到 21 世纪，传统的倾囊相授、事事包办的"满堂灌"的教学方法已被一场深刻的教学改革颠覆。

迎着改革的春风，作为一名语文教师，笔者没有简单地模仿，而是根据学校的实际，减负增效，减压增趣，授学生以"鱼"——知识，授学生以"渔"——方法，授学生以"渔场"——环境，和学生一起学习，一起成长。

一、授学生以鱼——知识

语文知识表面上浩如烟海，让很多人消耗了大量的时间，牺牲了大部分精力，而实际上我们所传授的语文知识归纳起来就是字、词、句、段、篇。

1. 授鱼——字

汉字是语文最基本的单位。学汉字不但要关注汉字的音形义，更要明了义与音、音与形、形与义的关系。譬如："荷"作动词"担，扛"读"hè"，读作"hé"时表名词"莲"，字义与读音是紧密相关的；"简"，读作"jiǎn"，由"竹"和"间（jiān）"构成，可见，"秀才读书看半边"也有一定的道理；形与义的关联，亦见古人智慧，耳到、眼到、口到、心到谓之"聪"，日月有光谓之"明"。这样，学生就能深入了解中国文字，产生深层次的持久的兴趣。

2. 授鱼——词

构字成词，词语的价值在于精准地运用，不仅要分清词语的褒贬和词性，而且要把握词语意义，如"不耻下问"意为"不以下问为耻"，"下"的意思是"学识、地位不如自己的人"，便可得出这个词语是有方向性的；"门庭若市""栩栩如生"，把握"若"和"如"均为"像"，是喻指，才能准确运用。了解词语结构可以使词语运用更为灵活,"接踵摩肩"是并列式,亦可写作"摩肩接踵","班门弄斧"指在行家面前卖弄,写作"弄斧班门",状语置后,让人眼前一亮。

3. 授鱼——句

句子是表达实意的最小单位。要了解成分,善于表达。在"五月的校园是个美丽的季节"一句中,主干"校园是季节",主宾搭配不当,应改为"校园的五月是个美丽的季节"。了解句子成分有利于正确的表达,而恰当的表达有利于感情的传达。朱自清先生在《背影》中有"现在想想,我那时真是太聪明了"的话,使用反语,正话反说,写自己少不更事,顾及虚荣,更深切地表达了自责之情。句子表达还是形成语言风格的最好切入点,教学中要有所倚重。

4. 授鱼——段

段由句构成,句与句之间必定要存在逻辑关系,理清这种逻辑关系,既可以将打乱顺序的句子排列好,又可以透析段落的真正含义,通过含义理解其作用。一学生在《与___邂逅》的习作最后写道:"诚信是为人之本。正是与一百元红钞的邂逅,让我明白了诚信做人的可贵;正是这诚信,明确了我的价值观;正是这正确的价值观,让我有机会,有希望走好以后的路,创造无悔的一生。"这一段文字层层深入,以小写大,展现为人之"本",既是卒章显志,又是升华。

5. 授鱼——篇

曾经听到这样的论调:"语文教学,最终是为了有意识的写作。"现在看来,话虽偏颇,但道出了篇章是语文能力的综合展示。如语文版九年级上的《小男孩》,小说讲述了孤苦的"小男孩"在妈妈的逼迫下去向已与妈妈离婚的爸爸那里要生活费的过程,反映了当今社会父母离异给孩子带来的心灵的伤害和生活的困苦,批判了小男孩父母的不负责任,折射出我国公民法律意识淡薄。用故事性强的小说体裁,选取司空见惯的挨批评、受逼迫、坐电车、买冰棍、与小女孩妈妈谈话等情节,很容易让人走入情境;"事不关己"的冷淡语言风格反衬的故事本身赢得了读者最大的同情;对比衬托和细节描写,使故事近乎真实,产生动人心魄的力量。可见所选体裁、所筛材料、所用手法和语言风格要为主题(不同体裁有不同的叫法)服务。语文即生活,也应该体现它的生活价值。对"小男孩"

的遭遇，我们除了感性地引导，还应该带给学生理性的思考；并教导学生在写作中有意识地用所选体裁、所筛材料、所用手法和语言风格为主题服务。

二、授学生以渔——方法

对于学生，我们不但要授之以"鱼"，更要授之以"渔"——方法。那么，哪些方法能让学生主动高效地去获取知识呢？

1. 授渔法——自学

教育不是教师讲得越细，学生学得就越容易，课堂效率就会越高。事实上，老师过度地讲反而降低了学习效率。马云就说过，认真听课的孩子偶尔学习好，能够自学的孩子永远学习好。课改用实践证明，学生有了学习兴趣，自学十分钟，就能掌握老师讲四十五分钟的内容。

学生自学，要定目标、定时间、定程序。关于目标，学生可根据自己的实际情况，自我定位，分层达标。如合格，三道基础题；良好，再加一道能力题；优秀，再加一道综合题。关于时间，或固定内容比时间，或固定时间比效率。关于程序，学生首先读书（教材、教辅等）获得知识；然后进行思维的拓展延伸、知识的迁移；最后解决问题，如果不能解决问题可再回过头来学习或讨论，这个过程是个不断反馈的过程，在不断的反馈中，学生积极主动地去学习，加之有时间的限制，学习效率大大提高。英国的生物学家达尔文曾经说过："我所学到的任何有价值的知识都是自学来的。"所以，教师一定要教会学生自学。

2. 授渔法——讨论

俗话说，三个臭皮匠，顶个诸葛亮，对于学生个人学习有困难、意见不统一的问题，就要教会学生讨论交流、合作解决。

讨论前，笔者要求学生要积累知识、独立思考；讨论时，要求学生有理有据、积极参与；当然，也要及时指导，保证小组有足够的合作的时间。

这样，在小组讨论时，学生既发表见解、相互启发、解决问题，又能够进行扩充提问，实现拓展迁移。讨论，不仅解决了疑难、提高了效率，而且提升了学生的合作解疑的能力。

3. 授渔法——展示

一堂成功的课，不是教师讲了多少，而是学生学会了多少。一堂课的精彩，不是教师展示的精彩，而是学生展示的精彩。学生交流展示是整个课堂的主旋律。首先，教会学生站，一定要侧身而立，不要挡住旁边同学的视线；其次，教会学生说，发言时声音要洪亮，语言尽量简洁，节奏不要太快，注意用语文明礼貌。最后，教会学生勇敢地展示自己的探究过程和结果，把自己联想到的问题和答题思路展示出来，让自己在展示中完善和提高。

4. 授渔法——评价

学生展示学生评价，是让学生积极参与、提高课堂效率的有效途径。在生生评价中，让学生明确自己的角色与作用，既鼓励他们据理力争，对有问题的答案提出异议；也鼓励他们在赞同别人的同时，向他人学习。生生评价，不仅活跃了课堂气氛，提高了课堂效率，而且使学生学会了互相启发、互相激励，逐步形成团结、合作、严谨、锲而不舍等创造性人格。

三、授学生以渔场——环境

当学生掌握了"捕鱼"的方法，我们还需要给他们提供一个"渔场"——获得知识的环境。让学生在"渔场"里用所学之法去捕自己所需之"鱼"。

1. 制定规则，建造科学的渔场

俗话说，"没有规矩，不成方圆"。为使学生做课堂这个渔场的主人，我们学校确定了"五环生本""先学后教，当堂训练"两种课堂教学改革模式，这首先在时间上有了以学生为主体的保证；组间同质、组内异质的合理分组是公平竞争的保证；组内近、组外远是合作探究的保证；对自学、讨论、展示、质疑、评价环节的实施细则是课堂高效的保证。

授学生以渔场，必定要以具体可行的规则为前提。

2. 赏识教育，打造自信的渔场

马斯洛"需要层次"理论告诉我们：人类除了最基本的生理、安全需要外，更高层次的需求就是对尊重的需求，希望得到他人的肯定和欣赏，得到社会的肯定性评价。

在日常教学中，我怀着赏识的情感，用赏识的符号去圈点，用赏识的语言去激励，用赏识的分数去定位。60分的作文是语文试卷的"半壁江山"，学生对作文分数的关注程度不亚于对总分的关注。在给分时我采取了减法赏识法。肯定优点给高分，提出希冀减分。这样不仅让每个学生明白地知道了自己的优点和提高作文成绩的切入点，而且使不同层次的学生找到了自信。一位现在已上大三的学生对我说："老师，是你让我找到了自信。还记得当时我作文不好，别的老师给我的分数都是38、39，只有你给我写的是'52-3-5-5'。"是呀，自信能化渺小为伟大，化腐朽为神奇。这位同学找到了自信，为他以优异的成绩进入中国石油大学奠定了基础。

3. 寓教于乐，营造快乐的渔场

"知之者不如好之者，好之者不如乐之者。"学生在学习过程中积极主动，轻松快乐，会达到事半功倍的效果。比如：在词语教学中，笔者与同学进行猜词游戏，评选最佳搭档，大屏幕上给出10个词语，一个同学背对词语猜，一个同学通过讲解意思、分析用法来提示。10个全猜对为优，9个为良，8个为及格。这个游戏，不仅让学生理解了词语的含义，培养了灵活运用词语的能力，而且达到了"乐之"并积累文学语言的目的。在日常的教学中，笔者寓教于乐，为学生营造快乐的渔场。

鱼、渔、渔场三者虽相对独立、各有侧重，但又相互关联、密不可分。学生在科学的、自信的、乐观的渔场里积极主动地自学、讨论、展示、评价，从而实现了学生的知识与能力、过程与方法、情感态度与价值观的提升。同时，我也被评为学科带头人、科研型教研组长、一线教研员，并在全市的研讨会上做示范课。学无止境，教更无止境。笔者将继续学习研究，授学生更好的鱼，授学生更高效的渔，授学生一片更宽广、辽阔的渔场。

参考文献：

[1] 覃海英. 高中语文基础知识教学策略探析 [J]. 广西教育，2017（34）：

116-117.

[2] 郭小芳. 夯实基础知识，提升基本能力——新课改背景下语文教学的粗浅研究[J]. 新课程（下），2017（08）：194.

[3] 黄朝友，丁艳飞. 高中语文教学仍需强化基础知识[J]. 语文天地，2017（22）：15-16.

教出语文的优美

——浅议如何提高语文课堂教学的有效性

王东良

在我的印象里，语文是美丽的，她的美足以让每一个追求她的人"衣带渐宽终不悔"。语文的世界里有大漠孤烟、长河落日，有落霞孤鹜、秋水长天；语文的世界丰富如浩瀚海洋，语文的世界知识无涯无疆；语文的世界里，一段残竹，一缕花香，一声虫鸣，一道残阳，都有令人神往的故事。语文课应该成为最受学生喜欢的课程，可现实的情形却让很多人大跌眼镜。语文课上老师讲得口干舌燥，学生听得昏昏欲睡。语文课下同学们都忙于做数理化作业，对语文作业要么敷衍了事，要么很少问津。

为了改变这种局面，语文界进行了无数次的尝试或改革，现在正在进行的新课改尤其轰轰烈烈。然而，反思新课程背景下的课堂教学，我们不难发现，课堂教学改革就其总体而言，大方向是正确的，并取得了实质性的进展，但是由于对新课程理念的理解、领会不到位以及实施者缺乏必要的经验和能力的原因，课堂教学改革也出现了一些形式化、低效化的现象。在轰轰烈烈的新课改中存在着一些貌似实施了新课标，看似很新颖热闹的课堂，实际上有效性并不高的问题。那么，作为在课改一线的我们，面对新课改，面对全新的理论，全新的教材，应该如何提高课堂效率呢？我在这里谈一些浅见。

一、教师转变观念，改变课堂模式

在新课程背景下，教师首先要转变观念，改变教学方式。传统模式下的教师把自己置于课堂的中心，以知识权威者的身份说话，使课堂教学成了教师的"个人秀"，教师几乎"垄断"了课堂里的所有话语权，从而把学生置于"失语"

的境地，所以，老师讲得津津有味，学生听得昏昏欲睡，学生参与教学活动太少，难免思想开小差。在新课程背景下，教师需要从过去单向的独白式表演者的角色中解放出来，进而成为课堂教学过程中与学生展开平等交流的对话者。把过去的"老师讲、学生听"变为学生的"自主、合作、探究"学习。把课堂真正还给学生，让学生成为课堂的主人，让学生拥有课堂的话语权。

语文课程标准指出：语文课程必须根据学生身心发展和语文学习的特点，关注学生的个体差异和不同的学习需求，保护学生的好奇心和求知欲。语文教学过程中要充分发扬民主教学思想，让学生始终拥有安全、自由、开放的心境，敢疑敢问，敢说敢为。从某种意义上说，教学的民主程度越高，学生自觉学习的热情就越高，课堂教学的效率也就越高。新课程强调"一切为了学生的发展"，以育人为中心，要求老师尊重每一位学生，给所有同学展示自我的机会。鼓励学生发出自己的声音，提出自己的看法。这样既能与学生平等地交流思想，探求真理，又能让学生参与教学管理，训练学生自我学习的能力。

二、激发学习兴趣，构建语文高效课堂

因为学生是课堂的主人，要想使课堂高效，使学生收获更大，兴趣是最重要的。兴趣是学生学习一切知识的精神与力量源泉。如果学生对这门课缺乏兴趣，任你讲得天花乱坠，学生都感到索然无味，因为他缺少了一种学习的内驱力。但兴趣的形成不是一蹴而就的，它需要不断地强化、积累、培养。课堂艺术性高的教学如庖丁解牛一样，教者"游刃有余"而自如，学者"踌躇满志"而有得。因此，如何在有限的四十分钟内，牢牢吸引学生的注意力，激发他们学习的兴趣，进而启发思维、陶冶情操、培养创造力，就成了高效课堂的关键。为此，我采取了很多小的方法。

1. 开展课前三分钟演讲

每周设计一个大的演讲话题，让学生在此话题内以自己喜爱的方式演讲，可以是一篇文质兼美的文章，可以讲笑话，进行成语接龙，讲身边的故事、校园新闻，说绕口令，即兴讲故事（随便找几个词语，编一个完整的故事）等。

学生演讲充满个性而富有创造性，课前三分钟演讲成了学生展示自我风采很好的舞台。实践证明，学生们也恰恰找到了这种感觉，使每一节课的课前三分钟演讲成为学生的一种期待、一种满足。

2. 合理使用多媒体设备

多媒体是声音、图像、文字等的组合。多媒体教学具有诸多优势。它能够促进教学形态的多样化。它形象具体、生动活泼，有利于引发学生的学习动机和调动学生的学习积极性等。但是，在运用多媒体教学时也要避免使一节课成为课件的展示而忽视对教材具体语言文字的感知体会，忽视对诵读、语感的培养，限制学生的想象与创造。教师可把学生在生活中缺少接触、不易见到、无法体验的内容，借助多媒体的音像材料加以表现，从而帮助学生更好地理解课文：可以用来激发兴趣、渲染气氛、营造意境，使学生对文本理解得更深入。如《林黛玉进贾府》篇幅较长，又是古白话文，学生阅读起来较为困难，我就放了电视连续剧《红楼梦》第一集《林黛玉别父进京都》和第二集《宝黛钗初会荣庆堂》，这样可以让学生的口、眼、耳、手等多感官参与教学信息的广泛交流，使学生们对里面的人物、环境、故事情节有了深刻理解，整个教学活动也显得丰富多彩。

三、重视学习方式，重塑课堂教学形象

一直以来，学生学习主要以接受学习为主，而学生提出问题、分析问题、解决问题的能力以及实践能力和创新能力没有得到培养。在新课改背景下，要重视对学生自主学习能力的培养，重视并提高学生在合作探究中解决问题的能力。

1. 重视"探究"的学习方式，重塑课堂教学形象

"探究"作为新课程强调的三大学习方式之一，因其具有激发学生自主学习、体验、发现等优点，已逐渐为广大教师所接受并在教学中运用。当然，学习不可能也不必要由学生处处去亲自发现和独立探索。让学生运用探究学习方式进行学习，我们更多要考虑的是学习内容是否适合探究学习，从而确保学习的有效性。

2. 加强小组合作学习

"合作学习"有利于体现学生的主体性，有利于张扬学生的个性。我们要努力为学生创造条件，努力为学生提供合作学习的空间。

四、调整课堂练习，进一步提高课内学习效率

我常常在课堂上布置一些锻炼学生思维的或带有启发性的，或有助于链接下一堂课教学内容的作业。比如，教《我有一个梦想》时，我让学生仿照课文的句式和修辞手法，写写"我有一个梦想……"学生当堂写的作业丰富多彩，各抒己见，各有特色。教完《杜甫诗三首》，我让学生们改写其中的一首，自己选择，自己想象，这激发了同学们更多的创作欲望。

新课程标准下教师理应变通作业的布置模式，因人而异。即：学生会做的，明白了的，就不要再重复进行了，布置学生做其觉得有疑问的、有新鲜感的作业。

总之，课堂教学的有效性从不同的角度会有不同的阐述，不同的个体也会有不同的观点，但从评价内容的角度来说，一节好课必定要在融洽的氛围中让学生积极主动地参与学习，多种元素在课堂教学中完美整合，就会是有效的课堂教学。汉语是我们的母语，也是世界上最博大精深的语言之一。作为一个语文教师，不应让学生整日纠结于作业的沉重负担之中，而更应该让学生们体会到语文的美，体会到语文的魅力。

参考文献：

[1] 中华人民共和国教育部. 普通高中语文课程标准（2017年版2020年修订）[M]. 北京：人民教育出版社，2020.

[2] 邓达文. 语文美育的实施途径 [J]. 中国教育评论，2020（6）：38.

[3] 白光沂. 语文教育中的智能开发：多元智能理论下的教学思考 [J]. 科教文汇（中旬刊），2019（3）：52-53.

新课改后的数学课堂的教学形式改革

肖雪秋

数学教育作为人类活动的一个领域，有几千年的历史，其教学要求学生在教师设计的教学活动中，通过积极的思考不断地了解、理解和掌握这门科学，所以揭示思维过程、促进学生思考就成为数学教育的特殊要求。当前，新课程改革已全面推进，数学教育也正在经历一场深刻的变革，教学中要体现学生的主动性、合作性、多样性等特征，要使学生在发展数学能力的同时，发展创新精神和实践能力。如何激发学生的学习兴趣，是广大教师面临的一个普遍的棘手的问题。所以笔者结合日常工作，就课改后的数学课堂，简单谈谈如何进行教学才能更有效地激发学生的学习兴趣，提高教学质量。

一、真诚对待学生，爱每个学生，建立和谐的师生关系

爱是教育的基础，没有爱便没有一切。作为教师，只有热爱、尊重、理解和信任学生，才能发挥学生的主动性，激活学生的思维。教学中，我们会心的微笑，生动幽默的语言，对学生回答问题的精彩部分给予肯定、表扬等，善意的玩笑，甚至适当地做个小游戏，这些都能让学生感到亲切，使他们喜欢你，充分感受到老师的爱，爱上你的课。所以我们要力求转变角色，变数学知识的传播者为数学活动的组织者、指导者、参与者，想尽办法让学生积极思考，大胆发言，同时应该随时插问"不明白"的问题。如"为什么？""原因是什么？""你能说出理论依据吗？"等等，这既能检验学生解决问题的能力，又能锻炼他们的逻辑思维能力和口头表达能力。

二、从实际问题入手，提高学生解决实际问题的能力

我们知道，孩子在婴幼儿的时候都有过把玩具放嘴里吃的阶段，这是小孩对外界的一种认知方式。捷克教育家夸美纽斯也说过：一切知道都是从感官开始的。而数学来源于生活，现实生活又是孕育数学的沃土。所以从学生身边的、熟悉的事出发更容易引起学习兴趣，同时为其提供观察和操作的机会，使他们有更多机会从周围事物中学习数学和理解数学。

比如，在指数教学中，让学生感受指数增长速度时，如果仅提问："有多大？"学生可能漠不关心。如果换用一种学生熟悉的语言进行设问："万能的朋友圈里某人听到一则消息后 1 小时内传给 5 个朋友，此 5 人在 1 小时内每人又分别传给另外 5 个人……如此下去，一昼夜能传遍一个多少人口的城市——十万、百万甚至更多。"那么学生的直观判断和实际的计算结果间的巨大反差会使学生对指数增长速度有非常深刻的印象。

这种教学方式既带有情感色彩，又让学生产生顿悟，同时使学生思维能力、表达能力、动手能力、想象能力、提出问题和解决问题的能力，甚至交际能力、应变能力等，都得到了较好的培养和训练。但要注意，教师捕捉的生活素材应是学生身边真实有意义的事例，不要与实际生活相离太远，否则，不能真正引起学生的共鸣。

三、充分利用多媒体辅助教学

数学家华罗庚说过："人们对数学早就产生了枯燥乏味、神秘难懂的现象，原因之一便是脱离实际。"因此，我们可以充分地利用现代教学媒体，创设丰富、直观、生动、有趣的生活情境，改善认知环境，化抽象为具体，这样有利于学生对知识的理解和掌握。

如讲空间几何体的三视图时，意识到对于没有立体感的学生来说很困难，所以运用多媒体辅助教学三视图的投影过程，利用点的轨迹的追踪把线的投影过程演示出来，突出了几何体的线条和平面，又扩大了课堂容量，提高了学生

学习的积极性，教师讲得轻松，学生看得明白，使教学效果大大提高。整节课围绕着这一重点展开，在熟悉的几何体中，掌握了三视图的形成过程，达到了预定的教学目标。

值得注意的是，虽然信息技术在教学中的作用不可低估，但它仅仅是课堂教学的辅助工具。教学活动过程的核心，仍是师生间的互动交流，这是信息技术无法取代的。所以我们不能盲目地使用信息技术，用它取代教师在教学活动中的地位。客观合理地将多媒体信息技术用于课堂教学，积极探索多媒体信息技术与课堂教学的整合方法，才是现代教师在教学活动中应该做到的。

四、精心设疑，创设有悬念的数学教学课堂情境

"好奇"是学生的天性，他们对新鲜事物、知道而没有见过的事物都感兴趣，要激发学生学习数学的积极性，就必须满足他们的这些需求。教学时利用故事来设疑，不仅使学生产生了强烈的求知欲，有效地引发学生的思考，而且可以让他们与学过的知识联系起来，有助于新知识的学习。

比如在讲"等比数列前 n 项和"时，便可以用本章前面"古印度国王奖赏国际象棋发明者"的故事设疑引入。国王要奖赏国际象棋的发明者，问他有什么要求，发明者说："请在棋盘的第 1 个格里放 1 颗麦粒，在第 2 个格里放上 2 颗麦粒，依此类推，每个格里的麦粒数都是前一个格里放的麦粒数的 2 倍，直到第 64 个格子，请给我足够的粮食来实现上述要求。"你认为国王有能力满足发明者的要求吗？这是否体现了之前我们所学某些知识的特征呢？

要注意，提出的问题要具备目的性、适应性和新颖性。其中"目的性"指问题是根据一定的教学目标而提出来的，目标是设问的方向、依据，也是问题的价值所在；"适应性"指问题的难易程度要适合全班同学的实际水平，以保证使大多数学生在课堂上都处于思维状态；"新颖性"指问题的设计和表述具有新颖、奇特和生动的特点，以使问题具有真正吸引学生的力量。

总之，通过多种方式辅助教学，既能改进数学教学的呈现方式，又能使学生积极地进行自主探究、动手实践、合作交流等活动，从而有效地改变了学生

的学习方式、思维方式、生活方式、生存方式。而在面对某些问题的时候，不仅是一个接受知识的过程，也是一个发现问题、分析问题、解决问题的过程。在这个过程中，既能暴露学生面临的各种疑问、困难、障碍和矛盾，又可以展示学生发展的聪明才智和创新成果，还可能会面临挫折和失败，但这却是一个人学习、生存、成长、成熟所必须经历的过程，是一个人能力、智慧、发展的内在要求，学生真正地发展了自己的数学能力，体现了数学的价值，而且获得积极的情感体验。

浅谈影响高中数学成绩的原因及解决方法

赵书惠

在当今知识经济时代，数学正在从幕后走向台前，它与计算机技术结合，在许多方面直接为社会创造价值，推动了社会生产力的发展。数学在形成人类理性思维的过程中发挥着独特的、不可替代的作用，然而许多初中学习的成功者沦为高中学习的失败者，在对他们的学习状态进行深入研究后发现，造成成绩滑坡的主要原因有很多，本文仅从学生的学习状态方面浅谈如下。

一、影响成绩的原因

1. 被动学习

许多同学进入高中后，还像初中那样，有很强的依赖心理，没有掌握学习主动权。表现在不订计划，坐等上课，课前没有预习，对老师要讲述的内容不了解，上课忙于记笔记，没听出"门道"，没有真正理解所学内容。

2. 学不得法

初中到高中肯定会接触新老师和新同学，新老师从授课风格上会不同于原来的老师，所以就必须强制自己适应新环境。另外一部分同学上课没能专心听课，对要点没听到或听不全，笔记记了一大本，问题也有一大堆，课后又不能及时巩固、总结、寻找知识间的联系，只是赶做作业，乱套题型，对概念、法则、公式、定理一知半解，机械模仿，死记硬背。也有的晚上加班加点，白天无精打采，或是上课根本不听，自己另搞一套，结果是事倍功半，收效甚微。

3. 不重视基础

一些"自我感觉良好"的同学，常轻视基本知识、基本技能和基本方法的学习与训练，经常是知道怎么做就算了，而不去认真演算书写，但对难题很感兴趣，以显示自己的"水平",到正规作业或考试中不是演算出错就是中途"卡壳"。

4. 进一步学习条件不具备

高中数学与初中数学相比,知识的深度、广度,以及对学习者的能力的要求都是一次飞跃。这就要求学习者必须掌握一定的基础知识与技能,为进一步学习做好准备。高中数学很多地方难度大、方法新,对学习者分析能力要求高。如二次函数在闭区间上的最值问题、函数值域的求法、实根分布与参变量方程、三角公式的变形与灵活运用、空间概念的形成、排列组合应用题及实际应用问题等。有的内容还是初高中教材都不讲的脱节内容,如不采取补救措施,查缺补漏,分化是不可避免的。高中学生仅仅想学是不够的,还必须"会学",要讲究科学的学习方法,提高学习效率,才能变被动为主动。

二、解决方法

针对学生学习中出现的上述情况,教师应当采取以加强学法指导为主,化解分化点为辅的对策,具体如下。

1. 加强学法指导,培养良好的学习习惯

良好的学习习惯包括制订计划、课前自学、及时复习、独立作业、解决疑难、系统小结和课外学习几个方面。

(1)制订计划使学习目的明确,时间安排合理,不慌不忙,稳扎稳打,它是推动学生主动学习和克服困难的内在动力。但计划一定要切实可行,既有长远打算,又有短期安排,执行过程中严格要求自己,磨炼学习意志。课前自学是学生上好新课,取得较好学习效果的基础。

(2)课前自学过的同学上课更能专心听课,他们知道什么地方该详,什么地方可略,而不是全抄全录,顾此失彼。

(3)及时复习是高效学习的重要一环,将所学的新知识与有关的旧知识联系起来,进行分析比较,一边复习一边将复习成果整理在笔记上,对所学的新知识由"懂"到"会"。

(4)独立作业是学生通过自己的独立思考,灵活地分析问题、解决问题,进一步加深对所学新知识的理解和对新技能的掌握过程。

（5）解决疑难是指对独立完成作业过程中暴露出来的对知识理解的错误，补遗解答的过程，并要经常把易错的地方拿出来复习强化，做适当的重复性练习，把求老师问同学获得的东西及时消化，变成自己的知识，长期坚持使对所学知识由"熟"到"活"。

（6）小结要在系统复习的基础上以教材为依据，参照笔记与有关资料，通过分析、综合、类比、概括，揭示知识间的内在联系，以达到对所学知识融会贯通的目的。经常进行多层次小结，能对所学知识由"活"到"悟"。

（7）课外学习是课内学习的补充，它不仅能丰富学生的文化科学知识，加深和巩固课内所学的知识，而且能满足和发展他们的兴趣爱好，培养独立学习的能力，激发求知欲与学习热情。

2. 循序渐进，防止急躁

许多优秀的同学能取得好成绩，其中一个重要原因是他们的基本功扎实，他们的阅读、书写、运算技能达到了熟练的程度。

3. 研究学科特点，寻找最佳学习方法

学习数学一定要讲究"活"，只看书不做题不行，埋头做题不总结积累也不行，对课本知识既要能钻进去，又要能跳出来，结合自身特点，寻找最佳学习方法。方法因人而异，但学习的四个环节（预习、上课、整理、作业）和一个步骤（复习总结）是少不了的。

4. 加强辅导，化解分化点

对易分化的地方教师应当采取多次反复，加强辅导，开辟专题讲座，指导阅读参考书等方法，将出现的错误提出来让学生议一议，充分展示他们的思维过程，通过变式练习，提高他们的鉴赏能力，以达到灵活掌握知识、运用知识的目的。

总之，学习是个循序渐进的过程，发现问题并及时解决问题，必然能在思维能力等方面得到锻炼，从而使学生能够更好地发展。

大数据精准教学在高中思想政治教学中的实践初探

庄彦利

随着教育信息化的发展以及教育改革的需要，教育大数据越来越多地受到社会的普遍关注。从教育发展看，传统的授课模式越来越无法满足教育个体日益活跃的个性化需求。云计算、大数据、深度学习等技术的不断成熟，为精准教学和个性化学习提供了有力的技术支撑。

美国独立研究机构布鲁金斯学会（Brookings Institution）在报告中指出：大数据使得查探关于学生表现和学习途径的信息成为可能，不用依赖阶段测验表现，导师就可以分析学生懂什么……教育部于2018年发布了"教育信息化2.0行动计划"，建议以人工智能、大数据、物联网等新兴技术为支撑推进教育信息化改革。以大数据技术在我国的广泛运用为背景，学校教育已在逐步开启一个数据驱动教学的大数据时代，将为教育理论与实践带来深远的影响。

2019年6月28日，教育部"智慧教育示范区"创建项目启动会在雄安新区举行，河北雄安新区等8地入选2019年度"智慧教育示范区"创建区域名单。我校作为雄安新区的一所省级重点中学，积极开展实践研究和合作交流以及经验推广，从而促进雄安新区教育发展水平的全面提升，创造教育领域的"雄安质量"，更好地满足新区老百姓对多样化、个性化学习的需求。结合自身教育发展的实际情况，在教育实践工作中体现个性化特征，努力打造"雄安样板"。

2020年春季，我校按照教育主管部门的政策要求，全校师生通过网络在线平台等多种形式实现了"停课不停学"。我校根据自身特点和本班学生的学习情况并结合教学需要，除在线视频教学外，主要使用学科网作业系统来完成翻转课堂、作业测评和一周一测等教学环节，取得了比较理想的教学效果。

一、进行了"翻转课堂"的尝试

在传统的教学模式下,一堂课一般是按老师讲课、布置课堂练习、课堂提问、课下作业的模式进行的。老师讲什么,学生就听什么。面对现今的教育发展趋势,尤其是高三的复习阶段,这种模式的弊端是显而易见的。

翻转课堂重新调整课堂内外的时间和教学步骤,将学习的决定权从教师转移给学生,通过"课前检测—教师讲授—课堂测评—强化训练"四个环节,完成整个教学过程。教学实践中第一步是根据本节课需要掌握的知识点在大数据题库中选取课前测试题,然后进行限时检测,从而得知每个知识点学生掌握的强弱情况。第二步是教师根据这些数据确定讲解的侧重点。这个环节的意义在于实现了高效率精准的教学依据的数据获取,节省了教师的备课时间,避免了传统教学中很难实现准确和及时获得教学数据,或者说即使能够实现也会占用教师很长的工作时间来完成的弱点。教师则被解放出来,回归到更有价值的事情上。第三步是对知识点进行二次组题检测。第四步是作业系统会根据错题情况进行再次推题的加强训练。

从整个教学过程可以看出,基于大数据知识内容的高容量及反馈信息的及时性和准确性,通过课前的先行测试安排,得到学生掌握知识点方面的及时反馈,老师知道学生哪里学得好,哪里有不足,然后有针对性地讲解,切实做到学生不会什么讲什么,学生也知道了哪里不会及应该重点学哪里,从而实现了精准化教和个性化学的有机统一。

二、实现了作业精准讲评和个性化训练

大数据作业能通过题库作业和新建作业两种方式快速发布作业。使用题库作业可快速定位到作业对应的知识点和题型、类型、难度、年份、所属地区等大数据信息,给学生规定提交的时间就可以了。其便捷和高效是传统教学手段不可能实现的。

学生作业提交后,后台即可显示班级得分率、已交作业情况、每道题的得分率、每个学生的作业详情。老师则根据这些数据有针对性地教学。对于学生

而言，提交后即可显示答案和详细解析，方便及时地查漏补缺。作业系统还能根据错题的知识点进行二次推题，进行知识点的加强训练。这实现了学生个性化学习的愿望，做到了"千人千面"。

三、不同作业平台之间文件不兼容问题以及解决的办法

2020年3月，我校组织部分学生参加了五岳阅卷平台的多校联考，出现了另一部分学生不能统一参加考试的问题，并且五岳阅卷平台所发的试卷在学科网作业系统不能使用，为了让所有学生都能及时参加考试，文科综合科目对考试流程进行了调整。一是不能参加五岳阅卷平台考试的学生继续使用学科网作业系统考试，试卷先在微信群里发放，然后学生做题。二是联考答案下发后，用学科网作业系统布置考试，但系统里只发空白卷即可，按联考试卷制作答题卡后发给学生。三是学生按要求完成客观题和主观题后上传，系统自动给出客观题得分，老师负责判主观题即可。经过这样的调整，不同的学生在两个平台同时进行了在线考试。

四、有利于提升学校管理水平

大数据还可以提高学校的整体管理水平。教师的教学质量直接关系到学校的整体教学情况，而可靠科学的教学评价是实现良好管理的一个重要因素，学校可以实现用大数据对各个部门、各个年级和对每位任课教师进行数据收集分析，然后通过这些数据进行评价，实现对教师教学的考量。大数据作业系统通过数据收集和分析，可以全面统计各学科、年级和班级的作业情况，通过各个角色的数据分析实现"教学管理有依据"。例如，各科目对比分析项目就包括全校总共发布作业份数、每一科目发布作业班次、批改作业次数、评价作业次数、互评作业次数的详细对比，等等。相对传统的教学管理，其科学性和可靠性更强。

五、不断完善质量和服务

诚然，"金无足赤，人无完人"，任何事物都不是十全十美的。为进一步

完善产品和提升作业系统服务水平，学科网在我校进行了调查问卷，除了满意度调查外，还提供了其他需要优化提升的服务项供选择，比如第六项：您觉得目前的哪些方面还需要优化？1. 题库中的试题能够更加丰富与准确。2. 名师视频能够分版本。3. 登录能够更加快捷方便。4. 自传视频审核能够更快速。5. 手机端能够查看更多的统计数据。6. 其他。第七项：除此之外，您还希望增加什么功能？1. 老师能够给不同层次的学生布置不同层次的作业。2. 老师能够看到学生个性化的自学数据（刷了多少题，看了多少视频）。3. 能够线上组织考试。4. 能够在线沟通答疑。5. 能够直播上课。6. 教师能够自建题库，收藏和上传自己的题目。7. 名师视频能够绑定在作业上。8. 其他。

学生将建议反馈给了学科网并得到了学科网老师的及时回复：1. 打回重做环节增加根据分数批量打回的功能。2. 教师自传视频可以选择设置公开和隐私，公开化可以更好地共享资源。

新课程标准强调对创新精神、实践能力的培养，随着大数据作业系统的应用，学生不仅能获得学科知识，更能被激发出好奇心与想象力，老师的工作则回归到更有价值的事情上，更加关注政治认同、科学精神、法治意识、公共参与等核心素养的培养。

参考文献：

[1] 汪孝泉. 基于大数据诊断推进个性化学习的精准教学实践研究 [J]. 中学理科园地，2019（4）：10-11.

[2] 魏忠，何立友. 大数据：开启面向未来的教育革命 [J]. 中小学信息技术育，2013（10）：15-17.

[3] 刚蕾，徐爽，唐强. 关于"翻转课堂式教学"的探讨 [J]. 考试周刊，2016（77）：135.

第五章　教学随笔

对概念教学的心得体会

史春芳

长期以来，由于受应试教育的影响，很多教师重解题轻概念，重习题课轻概念课，造成数学概念与解题的严重脱节，学生对概念模糊不清，一知半解，不能很好地理解和运用概念，数学课堂变成了教师进行学生解题技能培训的场所，而学生成了解题的机器。这种情形极大地影响了教学质量，学生也深陷题海，学习效率很低；更为严重的是这必将阻碍学生思维的发展和能力的提高，与新课程大力倡导的培养学生探究能力与创新精神已背道而驰。

《普通高中数学课程标准（2017年版2020年修订）》明确指出：通过高中数学课程的学习，学生能获得进一步学习以及未来发展所必需的数学基础知识、基本技能、基本思想、基本活动经验。高中数学教学中应加强对基本概念和基本思想的理解和掌握，了解它们产生的背景、应用和在后续学习中的作用，对一些核心概念和基本思想要贯穿高中数学教学的始终，帮助学生逐步加深理解，体会其中的数学思想和方法。由于数学高度抽象的特点，应注重体现基本概念的来龙去脉，探究重点和核心概念的内涵和外延，在教学中要引导学生经历从具体实例抽象出数学概念的过程，在初步运用中逐步理解概念的本质。

如何提高数学概念课的有效性？

首先，概念引入阶段：问题的提出应具有实际意义，能引起学生的较大兴趣，触动学生的观察神经，直逼主题。通过矛盾、生活实际或者图形的直观感觉，给学生适当的感性认识，为突破难点做好铺垫，从而自然导入概念。

（1）充分利用直观手段讲解概念。例如：用实际事例或实物、模型进行介绍，使学生对研究对象的认识由感性到理性，逐步认识它的本质属性，建立起新的概念。尤其在解析几何和立体几何概念教学中，例如在教学"柱体、锥体、台体"的概念时，先让学生观察有关的实物、图示、模型，在具有充分的感性认识的基础上再引入概念。

（2）抓住概念本质，学透概念；充分地揭示概念的本质特征，使学生确切地理解所学的概念；语言要准确、精练，关键词语应突出讲解。例如"虚数""二面角"等概念的引入。

（3）讲清概念间的相互联系，培养学生分析问题和解决问题的能力。例如由旧概念的引申或变形引导出新概念。如"向量的模""两点间的距离公式""直线的倾斜角"等一些关联概念。

其次，概念探究阶段：对概念进行探究，层层深入，发动学生、分组讨论、积极思考，在巡视过程中，启发引导学生，及时掌握学生的动向，协助学生记忆、理解并形成概念。

数学新概念教学必须对概念进行仔细探究，讲清数学概念之内涵和外延，疏通知识的内在联系。概念中有哪些规定和条件？与其他概念比较有无容易混淆的地方？它们与过去学过的知识有什么联系？这些规定和条件的确切含义是什么？应当如何理解这些区别？这些概念能否加以引申和变形？这都是教师要重点思考的。

教师要及时地运用各种手段使学生加深对概念的理解。例如，可以让学生复述概念，也可以举一些相关的例子使学生掌握概念的内涵和外延，还可以同一些相关概念进行比较，以找出它们之间的联系与区别。如对排列与组合、指数与对数、三角函数与反三角函数等概念教学时，用对比法可收到较好的效果。也可用一些三字诀、四字诀等习惯术语帮助记忆，如三角函数的诱导公式，"奇变偶不变，符号看象限"，等等。

最后，概念应用巩固阶段：学生认识和形成概念，理解和掌握之后，应用巩固概念是一个不可缺少的环节。用精选实例、设计巧题、加强练习等方法巩固和运用概念，使学生通过概念的掌握与运用，最终掌握数学思想方法。

应用巩固的主要手段是多练习、多运用，只有这样才能沟通概念、定理、法则、性质、公式之间的内在联系。如学习了"椭圆的定义"之后可举例练习，通过解题巩固原有概念。这些练习可以分两步走：先是从基本练习出发，帮助学生熟悉、掌握好新概念、新知识，在基本内容掌握好以后，再根据班级学生实际情况，设计一些小转弯、小变化和小综合的题目，以便学生灵活运用知识去解决问题。

师德——教师的灵魂

王蒙

法国作家卢梭说过:"没有榜样,你永远不能成功地教给学生以任何东西。"法国作家罗曼·罗兰也说过:"要撒播阳光到别人心中,总得自己心中有阳光。"我想,我们每个教师的师德就如同这里的"榜样"和"阳光"。亲其师,则信其道;信其道,则循其步。所以说教师是旗帜,学生如影随形般地追随;教师是路标,学生毫不迟疑地顺着标记前行。

孔子说过:"其身正,不令则行。其身不正,虽令不从。"我们教师若其身不正,纵然你的理论再高,教育的形式再好,艺术性再强,都是无根之木、无源之水!每个教师的一举一动、一言一行、一思一想、一情一态,都清晰而准确地印在学生的视网膜里、心光屏上,这就是无声路标的示范性,这种示范性将在学生的心灵深处形成一股排山倒海般的内化力。

我从小就喜欢教师这一职业,现在是一名普通的教师。从教至今已经有十几个年头,我深深地体会到虽然教师的物质生活可能无法达到富裕的程度,但精神生活却无比充实。每当看到那一双双渴求的眼睛,一张张专注的面容,我不由得身心激动,似乎融入无比圣洁的情境中,生命也因此获得了壮丽的升华。虽然我们的奉献不见什么轰轰烈烈的壮举,但我们却用平凡与崇高的师德之光,照亮了一片清纯的天地。课堂内外的谆谆教诲,一点一滴、潜移默化、日积月累、耳濡目染,久而久之,教师的道德品格便在学生心中生根发芽,开花结果。正如古诗所云:"随风潜入夜,润物细无声。"

是的,教师的职业是平凡而琐碎的。但是我们也看到了,教师们脸上永远挂着晨曦般的笑容,正是因为教师们都愿像一片绿叶,默默地去成就果实的辉煌,才有今天的桃李满天下……有一个曾做过教师的人说，教师的天地是少有的净土，这份工作如果能在光荣感之余再多点幸福感，是值得一直干下去的。

说起来，教师这个职业确实给了我们许多，比如一份可以矜持一些的心态，一种相对安定的生活，一个三餐准时的习惯……所以，那些多年不见的朋友听说我做了教师，往往都会问：你的薪水高吗？你的待遇不错吧？

可是，即使是再关心我的好友，也无人问及：你幸福吗？

我幸福吗？

幸福是什么？也许我们记住了许多快乐的场面，可幸福却是一种自己灵魂的问答。

当然，你完全可以选择从爱自己的亲人和朋友处，获得幸福。但当你成为一名教师，就有了一份以爱为主题的职业，那就去爱你身边的孩子吧，像宽容你亲人的小脾气和原谅你的孩子的恶作剧一样，去接纳他们的优点和缺点。关爱别人，是一种发自灵魂的芬芳，一种深入骨髓的甜蜜，日子久了，它就会萦绕成一团幸福，紧紧裹住你的心灵。

多少次，当你辛勤的工作日见成效，当你发现孩子们一个小小的进步时，无不欢欣雀跃，这样巨大的幸福感难道还不够吗？

十几年的工作经历，使我深深懂得，教育是爱的事业，教师的爱不同于一般的爱，她高于母爱、大于友爱、胜于情爱。不是吗？母爱容易出现溺爱，友爱需要回报，情爱是专一、自私的爱。而师爱是严与爱的结合，是理智的科学的爱，是积极的主动的爱。这种爱包含了崇高的使命感和责任感。

在我的职业生涯中，最大的事就是用爱滋润每一个孩子的心田。虽然有时也会因学生的调皮而生气，因他们的退步而急躁，因他们的违纪而失态，虽然有时也感到很累、很烦，但每当这时，心中总会涌起一种强烈的责任感：我是教师，我要给这些寻梦的孩子引路，在他们心里写一本最美的书。这强烈的意识不断激励我以真诚去拥抱每一个学生。与孩子朝夕相处，我始终想着两句话，那就是"假如我是孩子""假如是我的孩子"。这样的情感使我对孩子少了一分埋怨，多了一分宽容；少了一分苛求，多了一分理解；少了一分指责，多了一分尊重。家长把天真烂漫、聪明伶俐的孩子交给我们培养，这是对我们的极大信任。我又怎么能不全身心地去爱他们呢？我坚信，我们也一定能以一片至真至诚的爱心感动我面对的全体学生。

"起始于辛劳，收结于平淡。"这是我们教育工作者的人生写照。但是，我既然选择了这个职业，就会无怨无悔，当清晨走进校园，面对一个个标准的队礼，一声声清脆的"老师早"；当走进圣洁的课堂，看到一双双渴求甘霖的双眸，一颗颗等待塑造的无邪的心灵；当课间跟孩子们泡在一起，看到一个个生龙活虎的身影，一张张天真烂漫的笑脸，我又是那么激动，那么满足，终而丢不下九月的承诺，离不开那笑靥的花朵。

今天，网络时代和知识经济的并驾齐驱为教育赋予了全新的内涵，"育人"已不能简单地理解为传授知识，更是要教在今天，想在明天，以明日建设者的素质要求，做好今日的教育教学工作。我可以培养他们扎实的自学能力、独立思考的能力、探求新知的欲望、动手实践的能力和创造的本领。我愿以一个平凡教育工作者的诚挚，投身于教育改革的风尖浪头，与时俱进、改革创新，不断地丰富自我、完善自我、发展自我，赢得世人的尊敬、社会的肯定，努力实现我真诚的育人理想。一个人的生命是有限的，而我们的教育事业是常青的。我的生命在学生身上延续，我的价值在学生身上体现。我无悔于我的生命，更无悔于我的选择，在这三尺讲台上，阅历春秋，苦苦耕耘，用我的爱心、诚心、细心、耐心、操心去换取学生的开心，家长的放心，祖国的振兴！

于无声处润万物

——浅谈语文教学中的情感教育

郑海燕

语文是一门与众不同的学科，因为它有人一样的感情，可以让学生在文字中体悟是非曲直、喜怒爱憎。语文的最根本使命和最终落脚点不是教会学生如何阅读、如何写作、如何成为一个学习机器，而是把他们都塑造成真正的人，即有着正确的人生观、价值观，能够在各种境遇中都保持积极乐观的人，这就要求我们要重视语文教学中的情感教育。

一、情感教育在初中语文教学中的作用

著名教育家夏丏尊说："教育不能没有情感。"我们可以从中看出情感教育的重要性。而情感因素在语文教学中有着得天独厚的条件。语文教材中文质并茂的文学作品占据相当的篇幅，这里有对祖国的热爱、对人民的忠诚、对事业的追求、对信念的执着；这里有拍案而起的激愤、催人泪下的凄切、细雨霏霏的柔婉、天地动容的悲惨；这里有开怀的笑、号啕的哭、会心的悦、无名的愁……每篇佳作无不凝铸着主人公或作者从生活中得来的情感体验。作为语文老师，我们的职责不是简单地讲解字词、分析课文，更要让学生从这些文章中受到启发，并因此而建立一个独立丰富的精神世界。

语文学习过程中的情感状态直接影响着学习行为和学习效果。积极健康的情感有助于激发学生强烈的语文学习动机和浓厚的语文学习兴趣，从而使学生在各种语文实践活动中切实提高学习效果。反之，消极被动的情感会阻碍学生对语言学习的兴趣，从而严重影响学生学习的效果，丧失学生语言学习的积极性，导致学生语文成绩滑坡。因此，情感因素在语文教学过程中具有决定性的作用。

二、实施情感教育的意义

《普通高中语文课程标准（2017年版 2020年修订）》明确指出，"遵循教育教学规律和学生身心发展规律，贴近学生的思想、学习、生活实际，充分反映学生的成长需要，促进每个学生主动地、生动活泼地发展""培养热爱中华文明、热爱祖国、热爱人民、热爱中国共产党的深厚感情，以及热爱美好生活和奋发向上的人生态度，使学生逐步形成自己的思想、行为准则，增强为中华民族伟大复兴而努力的历史使命感和社会责任感。"

然而在我国应试教育的大环境下，情感教育历来是薄弱环节。语文教学过程中，多注重学生语言知识的学习和智力的发展，而忽视了学生的情感教育，造成学生"情感空白"，在很大程度上影响了学生学习潜力的正常发挥及其语文学习的进展。在具体的初中语文教学实践中，教师应重视情感因素，优化教学过程，从而提高课堂效率和教学质量，同时促进学生情感态度的健康发展，这是语文教学的本质回归，也是真正为学生终身发展奠基。因此，初中语文教学把情感态度价值观作为课程目标之一符合现代教育的理念，具有科学的现实意义和深远的历史意义。

三、在语文教学中渗透情感教育的途径

面对应试教育带来的冲击及教育本身存在的问题，在语文教学中如何渗透情感教育呢？我认为只要教师言传身教，充分利用教材，潜移默化地对学生进行情感渗透，就能达到"润物细无声"的效果。

（一）博大的师爱是照亮学生情感世界的明灯

教师对学生的关爱是语文课堂情感渗透的基础。教育的全部技巧在于一个字——爱。中学阶段正是青少年身心成长的关键时期，他们渴望理解与关爱，而教师春风化雨般的爱，是照亮他们心灵的明灯，可以为他们的青春注入无尽的执着与自信。所谓的"亲其师，信其道"，在师爱的光芒里，师生心灵的共振，可以谱出一曲美丽的乐章。作为语文信息载体的课文，本身有着丰富的人文内涵。教师在帮助学生分析、理解、评价课文思想内容的过程中，密切联系学生的学

习、生活状况，联系学生的生存环境和当前的社会现实，抒发感慨、发表议论、以心施教、以情激情，展现教师的人格魅力，挖掘文本的精神内涵，使学生积极探讨社会现实和人生价值。久而久之，潜移默化，学生就会不由自主地随着老师的指引，走进美好的语文世界。

（二）声情并茂的文章是开启学生情感闸门的钥匙

英国作家王尔德曾说过："作者完成了书的一半，读者完成了另一半。"这种完成就暗含着作者与读者的双向交互作用。当学生带着期待走进作品时，会自然而然地产生丰富的心理体验，而当这种体验与作者产生共鸣时，就会达到一种至纯至美的审美境界。对于中学生来说，在阅读过程中，往往最能使其与作者产生共鸣的东西便是真挚的情感，只有真情最容易打动学生稚嫩而又单纯的心灵。在讲《南京大屠杀》时，我搜集了与之相关的图片在课前放映，一张张血淋淋的照片被扩大数倍呈现在学生眼前，当课本中的文字与图片重合时，我看到学生们的表情：有惊惧，有悲伤，有愤怒，有无奈……无需多说，这些直观而强烈的东西一定会给他们很大的震撼，让他们明白"国家兴亡，匹夫有责"，让他们牢记"振兴中华"绝对不是一句空洞的口号。在讲《蒹葭》时，我要求学生随着背景音乐轻声吟诵，在这一过程中，学生对这首诗的欣赏和体悟已大大超出我的想象；我和学生们探讨"伊人"的含义，顺其自然地引出"要勇于追求理想，不要轻易放弃"的深刻主题……根据文学作品的不同，引导学生客观旁观或者身临其境，最终达到一个目的——借助文章传达的力量，让学生形成自己独特的人生体验。

（三）丰富多彩的写作教学是激发情感最有力的武器

语文是一块充满情感的天地，而作文教学，则是展示和检验语文素养的平台，是情感教育的重要媒介。

作文教学中情感渗透的最大优势是使学生由爱的体验者向爱的传播者转变。它将学生的视线引向无限宽广的社会生活。生活中处处有爱的存在，老师要择机切实地激发学生写作的灵感，让其有事可记，有情可抒。比如学习了朱德的《我的母亲》后，可以引导学生写"妈妈送我上学时""此刻我想到了妈妈""妈妈的穿着""妈妈那次骂了我"。这样,对文本的情感体验,自然同化了学生实际生活中的情感积累,激活了生活中的素材,写起来当然得心应手,情真意切。不仅如此,作文训练还可以铸造学生的积极关注社会的情感。如教师可围绕汶川大地震引导学生思考生命的价值,回顾新中国成立七十多年来的风风雨雨,培养学生的爱国情感……

总之,在语文教学过程中,情感教育是非常重要的一环。语文教师必须充分开发和利用这一非智力因素,充分发挥情感因素的作用,把它落实于教学的各个环节之中,让学生在潜移默化中,陶冶情操,滋润心灵,只有这样,才能促进课堂教学效率的提高,才能培养出真正全面发展的、具有高素质的人才,我们的社会才能和谐、进步。

教育叙事

——挖掘"闪光点",坚持正面教育

蔡少凡

2021年8月,我接了个新的班级,在开学前,我在家长群里发了一份调查问卷,希望快速了解班级学生的基本情况。这时候有个家长给我发来了私信,说家里有点特殊情况想和我沟通,大致情况如下:发信息的是小晨的哥哥,他们的妈妈前年生病去世了,这个事情对小晨打击特别大,性情大变,希望我平时多留意。我听了之后立即回复他:"感谢您的信任,这就是调查问卷的意义。"

关闭和小晨哥哥的聊天界面,我脑海中浮现的是一个神情忧郁、心事沉重的少年形象。然而9月6号开学,学生入班,我开始点名,当喊道"小晨"时,一个声音洪亮的声音答——"到"!我稍微留意了他一下,阳光自信,嘴角总有一丝痞痞的笑容,和我想象中的模样可以说是毫不相干。我心中暗暗轻松,看来是我多虑了。

小晨心态积极,在开学之初,当班里好多同学表现出不适应、想家等情绪时,小晨不仅没有这种烦恼,甚至还觉得别人有点幼稚,于是他就去"骂骂咧咧"地劝导别人;性格活泼,上课积极回答问题,老师问他回答,老师不问,他也回答,甚至到了被多位任课老师觉得他有点"爱接话"的地步;宠辱不惊,考好考差都无所谓的样子,过于清醒。大多时候,成绩倒也过得去,可是那个嘴啊——话太密,且爱爆粗口。

小晨头脑聪明,相比而言学习成绩也还过得去,反应比较快,但他一贯纪律散漫、上课不爱听讲、常有小动作和说话现象相伴,有时还爱跟任课教师抬抬杠,学校、班里组织的活动经常不参加,而且谁积极参加,他还挖苦讽刺人家,平时还常迟到,说话带脏字。好几次想严厉批评,但一想到他哥哥之前跟我说的事情，就忍不住动了恻隐之心，可长此以往，该怎么办呢？

我首先提醒自己：千万不能放弃他，一定要找到适合他的教育方法。经过一段时间的观察，我对该生有了较全面的认识，发现他属于个性极强又爱面子的那类学生。所以，面对这个学生，我从不直接批评，且绝对不因其做错了什么事状告家长，我采用了以下措施：

（1）大力表扬积极维护班集体的同学，让其感到为班集体服务是每个人的荣光。

（2）发现该生点滴的进步就抓住不放。

在第一次阶段测试中，该生的成绩由班级的28名进步到16名。对此我首先在班级里大力表扬，并及时把这件好事打电话告诉其家长。然后我就这件事认真和他谈话，指出他的优点，也指出他身上存在的缺点。他不仅听进去了，而且虚心接受了。渐渐地他变了：下课知道主动擦黑板了，坚持做值日了。这些我看在眼里，喜在心头，又不断地找其耐心谈话，不断认同他的改变。在后续的接触和观察中，我发现他有班干部的才能，于是，我有意识地让他作为主持人主持班会，结果他不仅顺利完成任务，而且妙语连珠，出色的表现博得了同学们的满堂彩。从此以后他真的变了。上课不仅纪律方面转变了，而且积极参加学校、班级组织的活动，在同学中人缘极好。学习也更认真了，在第二次阶段测试中，他一下子从16名跃到了班里的第10名。在该生的进步过程中，我感受到了做班主任的乐趣，也坚定了自己的工作方向。

两年多来，像上述的案例不计其数，恕不一一列举。大家常说普通班的班主任是最费力不讨好的工作，用大家的话说就是"劳而无功"。是啊，做普通班的班主任，论省心，每天学生可能都有事让你做。论收获，学生得奖的机会不多，犯错的机会多多。我们常常是用在班级管理上的精力超过了用在教学上的，结果仍没自己预想的那样如意。但我相信，尽管学生的不良行为是经过长期积累形成的，我们不可能在短时间内就让其完全改变，要想带好普通班的学生更需要我们的耐心和爱心。只要我们能够多挖掘孩子的"闪光点"，坚持正面教育，注定还是会取得令人欣喜的成绩。

高中化学教学案例叙事

付乐涛

提高课堂教学有效性的基本条件是让学生主动参与,学生是学习的主体,如果学生不愿学、不想学,那么提高课堂教学有效性就是一句空话。学生主动参与的前提是要有学习动机。

因此有效教学首先要激发学生的学习动机,唤起学生对学习的兴趣,激励学生求知的渴望和取得成就的愿望。兴趣是最好的老师。初中化学是化学的启蒙教学,要特别重视对学习兴趣、学习愿望、学习热情和学习习惯的培养。记得我曾上过这样一节化学课:探究无现象的酸(盐酸)、碱(NaOH)是否发生反应时,学生会迸发出许多精彩的观点。有学生说:可以用紫色石蕊试液。具体操作是:在盛有 NaOH 溶液的试管中滴加两滴紫色的石蕊试液,石蕊变蓝色,然后逐滴加入盐酸,此时若蓝色变成紫色,说明 NaOH 与盐酸发生了反应。也有同学说,这方法不好,因为"蓝变紫"分辨不清,应改成在盛有盐酸的试管中滴加两滴石蕊,石蕊变红色,然后逐滴加入 NaOH 溶液,当红色变成紫色,证明它们发生反应。但前面一位学生马上反驳:那么做一个对比实验不是也可以吗?同学们对这两位同学的答案都表示赞同。第三位学生也发表了自己的看法:用酚酞做指示剂,因为 NaOH 能使无色酚酞试液变红色,滴加盐酸后红色变无色就证明 NaOH 与盐酸发生了反应。第四位学生说:可以用 pH 试纸,从 pH>7 一直测到 pH=7,最后到 pH<7。第五位学生说:把 NaOH 与盐酸混合,然后用手摸,如果发烫,说明反应了。第六位学生说:将生成的产物蒸干,看它能否潮解(因为固体氢氧化钠易潮解,氯化钠不能潮解),这样就可以判断生成的新产物氯化钠还是 NaOH。

学生们思维互补、集思广益，发表了各自的见解，想出许多种解决问题的方法。集中解决实验中将会出现的新问题，将实验设计得更加完善，实验更加成功，那么这些方法是否都可行呢？教师不加以评论，让学生通过亲身实验去探究，并做好记录。学生们通过设计实验方案并亲身进行实验探究，对实验结果进行交流，得出结论。判断无明显现象的中和反应是否发生的方法很多：比如用pH试纸，但操作时间长，且数据不够准确；根据以剩余物能否潮解来判断，蒸发时间太长也不可取；根据热量的变化来判断也不是最佳方案，因为中和反应是放热反应，但如果浓度太稀或量太少，热量变化也不明显；如果用紫色石蕊判断，由于蓝色到紫色的变化不是很明显，因此最佳的方案是用酚酞做指示剂。

　　在实验探究的过程中，学生获取了知识，体会到实事求是的科学态度和一丝不苟的科学精神。实验设计教学的实施，能激励学生学习的兴趣。在发展学生求异和发散思维、创造思维等方面都是有益的，而且通过实验设计确能提高学生解决简单化学问题的能力。

　　由此我想，如果能把课堂变成师生共同探讨问题的主阵地，那肯定是一种成功的教学。

美丽的错误

刘铭

在我刚从学生成为老师，参加工作的第一年，一次上完课后回到办公室，开始批改作业，忽然，一张纸条引起了我的注意："老师，自习课上，有人举止过于亲密。"我愣了一下，随后收起了纸条，打开了手机，根据课表时间，回放了上午自习课的监控画面，内容记录超出了我的想象，保存视频后，我陷入了沉思……

这张纸条的出现说明这件事已经在班里产生了很不好的影响，甚至引起了一些学生的反感。为什么我没有提前发现两位同学的异常，甚至座位还安排在前后桌？作为刚工作的新老师、新班主任，我有点手足无措，不知怎样在尊重学生的基础上，把事情处理好。我想到了去向有多年教学经验的老班主任请教，找到年级主任，根据主任的建议，我决定先找学生了解一下具体情况。

原来他们是在高一前的暑假在篮球馆认识的，慢慢熟络起来后就开始了早恋。回想本学期和他们相处的这段时间，我才恍然大悟，一个班长，一个体委，跑操一起带队等，我原本以为的同学关系好，其实背后却是开始许久的早恋。

中学生经历了青春期的"大变革"，有了独立的认识，又有较强的依赖性，喜欢交朋友，对异性感到好奇，渴望得到异性的欣赏。面对巨大的生理、心理的变化，学生要注意调整。学习可以把精力转移到学习上，用探求知识的乐趣来取代不成熟的感情。有作家曾这样比喻：早恋是一朵带刺的玫瑰，我们常常被它的芬芳吸引，然而，一旦情不自禁地触摸，又常常被无情地刺伤。我们要清楚地认识早恋的危害，用理智战胜不成熟的感情。

教育家陶行知先生曾经这样教育青少年：每个人，无论男女，到了一定年龄是要谈恋爱，要过家庭生活的。但是，爱需要学习、爱需要能力、爱需要担当，不是所有人都会的，与其匆匆坠入爱河，不如静静等待成长。没有人愿意品尝未成熟的果子，它的味道又苦又涩。中学时代，要做的事很多，要走的路还很长，要把握住青春，去做该做的事情，异性之间要注意自然交往，适度交往，真实坦诚，留有余地。不要轻易去爱，把不成熟的爱珍藏心底，化作纯洁的友情。要明白自己在学校的使命，纯洁的友谊才是学习进步的源泉。千万不可以在春天就去挥霍夏天，要珍惜这令人歆羡的韶华与纯真，莫让情感航船过早靠岸。

一番开导，得到了学生的认同，他们意识到了此事发展下去的严重性。本着"家校共育，共促成长"的原则，我通知了双方家长。见到家长后，家长对此事也是极力反对，两名学生各自写好保证书，保证逐步疏远彼此的关系，以冷却灼热的恋情。但我知道这不是能一刀切断的事，后续还需要追踪观察，引导提醒。后来的一段时间里，女生家长经常联系我询问情况，我也如实告知了。没错，早恋没有就此打住。女孩家长向我表达了担忧，后续单独找我聊了很多，最后决定给女儿办理外出借读。不知道家长的这个决定，会不会让孩子产生逆反心理，我有一种"罪人"的感觉。手续办得很快，就这样，女孩走了，男孩留在了我们班。后续通过微信，我发现，两人依旧用着情侣头像，活跃在朋友圈。高二分班后，男生去了别的班，后来不知什么原因，也外出借读了，但不是女孩去的那个学校。

有一天，在街上，很巧地碰到了这两位同学。最近高考报名，因为学籍原因，两人都需要回原籍参与报名，男孩又联系到了我，向我询问完后，又帮女孩张罗着。很明显，早恋从未结束，似乎发展得还很好。

早恋，是一个让老师和家长很头疼的问题。虽然当时请教了老班主任，搜索了网上的一些案例与处理方法。但是我在想，当时的处理方法真的恰当吗？虽然强行分开了，但并没有制止早恋的发展，这对孩子的心理有没有产生伤害？如果换个方式，给予适当的包容，做他们课下的朋友，多倾听，耐心引导，不牵涉家长的话又会是怎样的结果？这个故事，还没有结束，我还会追踪下去。

关注他们的学业以及后续的发展，来看早恋给他们带来了哪些利与弊。关于早恋的处理方法，我还需搜索更多的案例去学习，总结一些如何处理好青春期生理、心理"大变革"的方法，运用到今后的教学中，带领学生更好地度过他们懵懂的青春期。

导师制下的案例分析

隋钰

"对一切失望、无望、绝望。上课听不懂,理科学起来特别困难,都困难。"面对这样一句话,我的心猛地一跳,失望、无望、绝望三个词砸在一名教师身上,沉甸甸的压力扑面而来。

当时我接手这个班级只有一个月的时间,这是物化政的组合,班级人数很多,成绩参差不齐。这名学生是导师制下我负责的学生之一,在我看来他是一个学习成绩中等、模样斯文的男孩儿,平时的他有着这个年龄段的孩子共有的特征,思维跳跃,有时候顽皮,也会因为老师的问询找些无伤大雅的小借口。

但是看了这段话,我想,他的内心一定也有着这个年龄段孩子的敏感细腻,想要努力向上,却不得其法。我知道,他愿意把这句话写出来,是一种发泄,也是对老师的一种隐晦的求助,他希望得到老师的帮助,帮助他走出困境。

发现这个问题后,我及时地向学生了解了一些他的情况,开学以来,由于流感蔓延,他请假的次数比较多,一些课业便落了下来,导致跟不上进度,这也是他觉得学起来困难的一部分原因。

接下来从感情投入开始,努力建立相互信任的师生关系。平时课下自习时,路过他的身边会看看他的学习情况,讲讲当下他遇到的困难题目,当他做得好时,赞美他的进步和优点。上课时,经常提问他,鼓励表扬他,如果回答得不那么完善,也会引导他跟着老师的思维慢慢推导,最后通过自己的努力得出正确的答案。由于他落下了较多的课程,我便努力发挥同学的作用,先让他结合同学的笔记和课件自主学习,再让小组的成员帮助他学习,尽快掌握基本知识。同学之间的互帮互助也可以打开他的心扉,让他提高参与感,提升自信。最后在课下对重难点内容帮助他补充点拨，强化学习。

除此之外，平时在批改作业的时候，除了对作业评价，也会借机和他多交流，用积极向上的语言支持鼓励他，还会将一些有趣的印章印在他的作业上，从而拉近距离。

慢慢地，这个学生在课堂上的参与度越来越高，对上课开始有了期待，变得积极起来，作业的完成情况也越来越好。我相信继续努力下去，不论是学习成绩还是学习态度，都会有更好的转变。

1. 原电池中的负极反应一定是电极材料失电子吗？
2. 化学键部分相关知识不了解，学起来不容易理解。
3. 学习压力大，比较焦虑。

这是第二个案例，是我的化学课代表，一名学习成绩中上、责任感很强的女孩。她很努力，除了按时完成作业之外，还会自己做额外的习题训练。但是她的化学成绩并不是特别高，徘徊在及格线附近。

首先她对化学学习很有兴趣，通过谈话也能感受到她有自己的思考，并不只是机械地记忆知识；其次她在学习做题时容易囫囵吞枣，只图多，不图精；除此之外，对高一上学期网课所讲的知识掌握不佳，做题时遇到这部分知识就会很焦虑，以致整道题的思路都被破坏。

针对她的情况我采取了以下几点措施。一是发挥她的优点，她对化学的兴趣就是最好的催化剂，课上课下多引导她深入思考，不只停留在知识的表面，引导她自己探索找到答案，形成完整的思维链，稳定地进步。二是对她的努力方向进行调整，课后先回忆知识点，整理笔记，再从多做题转变成一题多做，尤其是错题难题，每张卷子按照知识点分类整理，总结出重复率高的知识点，查缺补漏，发现自己的思维漏洞，争取再做到相似习题时提高准确率。三是调整心态，多和老师交流沟通，在平时一点一滴地复习旧知识，循序渐进地积累知识，也积累自信，量变引起质变。

一段时间的调整后，她的学习状态有所改善，每天都乐观积极、朝气蓬勃地和同学讨论题目，成绩也有了一定的提高。

高一的学生在上高中之后，会突然发现面临的问题不再是那么简单具体，知识体系和需要的能力都有了飞跃，从具体到抽象，从特殊到一般，在知识的广度和深度上都有大大的提高。由于第一学期的网课时间较长，有一些学生没有实现思维的转变，没有转变自己的学习方法，没有做到抛弃定向思维。

这会造成学生中一种普遍的心理障碍——"习得无助"，这是指人在长期的持续紧张或失败后，对自我丧失了信心，即便是解决困难的方法就在眼前，或者问题非常简单，也不能通过自己来解决，对学习感到麻木而机械。所以在上课时我们会遇到讲的再简单，学生还是不懂的情况。这时就需要我们及时地引导学生。

我有几点浅薄的做法。一是通过重复训练基础习题，让基础较差的学生也能有所收获，只要一次能够做对，后面成功的次数就会越来越多，当获得了老师和自己的认可，就会有亲身掌握经验的感觉，获得自我效能感，循序渐进地进步。最终的目标是让学生能够掌握化学学习的规律，养成良好的学习习惯。二是让同学之间相互学习，任何一个学生都会有一些自己擅长的部分，通过讨论和相互讲解，能提高自己的信心，加强参与感。在这个过程中学生可以时刻保持新鲜感，摆正自己的态度，能够更全面、客观地看待自己和他人，确定自己的位置。三是多为学生做心理建设，要屏蔽掉所有负面的评价，永远用正向积极的语言暗示学生，让学生能够突破界限，发挥最大的潜能。让学生从被鼓励慢慢能够自我鼓励和肯定，保持坚韧的性格，可以及时调整自己的情绪状态。

教学模式千千万万，在充满挑战的高中生活里，在孩子们成长最重要的三年里，我会继续担当起作为一个教师的责任，多做尝试，在教学上和教育上都努力探寻，和学生一起成长。

以爱育爱，一切都是最好的安排

肖园

"老师，我能跟您谈一谈吗？"批改作业的时候，偶然间发现了一张小纸条，我的心头一紧，仔细一看，原来是班级中的"小西"写的。她是遇到了什么问题吗？平时看着她还挺文静的，从来不给我惹麻烦，总是安安静静地读，安安静静地写。偶尔会和同学们进行试题的讨论，但从未见她与其他同学红过脸……"当然可以，中午操场见（附带一个笑脸）。"我回复了一张小纸条，小心翼翼地夹在了她的作业里面。

中午的操场，因同学们午休而异常地安静，小西怀抱着一本书如约而至。

"坐下吧。"我招呼她过来，并示意她坐在我旁边。

"你看到老师的便条了，对吗？那个眨眼的笑脸，我可是练习了好久，才学会的。"寒暄了几句之后，我选择了单刀直入。

"嗯，老师，我觉得您画得挺好的，最起码能看得出来它是个笑脸。"小西也对我的画进行了调侃，气氛比较融洽。

"那你想跟老师聊些什么呢？"我开始切入话题。

"老师，我最近特别苦恼，不知道您上学的时候有没有外号？最近班里男同学一直给我起外号，叫我胖（pán）胖。可是我不喜欢这个外号，我跟他们说了，但是他们只是笑，并没有停止的意思，我很难过……"

我明白了，小西比起其他女生的娇小身材来说，个子要高一点，体重要稍微胖一点。加之最近语文课在整理成语，强调过"心宽体胖"的读音及意义。"胖"意为安泰舒适，读作pán。"心宽体胖"的意思是指人心胸开阔舒畅，体貌泰然安详。可能由于小西看起来稍微比其他孩子壮一点的体型，所以孩子们开始给小西取外号，叫胖胖，导致小西很是苦恼。

"'心宽体胖'是个褒义词，便是心胸开阔的意思，可能大家也没有恶意，觉着你比较随和，并且也喜欢热心地帮助其他同学，所以才跟你开玩笑，叫你胖胖吧。"我试图稍稍消解一点小西的不舒适感。

"老师，我懂您的意思，并且我也问了其中一个男生，他们的确也没有恶意。但是老师，我还是不喜欢这个外号，每每听到这个外号之后，我内心总会很难过！老师，您能不能想想办法，让大家不要再叫我这个外号了……"小西满眼的委屈，眼泪瞬间滴落了下来。

"好的，小西，老师非常认真地倾听了你的诉说，也非常理解你现在的想法和感受，这件事，的确是男生们做得不妥，不应该随便给其他人取外号。放心吧，老师一定把这件事放在心上，并想办法解决的。"我用手帮小西擦去了脸上的泪水，拍了拍她的肩膀，示意她可以相信我。

"嗯嗯，好的，老师，我相信您！但是老师，我也不想您很严厉地批评他们，这样他们可能会因为您批评他们，间接不喜欢我的……"望着小西充满信任的眼神，我的内心开始有了隐隐的担忧。我该用什么样的方法，才能既解决当下小西的困境，又能够不伤害其他男生的自尊，不至于因为这件事给小西造成新的困扰呢……

之后，我了解到，全班人都知道男生们喜欢叫小西"胖胖"，原因是他们觉着小西很好相处，从不与人生气，是个特别温暖的人，很适合"心宽体胖"这个成语心胸开阔的含义，并没有要讽刺或者挖苦小西的意思。

我开始查找资料，认真思考，寻找合适的解决办法：直接叫来男生，开门见山？单独约见男生，进行各个击破？找到其中主要的参与者，进行谈话，以点带面，让他再去说服其他的男生？找班干部，让班干部私底下找到男生，告诉他们小西的感受，然后再让他们给小西道歉？……

几天后，我再次找到小西，征求她的意见："小西，你介意老师在全班公开说取外号的问题吗？"

"如果能够帮我解决当前的困境，我不介意。"小西很认真地望着我坚定地说道。

"好的,如果你不介意,我们这样做……"望着小西支持和期待的目光,我对她说出了我的计划。

一次自习课,上课铃声响过,望着坐姿端正的同学们,我故意清了清嗓子说到:"同学们,这节自习课,我们来说一说'那些年我们被取过的绰号'。大家先看大屏幕,猜一猜这些人是谁?"屏幕上开始依次出现"齐天大圣——?及时雨——?智多星——?豹子头——?……"同学们你一言我一语,猜得不亦乐乎。"孙悟空、宋江、吴用、林冲……"当一个个熟悉的人名从同学们口中说出时,我看到了被吊起胃口的孩子们期待的眼神。

"对,大家知识储备很足,回答的都很正确!值得表扬。刚刚大家猜到的人物,他们的绰号分别是根据人物的特点来取的,都有着特殊的寓意。但是老师这里还有很多的绰号,明明、小乐乐、班级小能手、小懒虫、小胖墩、运动健将……你们看看哪一个是你想要的呢?并说明理由,你为什么喜欢?为什么不喜欢?下面,让我来期待一下,哪位同学想说说自己的想法。"

"明明!小懒虫!"哈哈哈哈,同学们开始大笑起来,甚至有同学开始边抚摸旁边同学的名字,边叫"明明"。一名经常叫小西"胖胖"的男生被我叫起来,谈了自己的感受——"我不喜欢小懒虫和明明,因为感觉有些不尊重人,所以我觉着不是很好!"

"你回答得非常好,谈到了'尊重'这个词,的确,我们要做一个尊重他人的人,请坐。"我示意那个男生坐下,发现他开始不自觉地来回调整自己的坐姿,直到调整到双手放于桌上,端正为止。

"那面对绰号,为什么有人开心,有人难过,甚至有人气愤呢?我们该不该给其他人取绰号呢?"我继续追问。看到小组内热烈的讨论,我想孩子们已经开始正视有关绰号的问题。让我欣喜的是:孩子们在是是非非面前,能够进行正确的取舍,也有着很强的共情能力,非常清楚别人喜欢什么样的绰号,不喜欢什么样的绰号。

事情并没有我想象中的那样糟糕,于是,我开始按照预设的活动流程组织课堂。

下面，我们进行下一个环节"我的绰号"："你目前的绰号有哪些？你希望大家叫你什么？请把绰号写在你的卡片上，如果没有绰号就写下你的大名。写完后，将卡片上交。"

孩子们非常认真地写好了自己的卡片，准时交到了讲桌上。

"接下来我们进行一个游戏——点绰号。游戏规则：我们随机抽取点名，每次抽取两名幸运同学，被抽到的幸运儿，我会说出你卡片上的绰号，被点到的绰号如果是你接受的，请微笑着说：我接受！如果被点到的绰号是你不接受的，请坚定地说：我不接受！请以后不要再叫我×××，你们可以叫我×××。

嘀嘀嗒嗒，叮！"好，张晓，她的绰号是'飞毛腿'，请问你接受吗？""我接受！"

嘀嘀嗒嗒，叮！"好，李沫，她的绰号是'女汉子'，请问你接受吗？""我不接受！你们可以叫我'沫沫姐'或者'沫沫'。"

……

嘀嘀嗒嗒，叮！终于在随机抽取的名单中出现了小西的名字。"好，王小西，她的绰号是胖胖，请问你接受吗？""我不接受！我非常郑重地告诉大家，我不接受！请大家以后不要再叫我胖胖，你们可以叫我'夯夯'。"小西因为情绪的些许激动导致声音有些尖，但清晰有力，斩钉截铁。

"好，小西不接受胖胖的绰号，以后我们也不希望在班级中再次听到别人已经郑重说明的本人不喜欢的绰号，大家能不能做到？"

"能！"听到大家异口同声的回答，小西的脸上露出了久违的笑容，当我与小西四目相对的时候，我读懂了小西眼神中的感动！我想，小西的心结已然打开。

在课堂中，我发现不喜欢自己绰号的，不止小西一个，大家都非常郑重地进行了拒绝，表明了自己的态度。其他同学也感受到了当事人明朗的态度和坚定的话语。我想，不用我再让那些男生在全班道歉，并做出说明了。因为他们的内心已然有所触动，并陷入了深深的思索。

"亲切的绰号是朋友关系的证明，恶意的绰号却是破坏友谊的巨石。一部分绰号不雅，被别人揭了短处，有的甚至还带有讥讽、羞辱的意味，不尊重别人，伤害别人。尤其是以某些缺陷起外号，拿别人寻开心，将自己的快乐建立在别人的痛苦上，这是极不道德的。可能有时候我们给别人起绰号的目的比较单纯，一时兴起才胡乱取名。但我们再顽劣、再捣蛋，也应该记住'己所不欲，勿施于人'的道理。"一堂临时班会课悄然落幕，每个人心里都种下了点什么。

"谢谢您，老师，他们不再叫我'胖胖'了。其中，还有一个男生给我写了道歉的小纸条，我们相处起来变得比以前更好了，谢谢您，老师（一个大大的笑脸表情）。"

终于雨过天晴，学生之事无小事，我想当我们用爱与尊重去面对一个个独特的灵魂，关心她（他）的每一个感受时，他们是会给予我们想要的回报的。因为其实学生很容易满足，关键是我们付出真心。

教师要做学生锤炼品格的引路人，做学生学习知识的引路人，做学生创新思维的引路人，做学生奉献祖国的引路人。怀天下，求真知，要把学生放在第一位，学会换位思考。对于孩子而言无小事，用孩子的视角去思考孩子的问题。三尺讲台，一方沃土，一路走来，作为班主任，我对这句话有了更加深刻的理解和体会。作为班主任，没什么法宝。但是需要我们手捧一颗真心，永远保持着黎明的感觉，充满着爱、美和诗意，带领孩子们有声有色地书写独具魅力的青春时光。

作为班主任，我们需要以高尚的师德为阳光，正直的师风为养料，以爱心、责任、激情和梦想为线索，自小事做起，从细处挖掘，诠释教书育人这一灵魂工程的深刻内涵。

陈默不再沉默

——一个后进生的转化实例

张庆

陈默确实很沉默。上课时，她泥塑木雕般坐在教室里，从不主动说一句话，甚至不愿齐读。下课后，要么依然木讷地坐着，要么独来独往。她整天低着头，闭着嘴，面部表情冷若冰霜，学习成绩也不好。

我打电话和她妈妈联系，她妈妈说，这孩子从小就这样，在家里还能说上几句，一见外人就不肯再开口了，其实家里并没有给孩子施加太大的压力。

我心里有底了，改变陈默的思路也在脑海中形成了。

课上，我积极创造机会，多让她回答问题，而且让她回答的都是简单的问题，回答正确，及时予以肯定。帮助她消除忧虑和自卑，树立自信心。课下，我有意地多跟她谈心，采取热情关怀的态度，亲切温和的语言，创造尊重理解的氛围，了解她的兴趣爱好和内心世界。起初，她和我也是"金口"难开，但慢慢地话匣子就打开了。通过交谈我知道了她绘画能力较强，于是就鼓励她参加学校举办的画展，结果获得了一等奖。获奖后，我马上找到她，充分肯定了她的能力，并鼓励她只要认真刻苦，学习成绩一定会很优秀的。

除了个人的努力外，我还找来了班上几个懂事的女孩子开了个小会，把情况一说，大家都乐意帮她。于是我分配了两个阶段的任务。第一阶段：要让陈默多说。接下来，我发现陈默成了"热点人物"。一下课她们就围在陈默周围，七嘴八舌地说开了："陈默，借你的涂改液用用可以吗？""借你的橡皮用一下好吗？""你这杆钢笔真好看，哪买来的？"……她们"逼"着陈默回答各种问题。第二阶段：要让陈默多玩。之后的日子里，我在操场上经常看到陈默的身影，或在丢沙包，或在踢毽子，或在跳皮筋。她们还告诉我，星期天她们还邀请陈默去家里做客，带陈默一起野炊。陈默已经和她们成为形影不离的好朋友了。

在这一段日子里，我也一直和陈默的父母保持密切联系，对陈默的表现大加赞赏，并希望他们多抽时间陪陪孩子，和她进行多渠道的沟通。

现在，陈默已不再沉默。课上，她开始主动举手回答问题。课下，她也变得开朗、活泼、热情，脸上经常挂着笑容，学习成绩有了大幅度进步。在课本剧《完璧归赵》里，陈默的精彩表演，还赢得了同学们最热烈的掌声呢。